고마운 인생

고마운 인생

지은이·박재순
꾸민이·성상건
편집디자인·자연DPS

펴낸날·2024년 9월 24일
펴낸곳·도서출판 나눔사
주소·(우) 10270 경기도 고양시 덕양구 푸른마을로 15
       301동 1505호
전화·02)359-3429   팩스 02)355-3429
등록번호·2-489호(1988년 2월 16일)
이메일·nanumsa@hanmail.net

ⓒ 박재순, 2024

ISBN 978-89-7027-867-4 03230

값 18,000원

고마운 인생

박재순 지음

나눔사

돈과 기계가 지배하는 세상이 된 지 오래다. 생명을 물건이나 숫자로 여기는 돈과 기계의 세계에서는 기쁨과 고마움이 사라진다. 기쁨과 고마움이 사라지면 생명의 뿌리와 근원이 마른다. 그러면 생명의 관계와 사귐도 끊어진다. 기쁨과 고마움을 잃은 인간은 계산 기계인 인공지능과 로봇에게 예속되고 말 것이다. 기쁨과 고마움은 생의 근원과 힘으로 들어가는 문이다. 생의 기쁨과 고마움을 놓치지 않아야 한다.

책을 읽지 않는 세상에서 자꾸 책을 내는 마음이 무겁기만 하다. 50여 년 전 서울대학교 문리대 동숭동 캠퍼스에서 함께 생명의 진리와 세상의 정의를 꿈꾸었던 성상건 사장의 요청으로 여러 권 책을 내게 되었다.

생명의 기쁨과 고마움을 드러내는 글 가운데 비교적 짧고 쉬운 글들을 모았다. 마음을 가다듬고 정신을 깊고 풍부하게 만드는 길은 글을 읽는 것이다. 사람은 만들어진 제품이나 상품이 아니다. 사람은 늘 사람으로 되어야 한다. 사람(人)이 되려면 글(文)을 읽어야 한다. 이 책에 실린 글이 생명의 기쁨과 고마움으로 이끌어 주고 마음을 가다듬고 사람이 되는 일에 작은 보탬이 되기를 바란다.

2024년 9월 박재순 씀

싣는 순서

1장

생명을 살리는 감사 기도

1장 생명을 살리는 감사 기도

1. 생명을 살리는 감사 기도

　생명을 살리는 생명의 기도는 감사 기도가 되어야 한다. 우리의 삶을 바로 알고 바로 살기 위해서는 우리에게 생명 주신 것을 고마워하는 감사 기도로 삶을 시작해야 한다. 생명은 내가 노력하고 애써서 얻은 것이 아니다. 생명은 은혜로 선물로 주어진 것이다. 따라서 살아 있다는 것 자체가 고마운 것이다. 또 생명은 그 자체가 놀랍고 소중하고 아름다운 것이며 기쁘고 신나는 것이다. 따라서 생명은 그 자체가 고마운 것이다.

　생명은 물질 안에서 물질을 초월한 것이다. 물질의 타성적인 잠과 법칙적인 속박에서 생명은 해방된 것이다. 그러므로 생명은 기쁘고 신나는 것이다. 우리의 생명은 우리가 만든 것이 아니라 하나님께서 부모를 통해 우리에게 선물로 주신 것이다. 우리의 생명은 하나님께서 지으신 것이지만 우리의 생명은 부모를 통해서 하늘과 땅, 자연 만물의 도움과 협력으로 생겨난 것이다. 하늘의 햇빛과 바람 땅의 흙과 물이 없다면 우리 생명이 어떻게 생겨나고 어떻게 유지되겠는가? 우리의 생명은 수십억 년 생명 진화 과정과 수백 만년 인류 역사를 거쳐서 이어지고 자라나고 고양된 것이다. 생명은 선물이고 축복이기 때문에 고맙고 기쁜 것이다.

생명은 하나님의 선물이고 축복이기 때문에 고마운 맘을 한순간도 잊어서는 안 된다. 고마움을 잃으면 생명도 인간도 본성을 잃고 생명 없는 물건처럼 되고 만다. 우리의 믿음은 하나님을 향한 감사에서 시작하고 하나님에 대한 감사로 끝난다. 하나님을 향한 고마움을 잃는 순간 믿음은 공허해지고 생명다움을 잃고 사람 구실을 못하게 된다. 생명에 대한 감사와 기쁨이 사라지면 부모에 대한 감사와 존경도 사라진다. 하늘과 땅, 햇빛과 바람 물과 흙에 대한 고마움과 기쁨을 잃으면 생명은 뿌리가 마르고 시들어 버린다.

오늘날 돈과 기계, 성공과 출세에 매달리다 보니 우리는 생명의 고마움과 기쁨을 잃었다. 고마움을 잃은 자식이 부모를 죽이고 부모가 자식을 죽인다. 남편이 아내를 죽이고 아내가 남편을 죽인다. 어린 아이를 학대하고 짓밟는 부모, 교사도 있다. 오늘 우리 사회는 생의 고마움과 기쁨을 잃었다. 그래서 사랑도 행복도 모르고 스스로 병들고 서로 상처를 주면서 불행해지는 길로 가고 있다. 오늘 우리에게 필요한 것은 감사의 믿음을 회복하는 일이다. 우리의 삶 속에서 하나님의 손길과 섭리를 깨닫고 고마워하는 믿음을 더욱 깊이 갖도록 기도해야 한다.

감사 기도는 생명을 살리는 기도다. 고마움의 믿음만이 우리 생명의 뿌리를 깊고 튼실하게 하며 꽃과 열매를 맺게 한다. 우리가 바르고 건강하게 살기 위해서 우리 사회가 건강하고 행복한 사회가 되기 위해서 하나님에 대한 감사의 믿음을 가져야 한다. 생명의 근원과 목적이신 하나님께 가까이 가면 저절로 기쁘고 행복하고 고맙다. 생명의 근원에 가장 가까운 어린 아기를 보면 저절로 기쁨과 사랑이 솟아난다. 어린 새싹과 꽃봉우리를 보면 기쁨과 사랑을 느끼고 고마운 맘을 갖게 된다. 그러면 저절로 생명의 임이신 하나님께 찬미와 감사의 기도를 드리게 된다.

"감사하지 못하는 사람에게는 기쁨이 없고, 기쁨이 없으면 결코 행복할 수 없습니다. 감사하는 사람만이 행복을 누릴 수 있고, 감사하는 사람은 행복이라는 정상에 이미 올라가 있다고 생각합니다.
세잎 클로버는 행복! 네잎 클로버는 행운? 행복하면 되지 행운까지 바란다면 그 또한 욕심이겠지요. 오늘부터 지금부터 숨 쉴 때마다 감사의 기도를 해야겠다."(박완서, '일상의 기적' 중에서)

2. 생명에 대한 감사의 기도

우리에게 생명을 주셔서 고맙습니다.
생명은 물질 안에서 물질을 초월한 것입니다.
물질의 타성적인 잠과 법칙적인 속박에서
생명은 해방된 것입니다.

그러므로 생명은 기쁘고 신나는 것입니다.
우리의 생명은 우리가 만든 것이 아니라
하나님께서 부모를 통해 우리에게 선물로
주신 것입니다.

우리의 생명은 하나님께서 지으신 것이지만
우리의 생명은 부모를 통해서 하늘과 땅, 자연 만물의
도움과 협력으로 생겨난 것입니다.

하늘의 햇빛과 바람 땅의 흙과 물이 없다면
우리 생명이 어떻게 생겨나고 어떻게 유지되겠습니까?
우리의 생명은 수십 억 년 생명 진화 과정과 수백 만년
인류 역사를 거쳐서 이어지고 자라나고 고양된 것입니다.

생명은 선물이고 축복이기 때문에 고맙고 기쁜 것입니다.
생명은 하나님의 선물이고 축복이기 때문에 고마운 맘을

한순간도 잊어서는 안 됩니다. 고마움을 잃으면 생명도
인간도 본성을 잃고 생명 없는 물건처럼 되고 맙니다.

우리의 믿음은 하나님을 향한 감사에서 시작하고
하나님에 대한 감사로 끝납니다.

하나님을 향한 고마움을 잃는 순간
믿음은 공허해지고 생명다움을 잃고 사람 구실을
못하게 됩니다.
생명에 대한 감사와 기쁨이 사라지면 부모에 대한
감사와 존경도 사라집니다.

하늘과 땅, 햇빛과 바람 물과 흙에 대한 고마움과
기쁨을 잃으면 생명은 뿌리가 마르고 시들어 버립니다.

오늘날 돈과 기계, 성공과 출세에 매달리다 보니
우리는 생명의 고마움과 기쁨을 잃었습니다.

고마움을 잃은 자식이 부모를 죽이고
부모가 자식을 죽입니다.
남편이 아내를 죽이고 아내가 남편을 죽입니다.
어린아이를 학대하고 짓밟는 부모, 교사도 있습니다.
오늘 우리 사회는 생의 고마움과 기쁨을 잃었습니다.

그래서 사랑도 행복도 모르고 스스로 병들고
서로 상처를 주면서 불행해지는 길로 가고 있습니다.

오늘 우리에게 필요한 것은 감사의 믿음을 회복하는 일입니다.
우리의 삶 속에서 하나님의 손길과 섭리를 깨닫고
고마워하는 믿음을 더욱 깊이 갖게 해 주십시오.

고마움의 믿음만이 우리 생명의 뿌리를 깊고 튼실하게 하며
꽃과 열매를 맺게 합니다.
우리가 바르고 건강하게 살기 위해서
우리 사회가 건강하고 행복한 사회가 되기 위해서
하나님에 대한 감사의 믿음을 갖게 해 주십시오.

생명의 근원과 목적이신 하나님께 가까이 가면
저절로 기쁘고 행복하고 고맙습니다.
생명의 근원에 가장 가까운 어린 아기를 보면
저절로 기쁨과 사랑이 솟아납니다.
어린 새싹과 꽃봉우리를 보면
기쁨과 사랑을 느끼고 고마운 맘을 갖게 됩니다.

오늘 이 시간 부모의 은혜와 사랑을 생각하며 고마워합니다.
어머니와 아버지는 알뜰한 사랑과 정성으로 우리를 기르셨습니다.

부모님은 우리 몸을 낳아주셨을 뿐 아니라
우리의 생각과 감정, 성품과 습관까지 물려주고 키워주셨습니다.

살과 피와 뼈를 나누어주시고 맘속 깊은 정과 생각을 나누어주시고
시간과 재물을 나누어주셨습니다.

아플 때 함께 아파하고 실패했을 때 함께 걱정하면서
축복과 격려를 아끼지 않으셨습니다.

부모님의 알뜰한 사랑과 정성을 경험했기에
우리는 하나님의 사랑과 은혜를 헤아릴 수 있습니다.

안창호, 이승훈의 높은 인격과 곧은 정신을 따라서
유영모 함석헌의 씨알 정신과 사상을 공부하게 된 것을
고맙게 생각합니다.

맑은 지성으로 깊은 믿음의 진리를 탐구하며
배우고 익힐 수 있게 된 것을 고맙게 생각합니다.
좋은 벗들과 함께 귀한 스승님들의 정신과 사상을
이어갈 수 있게 된 것은 축복이고 행운입니다.

돈과 기계가 지배하고 화려한 화면과 외모를 숭상하는 세상에서
철학과 믿음의 진리를 배우고 익히는 것이 참으로 소중하고

특별한 일로 여겨집니다.

참과 사랑의 진리를 찾는 벗들이 미덥고 고맙습니다.
참과 사랑의 진리를 씨알사상으로 닦아내신
스승님들께 감사와 존경을 드립니다.

하나님께서 이 어려운 시대에 우리로 하여금
씨알공부를 하게 하신 것은 깊은 뜻과 섭리가 있기
때문이라고 생각합니다.

돈과 기계, 동영상 화면과 외모가 세상을 지배하면
생명은 파괴되고 정신은 고갈됩니다.
물질 안에서 물질을 초월하여 생명을 진화 발전시킨
생명진화의 역사와 폭력과 야만을 넘어서
지성과 영성을 발전시킨 인류 역사는
하나님이 이끄시는 생명의 길을 뚜렷이 보여줍니다.

생명과 인간의 역사는 물질보다 정신이 돈과 기계보다
생명이 더욱 소중하고 큰 것임을 뚜렷이 드러내
보여주었습니다.

생명과 정신을 버리고 돈과 기계를 받들고 섬기면
인류에게는 멸망과 죽음의 길이 있을 뿐입니다.

맘과 영혼보다 겉모습만 소중히 여기는 사회는
멸망하고 말 것입니다.

돈도 물질도 기계도 몸도 다 중요하고 아름다운 것이지만
그보다 생명과 정신이 맘과 영혼이 더 소중하고 아름다운 것임을
깨닫고 생명과 영혼을 살려 나가는 것이 믿음의 길이고 생명의 길입
니다.

돈과 기계는 산술적으로 계산하고 조건을 따지는 것이지만
생명과 영혼은 조건과 계산을 모르고 흘러넘치는 사랑으로
사는 것입니다.

하나님의 사랑, 부모님의 사랑, 하늘과 땅 천지 만물의 사랑은
조건과 계산을 넘어서 흘러넘치는, 아낌없이 베푸는 사랑입니다.

우리의 맘 속 깊은 곳에서 하나님의 생명과 진리의 샘에서
조건 없이 흘러넘치는 사랑이 있기 때문에
우리는 날마다 고마운 맘으로 온갖 시련과 고난을 이기고
영원한 생명의 길로 갈 수 있습니다.

조건 없이 흘러넘치는 하나님의 사랑을 드러내는
진리를 깨닫고 감사하면서 이 진리를 삶 속에서 증거하고
실천하며 살도록 이끌어 주십시오.

아름다운 산과 들에 생명의 봄이 왔습니다.
따스한 햇살이 얼마나 좋고 고마운지요.
시원한 바람이 우리 몸과 맘을 얼마나 즐겁고
기쁘게 하는지요.

맑은 물은 우리 몸을 상쾌하고 힘차게 합니다.
생명의 씨알을 싹트고 자라게 하는 흙은 얼마나
푸근하고 미더운지요.

우주 만물이 얼마나 소중하고 고마운지 알아주고
드러내는 것이 생명의 본성이고 사명이며
생명의 신비를 깨닫는 것입니다.

우주 만물과 자연 생명이 고맙고 좋은 것임을 깨닫는 것은
우주 만물과 자연 생명 속에 하나님의 사랑과 지혜가
깃들어 있음을 아는 것입니다.

따스한 햇살과 시원한 바람을 보고
"아, 좋다. 아 고맙다."고 느끼며 감동하는 순간
우리는 자연만물과 생명을 지으신 하나님을 찬양하고
감사하며 생명의 근원 속으로 하나님의 영원한 생명 속으로
깊이 들어가게 됩니다.

우리가 죽을 때도 고마운 맘을 잃지 않고
축복과 격려 속에서 죽을 수 있다면
우리는 죽음을 이기고 하나님의 영원한 생명으로
들어가게 될 것으로 믿습니다.

고마운 맘을 지키는 사람은 어떤 실패와 좌절,
고난과 패배를 겪더라도 승리하는 사람입니다.
고마운 맘을 가지고 죽는 사람은
생명으로 죽음을 삼킨 사람입니다.

하나님 우리에게 고마운 맘을 평생 지켜갈 수 있도록
믿음과 지혜를 주십시오.

3. 생명의 기쁨과 고마움

고마움

"목숨을 위하여 무엇을 먹을까 무엇을 마실까 몸을 위하여 무엇을 입을까 염려하지 말라. 목숨이 음식보다 중하지 아니하며 몸이 의복보다 중하지 아니하냐" 마태 6장 25절

들꽃은 누가 보는 이 없어도 온 몸과 맘을 다해서 아름답고 깨끗

하게 살아간다. 풀 섶에 숨어서 피는 들꽃을 가만히 들여다보라. 얼마나 아름답고 깨끗하고 싱싱하게 꽃과 잎을 피우는가? 들꽃은 지극정성을 다해서 자신의 생명을 아름답게 피워낸다. 가만히 들여다보면 들꽃은 기쁘고 고마운 맘으로 하나님을 찬양하는 것 같다. 인도의 시인 타고르는 풀과 나무도 기쁨의 감정을 가지고 있다고 한다. "비가 올 때 가만히 나무들을 느껴 봐라. 나무들의 기쁨을 느낄 수 있다."

삶은 기쁘고 고마운 것이다. 믿음과 영성에 깊이 들어간 사람은 누구나 고마운 맘을 갖게 된다. 살아 숨 쉬는 것만으로도 하나님의 은혜를 느끼고 감사한다. 인생이 성공하고 실패하는 것과 관계없이, 병들거나 건강하거나 관계없이 하나님께 감사를 드리게 된다. 살아 숨 쉬며 이 세상을 한번 본 것만으로도 얼마나 고맙고 감사한 일인가! 기쁨과 고마움이 삶의 본질이다. 하나님의 본성, 하나님께서 지은 생명의 본질은 사랑이고 사랑하면 기쁘고 고맙게 마련이다. 사랑이신 하나님을 믿으면 고마운 맘을 버릴 수 없다. 지옥에 떨어져서도 고마워하는 사람은 지옥이 감당할 수 없는 사람이다. 지옥은 그런 사람을 내놓을 수밖에 없다. 하나님의 사랑이 지옥을 이긴다. 고마워하는 사람도 지옥을 이긴다.

고맙다

이제 한가위 밝은 달이 떠오를 것이다. 옹글게 가득찬 달이 하늘과 땅을 두루 비추고, 오곡이 무르익어 풍성한 들녘에 서면 마음이 넉넉해지고 고맙다는 말이 절로 나올 것이다.

고맙다는 말은 "당신은 신입니다"는 뜻을 지녔다는 이야기를 들었는데 왜 그런지는 듣지 못했다. 고맙다는 말은 '곰(검)-앞이다'에서 왔고 곰이나 검은 신(神)을 뜻하는 우리말이니까 '곰앞다'는 '신 앞입니다', '나는 신 앞에 있습니다'를 뜻하는 게 아닌가 생각해보기도 한다.

신 앞에 서면 더 나아갈 데 없는 지극한 자리에 선 것이니 원한도 아쉬움도 사라지고, 그저 고맙고 감사한 마음만 들것이 아닌가? 고마운 마음을 지닌 사람은 인생살이에서 이긴 사람, 보람을 찾은 사람, 넉넉한 사람이다. 고마운 마음이 함께 사는 삶의 바탕이다.

기쁨과 고마움

기쁨, 기도, 고마움은 하나님이 창조한 생명의 본질이다. 생명은 상처받을 수 있는 것이지만 본래 기쁜 것이다. 새싹이 나면 기쁘고, 꽃피고 열매 열면 기쁘다. 어린 아기를 보면 기쁨이 묻어난다. 생명의 근원인 예수에게 가까이 가면 기쁘다. 생명이 자라는 것을 보 면 기쁘다. 내 속에서 내가 커지고 새로워지면 기쁘다.

내가 내 생명을 느낄 수만 있으면 기쁘다. 내 몸과 마음의 생명을 못 느끼니까 화가 나고 지겨운 것이다. 내 목숨이 살기 위해 숨쉬듯, 내 영혼이 살기 위해 숨쉬는 것이 기도다. 살려면 하나님과 이웃과 생명의 숨을 쉬어야 한다. 늘 기쁘고 힘있게 영의 숨을 쉬면 늘 고맙

다. 늘 고마운 사람은 늘 이기는 사람이다. 지옥의 권세도 죽음의 세
력도 그를 어쩌지 못한다.

삶의 기적

삶에서 가장 놀랍고 위대한 것은 사랑이다. 이해관계를 떠나 내
욕심과 본능을 넘어서 순수하고 진실하게 남을 위해 생각하고 남을
돕는다는 것은 하늘 땅 사이에 아름답고 신기한 일이다. 인생에서 자
랑할 일이 사랑밖에 무엇이 있겠는가? 덧없는 목숨이 끝나고 남을
일이 사랑밖에 무엇이 또 있겠는가?

사랑은 기쁜 것이고 사랑을 받아 기쁘면 영혼은 쑥쑥 자란다. 생
명의 본질과 근원은 사랑이니 사랑 안에서만 힘을 얻고 영원히 살
수 있다. 감정이나 욕심이 묻은 것은 사랑이 아니다. 없음과 빔에서
피어난 사랑만이 물질과 함께 소멸하지 않고 영원하다. 사랑은 계산
되지 않은 모험이다. 사랑의 모험을 통해서 생명과 평화의 기적이 일
어난다.

2장

고마운 몸 이야기

2장 고마운 몸 이야기

1. 고마운 몸 이야기

첫째 이야기: 일어섬의 은총

나는 네 살 때까지는 건강하게 뛰어다녔다. 제법 심부름도 할 만큼 씩씩하고 활동적이었다고 한다. 어느 날 저녁 무렵 동구 밖 큰 나무 아래서 놀다가 몸이 오슬오슬 춥고 떨려서 서둘러 집으로 돌아왔다. 작은 집 앞을 지나오면서 "내가 감기에 걸렸나 보다."고 생각했던 기억이 난다. 바깥마당을 지나 대문을 들어선 기억만 있고 의식을 잃었던 것 같다. 그렇게 전신 소아마비에 걸려서 여러 달 동안 누워만 지내야 했다.

그러다가 어느 날 일어나고 싶은 간절한 욕구가 솟구쳤다. 일어날 수 있을 것만 같았다. 그래서 어머니의 부축을 받고 일어나서 벽을 잡고 몇 걸음을 걸어보았다. 처음 일어섰을 때의 감격을 지금도 잊지 못한다. 좁은 공간이 활짝 열리고, 잿빛 세상이 총천연색으로 바뀌는 것 같았다. 누워서 보는 세상과 두 발로 서서 보는 세상이 이렇게 다르다는 것을 알게 되었다.

다시 일어나서 걷게 된 나는 자꾸 걸어 다녔다. 하도 많이 넘어져서 무릎이 성할 날이 없었다. 할머니는 내가 다니는 길의 돌멩이들을 호미로 다 캐냈다. 그런데 걸어 다니다 자주 넘어지면서 깨달은 것이 있다. 넘어지면 아프고 부끄럽지만 아무리 아프고 부끄러워도 죽지 않았으면, 시체가 아니라면 일어나야 한다는 것이다. 마냥 누워 있을 수만은 없다는 것을 알게 되었다. 길에 넘어져서 이런 생각, 저런 생각 해 보아야 쓸 데 없다. 일어나는 수밖에 없다. 인생살이도 그렇다. 넘어졌을 때는 일어나는 길밖에 길이 없다. 나는 인생의 중요한 진리를 일찍 깨달은 셈이다.

쓰러졌을 때 일어나는 것은 인생의 진리이면서 성경의 진리이기도 하다. 기독교는 부활의 종교다. 부활은 일어섬이다. 부활을 나타내는 성서의 언어들과 서구의 언어들이 모두 일어섬을 뜻한다. 고난과 시련, 절망과 좌절, 억압과 수탈과 소외, 죄와 죽음을 떨치고 일어서는 것이다. 삶의 마지막 장벽을 뚫고 나가는 것이고 악하고 불의한 세력의 지배를 깨트리고 일어서는 것이다.

생명의 진화도 두 발로 서서 허리를 펴고 머리를 하늘에 두고 일어서는 방향으로 진행되었다. 하나님이 창조하신 생명은 하늘을 향해 하늘 아버지를 향해 머리를 들고 일어서라는 사명을 받은 것이다.

인간의 삶은 하늘을 향해 솟아오르는 것이다. 위로 솟아올라 앞으로 나가는 것이 생명의 본질이고 사명이다. 몸을 가지고 살면서도 영혼은 물질적인 유혹을 떨쳐 버리고 일어나서 솟아올라 앞으로 나가야 한다.

둘째 이야기: 밥에 대한 기억

네 살 때 큰 병에 걸려서 고생했기 때문에 네 살 이전의 기억도 비교적 또렷하다. 어머니 품에서 젖 먹던 기억도 희미하게 나는 듯 하고 여름에 툇마루에서 할머니가 밥을 물에 말아서 김치를 얹어주시는 것을 맛있게 먹던 기억이 또렷하다. 그것이 밥에 대한 나의 첫 기억이다. 내가 아홉 살 무렵에 아버지가 사업에 실패하고 돌아가신 후 고향으로 돌아와 어렵게 살았는데 나는 밥을 아껴 먹어야 한다고 생각했다. 밥을 아껴서 조금만 먹고 학교에 갔다. 내가 일부러 밥을 줄여 먹는 것을 알고 어머니가 화를 내시며 야단을 쳐서 밥 아껴 먹는 일을 중단했다. 그 때 밥이 곧 생명임을 몸으로 느꼈다.

대전에서 초등학교를 다닐 때 동화책 『집 없는 소년』을 감명 깊게 읽었다. 그 책에서 가장 실감나는 대목은 주인공 소년이 며칠 동안 굶다가 어느 농가에서 따뜻한 배춧국을 얻어먹는 장면이다. 오랫동안 추운 길거리에서 굶주리다가 배춧국을 먹는 것이 얼마나 고맙고 감격스러운 것인지를 절실히 느꼈다. 그래서 나는 지금도 배춧국을 보면 그 동화책의 장면이 떠오른다.

중학교 1학년 때 나는 신앙생활에 미쳤었다. 초등학교 3학년 때부터 새벽예배에 열심히 다녔고 부흥회에도 열심히 쫓아다녔다. 대전 보문산에서 부흥회를 했는데 강사가 이사야 25장, 마지막 날에 하나님이 이스라엘 백성에게 큰 잔치를 베풀어주신다는 본문을 가지고 하나님의 말씀과 사랑을 강조했다. 고통 받고 굶주린 백성에게 오래 묵은 포도주와 기름진 고기를 먹이시고 그들의 얼굴에서 수치와 죽음을 없애주신다는 말씀이 내 가슴에 깊이 새겨졌다. 그 때 나는 신앙의 깊은 체험과 감격을 맛보았기 때문에 이 본문을 좋아하게 되었다. 하나님의 사랑은 잔치를 통해 나타난다고 생각했다.

1974년에 서대문 구치소에 있을 때 면회도 안 되고 감방 안에서만 지내야 했는데 성욕보다 식욕이 훨씬 크고 근본적인 것임을 느꼈다. 방안에 홀로 가만히 있으니까 밥 생각이 제일 많이 났다. 10대의 소년들은 너무 배가 고프다고 했다. 빵을 좀 나누어 주었더니 목이 메어져라 한 입에 빵을 다 먹는 것을 보고 안쓰럽던 생각이 난다.

저녁이면 창살 밖으로 새들이 노는 모습을 볼 수 있었다. 어미 참새가 새끼 참새를 먹여주는 모습이 그렇게 정겨울 수가 없었다. 덩치는 비슷한 새끼 참새가 노란 주둥이를 짝짝 벌리고 어미 새를 쫓아가면 어미 새는 먹이를 물어다가 새끼의 입에다 조금 넣어주고 저만치 달아난다. 다시 새끼 새는 두 날개를 활짝 펼치고 주둥이를 짝 벌리고 짹짹 소리 내면서 어미를 쫓아간다. 어미는 다시 먹이를 새끼에게 먹여준다.

1980년대 초에 교도소에 있을 때 복음서들을 보면서 예수의 하나님 나라 비유와 하나님 나라운동이 함께 밥 먹는 일과 긴밀히 결합되어 있다는 것을 깨닫게 되었다. 구약성서에도 초대교회에도 밥 먹는 일이 매우 중요하다는 것을 알게 되었다. 그래서 『예수운동과 밥상공동체』를 쓰게 되었고 밥과 말씀에 대해서 생각을 깊이 하게 되었다.

셋째 이야기: 척추수술과 몸의 체험

나는 1976년에 서울대학교 병원에서 큰 수술을 받았다. 어려서 전신 소아마비에 걸린 후에 척추가 휘기 시작해서 등이 굽게 되었다. 20대 중반에 이르니까 허리가 아프고 힘들어서 병원을 찾게 되었다. 의사는 척추가 계속 휘기 때문에 그대로 두면 40대에 이르면 걷지 못하게 된다면서 수술을 권했다. 그래서 학업을 중단하고 수술을 받기 위해 입원했다. 수술을 준비하기 위해서 머리 네 군데에 구멍을 뚫고 작은 쇠막대 네 개를 꽂고 쇠로 관을 씌워서 고정시키고 두 허벅지도 구멍을 뚫어서 각각 쇠막대를 박아서 기브스를 했다. 그리고는 머리 쪽으로는 관에다 줄을 매서 추를 달고 다리 쪽으로도 쇠막대에 줄을 매고 추를 달았다. 거의 24시간 동안 누워서만 한 달 가량 지냈다. 위 아래로 추를 달아서 머리와 다리를 잡아 다녀서 척추와 허리근육을 유연하게 한다는 것이다. 조금씩 더 무거운 추를 달아서 나중에는 추의 무게가 45파운드에 이르렀다. 어떤 친구는 내 모습을 보고는 너무 야만적인 치료라면서 분개하기도 했다.

그 고생을 하고나서 수술을 받는데 목 아래부터 엉덩이 부근까지 등을 열고 다시 척추 뼈를 열어서 척추를 편 다음 큰 쇠막대 두 개로 척추를 고정시켰다. 8시간 수술을 했다는데 마취에서 깨고 나니

피비린내만 날 뿐 아무 기억도 없다. 병실에 돌아와 조금 있으니 말할 수 없는 통증이 몰려오고 척추뼈가 마구 흔들렸다. 간호사가 달려와서 급하니까 몰핀 주사를 혈관에 놓지 않고, 약물을 주입하는 관에다 놓았다. 놀랍게도 2~3초 안에 고통도 뼈의 흔들림도 사라졌다.

나는 그 때 몰핀의 효과가 그렇게 강력한 것을 알게 되었다. 몸과 마음이 충만하고 편안해졌다. 그 효과도 상당히 오래 지속되었다. 그러나 처음에는 효과도 강력하고 지속기간도 8시간 쯤 되는 것 같았는데 갈수록 효과도 약해지고 효과의 지속기간도 짧아져서 나중에는 2-3시간이면 마약효과가 사라졌다. 대신 마약에 대한 몸과 마음의 의존도는 커졌다. 몸도 마음도 허해져서 몰핀을 강력히 요구하게 되었다. 마약에 한번 사로잡히면 몸이 마약을 이겨낼 수 없다는 것을 절실히 느꼈다.

수술이 끝난 후 목에서 엉덩이까지 기브스를 한 채 집에서 10달을 지냈다. 기브스 안에 갇혀서 꼼짝 못하고 누워서 지냈다. 밥도 먹여주고 대소변도 받아내니 사람 사는 게 아니었다. 1980년대 초에 2년 반 동안 교도소 생활을 했는데 기브스 하고 누워 지내던 때를 생각하면 교도소 생활은 훨씬 자유롭고 편했다. 일어나 걸어 다닐 수 있고, 내 손으로 밥을 먹고 대소변을 스스로 보고 스스로 몸을 씻을 수 있다는 것이 얼마나 큰 자유이고 축복인가!

기브스하고 누워 지낼 때 올림픽이 열렸는데 체조의 요정 코마네치가 완벽한 묘기를 보여주었다. 텔레비전으로 코마네치의 아름답고 자유롭고 화려한 몸놀림을 보면서 인간의 몸이 아름답고 위대한 것

을 느꼈다. 원숭이나 곰, 사자나 호랑이가 저렇게 자유롭고 아름답고
섬세한 몸놀림을 할 수 있을까? 사람의 정신은 몸과 함께 진화하고
발전했음을 절감했고, 하나님의 형상은 사람의 정신에만 새겨진 것
이 아니라 몸에도 새겨진 것을 알게 되었다.

2. 장애인의 아름다움

장애인의 아름다움

외적인 표준으로 인간을 판단하는 율법주의는 인간의 존재와 삶
에 대한 폭력이다. 비장애인의 표준으로 장애인을 판단하는 것은 장
애인의 존재와 삶에 대한 비장애인의 편견이고 폭력이다. 믿음으로
편견 없이 장애인을 보면 장애인의 모습 그대로 자연스럽고 아름다
울 수 있다.

군인들의 표준적인 절도있는 걸음걸이나 모델들의 걸음걸이만이
멋지고 자연스러운가? 나는 1988년 장애인 올림픽 선수촌에서 장애
인들의 걸음걸이도 멋지고 자연스럽다는 것을 알게 되었다. 장애인
올림픽 선수촌은 장애인들의 축제마당이요, 해방촌처럼 보였다. 장
애인들은 기쁨과 활력이 넘쳤고, 각기 자기식으로 남이 흉내낼 수 없
는 방식으로 걷는 걸음걸이가 아름답고 자연스럽게 보였다.

비장애인들의 걸음걸이는 직각을 이루고 모가 난다면 장애인들
의 걸음걸이는 곡선을 이루고 리드미컬하며 다양하다. 나는 그때 장

애인의 존재와 삶의 편안함과 아름다움과 자유로움을 느꼈다. 장애인의 존재와 삶이 아름답고 자유롭다는 것을 깨닫고, 나는 그 때 존재와 삶의 새로운 충격과 해방감을 맛보았다.

장애인이 넘을 때 우리도 넘는다

살기도 힘들고 어려운 장애인이 왜 힘들게 올림픽 경기를 할까? 왜 사람들은 힘들게 험한 산을 넘는가? 왜 사람들은 앞으로 나가고 위로 오르려 하는가? 경계나 벽에 갇혀 머물면 생명과 영혼은 오그라들고 말라 버린다. 그 경계와 벽을 넘으면 자유롭고 신나는 세계가 펼쳐진다.

장애인이 운동경기를 할 때, 삼중의 장애와 벽을 넘어야 한다. 장애인으로서 신체와 정신의 장벽을 넘고, 사회적 편견과 멸시의 벽을 넘고, 운동경기에서 주어지는 장애와 벽을 넘는다. 장애인이 힘겹게 세 겹의 장애와 장벽을 넘을 때 장애인 홀로 넘는 게 아니다.

마젤란이 대서양과 태평양을 넘어서 지구가 둥근 것을 증명했을 때, 마젤란과 함께 온 인류가 대서양을 넘고 태평양을 넘어 지구가 둥근 것을 알게 되었듯이, 장애인이 저 높고 두터운 세 겹의 벽을 넘을 때, 장애인의 영혼과 함께 우리 모두가 그 벽을 넘은 것이다.

3. 몸으로 깨달은 이들

몸으로 깨달은 예수

예수의 깨달음과 믿음은 머릿속의 생각에 머물지 않았고, 입의 말에 머물지 않았고, 가슴의 감정과 느낌에 머물지 않았고, 배의 창자와 욕구에 머물지 않았고 이 모든 것을 꿰뚫고 넘어서 손과 발에 이르렀다. 그의 깨달음과 믿음은 손으로 표현되고 나타났으며, 발로 실천되고 나타났다. 그의 손에서 깨달음이 나왔고 믿음이 피어났다. 그의 발길이 닿는 곳에 그의 깨달음과 믿음이 살아나고 피어났다. 그가 병든 이를 만졌을 때 깨달음과 믿음이 생겼고 생명이 가득했다. 그가 죄인의 손을 잡았을 때, 제자들의 발을 씻었을 때 믿음이 생기고 깨닫게 되었다. 그의 믿음과 깨달음은 그의 살과 피와 뼈에 있었다. 그의 몸에 사무친 믿음과 깨달음으로 그는 우리의 몸과 맘 속에 살아 있다.

몸으로 받아들이는 말씀

하나님을, 말씀을 머리로만 받아서도 안 되고 가슴으로만 받아들여서도 안 된다. 배로 하나님의 말씀을 받아들이고 하나님의 은총을 몸으로 받아들여야 한다. 히브리어, 그리스어, 한국어를 보면 창자와 내장들은 감정을 느끼고 인식할 수 있는 자리다.

배로 느끼고 인식하고 생각할 수 있다. 머리로만 생각하지 않는다. 인정과 연민, 슬픔과 자비를 창자로 느낀다. 손발을 움직이려면 배로 느끼고 배로 말씀을 체험해야 한다. 말씀이 몸과 만나야 한다. 몸은 하나님의 영이 거하는 신령한 집이다. 몸에는 우주생명의 무궁한 신비와 힘과 지혜가 담겨 있다. 수 십 억년 생명진화의 역사가 몸속에 새겨져 있고, 5 천 년 민족사가 몸에 들어 있다. 몸은 신령한 것이다.그리스도의 십자가 말씀을 몸으로 받아들여 내 속에서 내 욕심, 나를 섬기려는 죄악을 뿌리 뽑으면 영의 생수가 강물처럼 솟아난다. '나'에 대한 욕심과 집착만 버릴 수 있으면 모든 일이 쉬워질 것이고 생기가 넘치고 생명바람이 불어올 것이다.십자가의 말씀을 배로 몸으로 받아들여야 말씀이 우리의 인격과 삶, 마음과 행동을 새롭게 바꾼다. 기독교 신앙이 한국기독교인의 삶을 규정하는가? 머리나 가슴에만 머물러 있지 않은가? 삶은 여전히 유교적이고 무속적이며 불교적이지 않은가? 정말 기독교인이 되려면 말씀을 몸으로 배로 받아들여야 한다. 그렇지 않으면 기독교는 외래 종교로 머문다.

몸으로 성경을 읽은 사람, 남강 이승훈

남강 이승훈은 섬김으로써 다스리는 예수의 길을 가장 충실히 걸은 이다. 섬기는 지도자의 모범이다. 3.1독립운동 지도자, 오산학교 설립자, 유영모와 함석헌의 스승이었다. 어려서 부모를 잃고 유기점에서 사환노릇을 하며 섬김을 익혔다. 주인이 "저 아이는 일을 시킬 수 없는 아이다. 일을 시키려고 하면 벌써 일을 했거나 하고 있다."고 말했다. 젊어서 길 가다 무덤을 보고서 "사람은 누구나 죽는구나. 나도 죽기 전에 사람구실을 해야지." 하고는 장사를 했는데 정직하고 성실해서 큰 사업가가 되었다.

그러다가 "민족을 교육시켜서 일깨워 나라를 살려야 한다."는 안창호의 연설을 듣고 크게 감동하여 기독교를 믿고 오산학교를 세웠다. 오산 장로교회 터를 헌납하고 장로가 되었다. 3.1운동을 일으킨 후 옥에 갇혀서 "죽을 자리 찾았다."면서 신이 나서 절로 어깨춤을 덩실덩실 추었다. 옥중에서 구약 20번 신약 100번 읽고 성경지식의 힘으로 살았다.

옥중에서 변기 청소를 맡아서 했다. 말년에 학교에서 동상을 세웠을 때 학생들에게 "내가 한 일은 똥 먹은 것밖에 없다."고 했다. 겨울에 변소의 똥 무더기가 얼어서 산처럼 쌓였을 때 남강 선생이 도끼로 까다가 똥 얼음조각이 튀어서 입으로 들어가면 퉤퉤 뱉으며 깠다는 것이다. 20세에 오산학교 선생이 된 유영모가 신앙으로 교육하는 것을 보고 기독교 학교로 바꾸었고 함석헌이 학생들과 성경공부하는 것을 들어보고는 좋다면서 함께 참여했다.

동상제막식 날 남강은 사람들 앞에서 이렇게 말했다; "나는 뒤에 있는 물건처럼 아무것도 모르는 인간입니다. 이제까지 내가 한 일은 아무것도 없습니다. 하나님께서 하셨습니다. 앞으로도 하나님께서 이끌어 주실 줄 믿습니다." 남강은 자기를 버리고 비우면서 온 몸으로 섬기며 행동한 믿음의 사람이다. 성경을 제대로 읽고 실행한 이다. 성경에서 생명력과 영성을 얻어 살았다. 성경을 읽기만 하지 않고 성경을 몸으로 살았다.

몸으로 깨닫게 하소서

나의 생각이 머릿속에서만 머물지 않게 하소서.
가슴에서 살아 남의 가슴을 움직이는 생각이게 하소서.
나의 생각이 가슴에만 머물지 말게 하소서.
감정만을 움직이는 생각이 아니라
몸과 맘을 함께 울리는 생각이 되게 하소서.
나의 창자를 울리고 배에 사무친 생각이 되게 하소서.
그리하여 내 생각이 내 손과 발을 통해
삶으로 피어나게 하소서.

3장

고마운 '나'의 생명

3장 고마운 '나'의 생명

1. 나는 생명의 씨올이다

믿음과 삶은 내게서 시작한다. 내가 거꾸러지고 내가 죽으면 우주도 세상도 없다. 생명진화의 끝이 내 속에 있고, 인류역사의 매듭이 내 손에 있다. 인류 한 사람, 한 사람의 '나'속에 우주의 운명이 걸려 있고 인류역사의 완성이 달려 있다. 내가 일어서면 인류도 서고 내가 살면 우주도 산다. 내 속에 삶의 신비가 들어 있고 삶의 목적과 의미가 담겨 있다.

내가 씨올이다

내 몸의 RNA, DNA에는 수 십 억년 생명진화의 역사가 압축되어 있고 내 맘에는 2백만년 직립인간의 역사, 5만년 슬기 슬기 인간의 역사가 새겨져 있고 내 얼은 하늘에 뿌리를 두고 영원한 신적 생명의 불씨(사랑, 仁, 자비)를 품고 있다. 내 몸은 자연 생명의 씨알이고 마음은 인류역사와 사회의 씨알이고 얼은 영원한 신적 생명의 씨알이다. 내 속에서 얼 생명의 불씨를 태우면 나는 나답게 되고 전체 하나의 큰 나에 이른다.

내 몸의 유전자에 생명진화의 역사가 압축되어 있다는 것은 과학적인 사실이고 내 맘에 인류 역사의 새겨져 있다는 것은 심리학에서 확인되는 사실이다. 내 맘 속에 영원한 신적 생명의 불씨가 있다는 것은 기축시대의 성현들인 석가, 공자, 노자, 예레미야(예수), 소크라테스가 깨달은 진리다. 기축시대의 성현들이 깨달은 진리는 "내가 싫은 것을 남에게 하지 마라."는 황금률로 표현되었다. 내 속에서 생명의 불씨인 얼과 혼, 사랑과 자비, 참과 이치를 불태워 살려 가면 내가 참 나가 되고 서로 살리고 서로 하나 되는 길로 갈 수 있다는 것이다.

생명의 진화역사 내 몸에 새겨 있고
사람의 가는 길은 성현이 밝혔으니
우리가 가야 할 길로 거침없이 가리라

내 몸이 수십억 년 생명 진화의 역사 끝에 맺은 꽃이고 열매라면 내 몸, 내 얼굴이 얼마나 소중한가! 내 마음이 수백만 년 인류 역사를 거쳐 맺은 씨울이라면 내 마음이 얼마나 귀한가! 내 몸과 맘 속에 깃든 얼과 혼은 우주 생명 세계의 어둠을 밝히는 영원한 등불이다. 얼과 혼은 죽어도 죽지 않는 영원한 생명의 불씨요 파괴되거나 오염되지 않는 생명의 알맹이다. 얼과 혼의 불씨를 태워서 사랑과 자비를 실천하는 사람만이 사람다운 사람이다.

내가 씨알임을 자각하고 내 속에서 생명과 정신의 씨알을 싹트고 꽃피고 열매 맺게 하는 것은 나에 대한 과학적 심리학적 역사적 사실에 충실한 것이고 생명과 영의 진리를 실현하는 것이며 기축시대의 성현들이 깨닫고 가르친 것을 따르고 실행하는 것이다. 민주화, 산업화, 세계화가 동시에 진행되는 오늘의 시대는 씨알의 시대다. 사람마다 스스로 깨닫고 스스로 실천하여 제 생명과 정신의 꽃을 피우고 열매를 맺어야 한다.

나는 생명의 불씨다.

내 속에서 타오르는 생명의 불씨는 내가 나를 불사르는 불씨다. 하늘과 땅 사이에서 온 몸과 맘과 얼을 다 태워서 제사 드린다. 내가 나를 제사지내는 것은 나를 구원하고 세상을 구원하자는 것이다. 희생을 통해서만 세상을 구원할 수 있다. 우주만물이 제 몸을 태워 빛과 열을 내어 생명을 살린다. 생명은 희생을 통해서만 살 수 있다. 식물도 동물도 짐승도 사람도 생명의 불꽃을 피우며 살아간다. 생명의 불꽃이 생명을 짓고 낳고 고양시킨다. 사람의 씨알인 내가 나를 불살라서 내가 나를 낳고 짓는다. 생각으로 나를 불태워 나를 짓고 낳는다. 하늘의 바람과 말씀으로 나를 씻고 닦아서 나를 깎고 다듬는다. 내 얼굴을 내가 씻고 닦아서 나를 짓는다.

내 속에서 하늘에 대한 그리움으로 하늘 생명의 불꽃이 타오르고 있다. 내 속에서 거룩한 생명의 불꽃이 타오르는 것은 짐승의 성질과 버릇을 정화하여 사람다운 성품과 인격을 닦아내는 것이다. 내 속에는 하늘의 풀무가 있어서 짐승의 성질과 버릇을 태우고 녹여서 사람다운 성품과 인격을 닦아낸다. 하늘의 아들(딸)인 내가 나를 불태워 하늘 어버이께 제사지내고 내가 나를 버리고 새롭게 하여, 내가 어버이 닮은 나를 낳고 내가 하늘의 사람으로 나를 짓고 참 사람이 되는 것이다.

애벌레가 고치가 되고 고치가 나비가 되듯이 내가 나를 불태워 몸나를 제나로 제나를 얼나로 탈바꿈해야 한다. 생각으로 나를 파서 땅의 몸과 하늘의 얼이 하나로 뚫리게 하라. 사랑과 진리의 나비가 되어 높푸른 하늘, 영원한 생명의 세계로 날아가리라. 땅의 몸이 하늘의 얼이 되어 하늘로 날아가려면 십 억년 생명진화와 백 만년 인류 역사의 어두운 굴을 거쳐야 하고 온갖 고난과 시련, 혼란과 파괴, 절망과 죽음의 거친 바다를 건너야 한다.

생명의 씨올은 기꺼이 흙바닥에 떨어지고 이름 없이 흙 속에 묻히고 아낌없이 깨지고 죽고 썩고 없어진다. 씨올은 생명의 길과 진리를 보인다. 생명은 죽어야 사는 것이고 죽어도 죽지 않는 것이다. 하늘의 없음과 빔에 이르지 못하면 깨지고 죽고 썩고 없어짐의 길을 갈 수 없다. 내 생명이 깨지고 죽고 썩고 버려지고 없어지면 보다 크고 높은 생명이 싹이 트고 꽃이 피고 열매가 맺힌다.

2. 관상(觀相), 심상(心相), 하나님 얼굴(神像)

　사람의 얼굴에는 관상이 있고 맘속에는 심상이 있으며 맘속의 얼과 혼속에는 하나님 얼굴이 있다. 맘의 생각, 감정, 욕구, 갈망이 얼굴에 드러난 것이 관상이다. 심상은 관상으로 나타나기 이전의 맘의 상태와 움직임이다. 심상이 관상으로 나타나고 표현되면서 왜곡 변질될 수 있고 치장하고 미화될 수 있다. 심상은 관상보다 더 깊고 오묘한 것이다. 관상은 물질 신체적이나 심상은 생명 정신적이다. 하나님 얼굴(神像)은 맘의 창조적 초월적 근원과 본성, 목적과 뜻을 드러내는 것이니 심상보다 한없이 높고 깊고 자유로운 것이다. 관상은 심상을 다 드러내지 못하고 심상은 하나님얼굴을 다 드러내지 못한다. 사람을 움직이고 살게 하는 것은 관상보다 심상이고 심상보다 하나님 얼굴이다. 사람은 하늘을 우러르고 그리고 품고 모시는 존재이며 하늘을 닮고 하늘에 이르려고 애쓰는 존재다. 관상을 넘어 심상에 이르고 심상을 넘어 하나님 얼굴에 이르러야 한다.

　하늘을 모시면 사람 속에서 창조와 진화가 일어난다. 하늘 하나님 얼굴은 창조와 진화의 근원과 힘이니 밖에서 들여다볼 수 없는 것이다. 관상을 볼 수 있고 심상도 헤아려 볼 수 있으나 하나님 얼굴은 들여다볼 수도 없고 들여다보려고 해서도 안 된다. 내 속의 속에 있는 하나님의 얼굴은 창조와 진화가 일어나는 깊음과 혼돈의 어둠이다. 감각과 이성의 눈으로는 하나님의 얼굴을 볼 수 없다. 그러나 얼의 눈으로 하나님의 얼굴을 느끼고 헤아리고 깨달을 수 있다. 인생의 목적은 볼 수 없고 보아서도 안 되는 하나님 얼굴을 느끼고 깨달고 체험해 보자는 것이다. 인생의 목적은 얼의 눈이 열려 사람의 얼과 혼에서 하나님의 얼굴을 보자는 것이고 제 얼과 혼 속에 하나님얼굴을 그리고 새기고 이루고 드러내자는 것이다. 먹구름 사이로 해가 비치듯이 서로의 생각과 감정, 말과 행실에서, 역사와 사회의 사건과 일에서 하나님의 얼굴을 보고 느끼고 깨달을 수 있으면 더없이 고맙고 반갑고 보람 있을 것이다.

내 얼굴 내가 빚기

맘 놓고 살려면 감정과 욕심을 놓아버려야 한다. 맘 놓고 편히 살려면 욕망과 감정을 맑고 깨끗하게 하늘 숨과 하늘의 뜻으로 닦고 씻어야 한다. 내 맘의 욕망과 감정을 하늘의 숨과 뜻과 생각으로 닦고 씻는 것이니 내가 나를 닦고 짓고 만들고 세우는 것이다. 내 욕망과 감정을 맑고 높은 생각과 뜻으로 씻고 닦는 것은 내 맘만을 닦고 씻는 것이 아니라 내 몸과 행실을 닦고 씻는 것이다. 맘의 욕심과 감정과 생각이 나의 얼굴과 몸에 나의 행실에 드러나고 표현되게 마련이다. 따라서 맘을 닦는 것(修心)은 몸을 닦는 것(修身)이고 행실을 닦는 것(修行)이다. 맘의 욕망과 감정과 생각을 하늘의 맑은 바람과 높은 뜻으로 맑고 깨끗하고 거룩하게 닦으면 하늘의 맑은 바람과 높은 뜻이 가장 먼저 나의 얼굴에 새겨지고 드러난다. 내 맘을 내가 닦고 씻는 것은 내 얼굴을 내가 빚는 것이다. 하늘을 생각하는 것은 하늘의 얼과 뜻, 바람과 생명이 나의 몸과 맘에 얼굴에 새겨지고 가득하게 하는 것이다. 하늘의 숨과 생각과 뜻으로 하늘의 얼과 생명 기운으로 내 맘의 욕망과 감정과 생각을 닦고 씻으면 하늘의 본성과 뜻이 하늘의 모습이, 사랑과 정의로 가득한 하늘, 하나님의 얼굴이 나의 얼굴에 새겨지고 드러난다.

3. 숨

지금 내 삶을 지탱하고 움직이는 것은 숨이다. '나'를 나타내는 한자 '自'는 '코'의 모양을 그린 글자라 한다. 지금 살아 있는 '나'는 '코숨'에 달려 있다. 생명은 목숨이다. 이 연약한 숨결이 끊어지면 내 생명의 불길도 꺼진다. 내가 쉬는 이 숨결을 타고 내가 산다. 이 숨결이 내 몸과 마음을 태우는 날개요 하늘바람이다.

몸과 맘이 건강하고 편안하려면 숨을 깊고 고르게 쉬어야 한다. 스트레스를 받아 억눌리거나 병들어 몸이 불편하면 숨이 얕아지고 거칠어진다. 몸과 맘이 짓눌리면 숨도 막힌다. 그래서 저도 모르게 깊은 한숨을 쉬어서 몸과 맘을 풀어준다. 숨을 기식(氣息)이라 하고 쉼을 안식(安息) 또는 휴식(休息)이라 한다. 식(息)이란 말로 숨과 쉼을 함께 나타낸다. 息은 自와 心이란 글자로 이루어졌는데 '제 마음'으로 풀 수도 있고 '코와 염통'으로 풀 수도 있다. 코와 허파로 숨쉬고 염통으로 묵은 피와 깨끗한 피를 온 몸에 돌리는데 숨과 피돌기가 잘 되어야 내 몸과 마음과 영혼이 건강하고 편안하다.

숨과 영혼은 하나다. 많은 언어들에서 숨과 영혼을 같은 말로 나타낸다. 히브리어 루아흐, 그리이스어 프뉴마, 프쉬케, 라틴어 스피리

투스, 인도어 아트만은 숨(바람)과 영혼을 함께 나타낸다. 숨을 깊고 고르게 쉬면 영혼이 산다. 영혼이 살아 있는 사람은 숨을 깊고 고르게 쉰다. 숨쉼이 영혼의 쉼이다.

숨은 내가 인위적으로 쉬는 게 아니다. 태초부터, 생명체가 창조되던 그 때부터 수 억 만년 이어 이어 내려 온 숨이다. 내가 숨을 쉰다기보다 숨이 나를 살린다. 숨을 쉬다 보면 숨이 내 것이 아니라 이 우주와 대자연의 생명 속에 베푸신 하나님의 은총과 능력에 의존한 것임을 절감한다. 삶은 숨에 달렸고 숨은 하나님의 은총과 능력에 달렸다. 먹고 입고 자고 아이를 낳고 기르는 살림을 잘 하려면 머리와 손과 발을 부지런히 놀려야 하지만, 숨으로 지탱되는 삶을 잘 살리려면 삶의 근원인 하나님을 믿고 가까이 모셔야 한다. 내 목-숨에 하나님의 숨을 향한 그리움이 숨어 있다.

숨과 사랑

내 피를 뜨겁게 하고 온 몸에 돌게 하는 것은 숨이다. 숨쉬지 않으면 피는 식고 멎을 것이다. 내 뼈다귀를 억세고 굳세게 유지하는 것도 숨이다. 숨쉬지 않으면 뼈는 흙처럼 부서질 것이다. 가늘고 여린 숨 바람이 몸의 생명과 힘의 원천이다.

내 인격과 영혼을 곧고 힘있게 세워주는 것은 사랑이다. 온갖 욕망과 노여움과 두려움에서 벗어난 사랑만이 나를 굳게 세운다. 물질적 조건이나 이해관계를 넘어선 사랑만이 흔들림 없는 '나'의 인격을 세운다. 착하고 어진 마음은 한없이 약하고 부드럽지만 바위보다 굳세고 강철보다 강하다.

잘난 얼굴, 빼어난 재주, 풍부한 지식도 사라지는 것이고, 친절하고 다정한 마음도 끝나는 것이다. 남녀 사이의 사랑도 벗들 사이의 우정도 아름답지만 영원한 것은 아니다. 뜨거운 열정도 벅찬 감정도 없지만 곧고 착한 사랑의 마음은 생명과 역사를 창조하는 근원이다.

숨과 희망

라틴 속담에 "내가 숨쉬는 동안 나는 희망한다."(Dum spiro, spero.)는 말이 있다. 숨에는 삶을 향한 의지와 그리움이 담겨 있다. 숨은 살려는 행위이며, 삶의 몸짓이다. 내가 지금 쉬는 숨은 태초에 생명이 생겨났을 때부터 이어온 숨결이다. 숨이 붙어 있는 한 삶은 이어지고, 살아 있는 한 살 길은 있다. 숨이 곧 희망이다.

숨을 깊고 고르게 쉬기가 쉽지 않다. 피곤하고 지쳐도 숨이 고르지 않고 맘이 불안하거나 미움과 노여움에 사로 잡혀도 깊은 숨을 쉴 수 없다. 숨을 고르고 깊게 쉬는 사람은 몸도 맘도 편하고 세상을 편하게 하는 이다. 나의 숨이 우주와 이어지고 하나님의 생명기운과 닿아 있다. 이 숨 줄을 타고 하늘나라가 오기를 기다린다.

내 마음의 바다에 뛰노는 싱싱한 물고기

누구나 마음의 바다 속에는 싱싱한 물고기가 살아 있다. 짜증나고 우울하고 몸도 마음도 축 늘어져 살고 싶지 않을 때 도 그 밑바닥

속 깊은 곳에는 싱싱한 생명의 물고기가 살아 숨쉬고 있다.

　그 물고기만 잡으면 내 몸도 마음도 펄쩍펄쩍 뛰며 살아날 텐데! 내 속에 있는 물고기, 그게 바로 나 아닌가? 하나님이 내 코에 넣어주신 숨 아닌가? 아, 십자가에 달린 생명의 임 예수! 돌무덤을 깨트리고 살아난 예수 아닌가? 붙잡기만 하면 싱싱하게 살아난다. 죽어도 살고 살아도 죽지 않는다.

4장

생명의 본성과 목적

4장 생명의 본성과 목적

1. 삶의 본질: 기쁨과 사랑 속에서 솟아오름

삶의 본질은 기쁨과 자유와 사랑이다. 기쁘면 사랑하고 사랑하면 기쁘다. 기쁨과 사랑이 있으면 자유롭다. 자유로우면 기쁘고 사랑하게 된다. 사랑할 때, 사랑 받을 때 기쁘고 기쁠 때 생명은 쑥쑥 자란다. 생명이 자라면 자유롭다. 어린 아기, 풀잎과 새싹, 예수께 가까이 가면 기쁘다. 나무와 풀도 기쁨을 느낀다. 타고르가 말했다. "비 올 때 나무들과 풀들을 가만히 느껴 봐라. 기쁨이 묻어난다." 기쁨은 기가 뿜어져 나오는 것이다. 자유, 기쁨, 사랑은 생명의 다른 이름이다.

생명은 창조적이고 늘어나는 것이다. 자라고 변하는 것이다. 자유롭고 새로워지는 것이다. 생명이 자라면 기쁘고 기쁘면 생기가 뿜어 나온다. 생명은 물질에 붙어있으면서 물질을 넘어서는 것, 물질의 법칙을 거스르는 것이다. 중력의 법칙, 열역학의 법칙을 거스르는 것이다. 물질은 생성 소멸하고 무질서하고 흩어지는 것이다. 물은 높은 데서 낮은 데로 흐르고 뜨거운 것은 차가워진다. 36.5도를 유지하는 인간의 몸, 고도의 질서와 조화를 이룬다. 중력과 겨루는 것이다. 생명은 물질 속에서 집중하고 상승하고 고양되는 것이다.

생명은 물질 안에서 물질을 넘어서자는 것이다. 그래서 고통이 따른다. 기고 걷고 날자는 것이다. 일어서는 것이 생명의 본질이다. 몸과 맘이 일어나는 것이다. 솟아오름이 생명의 본질이다. 솟아올라 앞으로 나감이다.

생명은 놀이다

생명의 본성과 근원은 기쁨과 사랑이다. 생명은 스스로 기쁘고 신명나는 것이다. 생명은 제가 제 삶의 주체이고 주인이며 제 삶을 제가 살기 때문에 기쁘고 즐겁고 신명과 흥이 나는 것이다. 기쁨과 사랑 속에서 생명의 자아가 실현되고 완성된다. 생명과 인간은 사랑을 받을 때 가장 기쁘고 보람차고 힘과 신명이 난다. 생명과 인간은 기쁠 때 가장 잘 자라고 힘차게 된다.

생명은 그 자체가 신명나는 축제이고 놀이다. 생명을 나타내는 모든 행위와 일, 생각과 몸짓, 욕망과 감정은 기쁘고 신나는 것이다. 본디 인간의 일과 노동은 놀이였고 축제였다. 놀이와 축제는 생명의 본성인 기쁨과 사랑에서 우러난 것이고 생명의 본성을 실현하고 완성하는 것이다. 놀이와 축제를 통해 생명은 생명답게 되고 더 깊고 크고 아름다운 존재로 자란다. 그러나 자연스럽게 생명에서 우러나지 않은 놀이와 축제는 생명을 해치고 생명을 거스르는 일과 노동은 생명을 위축시킨다. 놀이는 생명의 본성인 기쁨과 사랑을 표현하고 실현하는 것이다. 놀이는 생명의 가장 자연스러운 표현이고 실현이다. 노래와 춤은 생명의 본성이 자연스럽게 드러나고 실현되고 나타나는 것이다

하늘과 땅 사이에 곧게 선 것은 창조자가 된 것이다. 창조자가 된 것은 자유로운 손을 갖게 된 것이고 자유로운 생각을 하게 된 것이다. 자유로운 생각은 자유로운 관계와 사귐에 이르고 자유로운 관계와 사귐을 위해서 연락과 소통이 필요하다. 연락하고 소통하기 위해서 인간은 말하는 존재가 되었다.

2. 생명의 본성과 목적

생명은 하늘의 햇빛과 바람, 땅의 물과 흙이 만나서 생겨난 것이다. 생명 속에서 하늘이 땅 속으로 내려오고 땅이 하늘을 품고 하늘로 올라간다. 생명은 하늘의 정신과 땅의 물질이 만나서 산 통일체가 된 것이다. 생명은 하늘과 땅의 큰 변화(天地開闢)가 일어난 것이다. 수십 억년 스스로 하고 스스로 되는 생명진화의 역사 속에서 생명의 본성은 끊임없이 새롭게 탈바꿈하면서 진화하고 발전하였다. 생명은 인공적으로 만든 제품이 아니다. 생명은 자연 속에서 태어난 것이다. 오랜 세월 낳고 죽고 또 죽고 낳는 과정을 통해서 스스로 하고 스스로 되면서 새로워지고 더 깊고 큰 생명으로 진화 발전해 온 것이다.

생명의 본성은 늘 새롭게 진화 발전하면서 스스로 하고 스스로 되면서 형성된 것이지만 수 십 억 년 생명진화의 과정에서 자연의 품 안에서 자연스럽게 자연의 법칙과 원리, 조화와 질서를 받아들이면서 스스로 닦아내고 닦여진 것이므로 생명은 자연스럽게 존재하고 자연스럽게 변화한다. 생명은 자연스러운 것이고 자연에 바탕을 둔 것이다.

바탈 성(性)

중용에는 바탈 성(性)을 천명(天命)으로 이해했다. "하늘의 명령을 바탈이라 하고, 바탈을 따름을 길이라 하고 길을 닦음을 가르침이라 한다."(天命之謂性 率性之謂道 修道之謂教) 천명은 하늘의 명령, 하늘의 말씀, 하늘의 목숨을 뜻한다. 바탈 성(性)은 하늘(하나님)으로부터 받은 명령, 말씀, 목숨이다. 서양에서는 인간의 본성을 nature라고 하는데 인간이 타고 난 것을 뜻한다. 이것은 날 때부터 지니고 있는 것으로서 인간적이고 내재적인 것을 뜻한다. 동양의 성(性)은 하늘과 통하는 열린 개념이고 도와 교육의 중심을 이루는 보편적 우주적 성격을 지니고 있다.

유영모는 바탈을 '하나님께 받아서 할 것'이란 의미로 '받할'로 이해한다. 이로써 유명모는 바탈 성(性)에 실천적이고 행동적인 성격을 부여했다. 바탈을 타고 하나님께로 솟아올라 나아간다고도 하고 바탈을 불태워 생명과 얼을 온전히 실현한다고도 한다. 감성(感性), 오성(悟性), 영성(靈性)을 살리고, 태워서 예술과 철학(과학)과 신학을 발전시킨다고도 한다. 하늘의 명령, 말씀, 목숨이 내 바탈이니 날마다 새롭게 살아나고 살아지고 피어나야 할 것이다.

세포 탄생의 비밀: 서로 살림과 함께 삶

생명체는 뛰어난 상생의 능력을 지녔다. 20억 년 전 생명체가 처음 생겼을 때, 수소를 에너지원으로 사용하는 박테리아들이 주로 활동했는데, 산소를 에너지원으로 활동하는 강력한 호기성 박테리아들이 생겨나서 수소에 의지하는 혐기성 박테리아들을 잡아먹었다.

혐기성 박테리아들은 몰살 위기에서 집단적으로 뭉쳐서 점막을 둘러쓰고 하나의 세포가 되었다. 세포핵이라는 유전자 정보를 지닌 데이터 뱅크가 되었다. 이 세포핵들이 강력한 호기성 박테리아들을 받아들여서 공생하게 되었다. 세포 속으로 들어온 호기성 박테리아들은 미트콘드리아들로서 세포핵의 주위에서 세포핵의 지시와 명령에 따라서 세포를 위해 강력한 활동을 한다. 생명의 놀라운 공생,창조의 활동을 본다.

우리 몸의 세포와 조직들은 얼마나 놀랍게 상생의 삶을 펼치고 있는가! 하나님을 믿음으로 예수 안에서 욕심과 두려움을 떨쳐 버리고 상생의 생명활동에 참여하는 것이 구원이고 보람이며 기쁨이 아닐까? 자기 안에 갇혀서 자기도 남도 해치는 어리석고 악한 삶에서 벗어나 서로 살리고 함께 사는 길을 열고자 예수가 십자가에 달린 것이다.

3. 생명은 불사름이다

생명(生命)

삶은 선택이 아니라 명령이다. 살고 싶어 사는 게 아니다. 목숨을 받은 순간 살라는 명령을 받은 것이다. 생명은 죽음보다 강하다. 언제나 죽음을 이기고 사는 것이다. 죽음에 굴복할 때 죽는 것이다. "아이고 죽겠다, 아이고 죽겠다." 하면 반드시 죽게 되고, "살아야지, 살아야지." 하면 반드시 살아난다. 지금 내가 살아 숨쉬는 것은 죽음을 딛고 살아난 것이다. 생활(生活)은 생명을 살리는 것이다. 산다는 것은 삶을, 숨을 활발하게, 힘차게 하는 것이다. 산다는 것은 먼저 내 삶을 활기차게 하고 "너"의 삶을 힘차게 환하게 하는 것이다.

삶의 본질은 사랑이고 삶을 사는 이가 사람이다. "살다"는 "살살"에서 보듯이 "움직이다"를 뜻하고 "사르다, 불사르다"를 뜻한다. 삶은 "속을 태워서 움직이는 것"이다. 숨쉬고 피가 도는 것은, 먹고 소화하고 흡수하고 배설하는 것은 속을 태워서 힘을 얻어 움직이는 것이다. 믿음과 사랑은 나를 불사르고 태워서 힘을 내고 빛을 내는 것이다. 산다는 것은 불사르는 것이고, 밝고 따뜻하게 하는 것이다.

살다-사르다

우리말 '살다'는 '움직이다'를 뜻한다. '살살', '살랑살랑'에서처럼 '살'은 움직임을 뜻한다. 또 '살다'는 '사르다'(불사르다)와 통하는 말이다.

삶은 물질에너지, 생명에너지를 '사르어' 움직이는 것을 나타낸다.

코와 허파로 숨쉬는 것은 밥(생명에너지)을 불살라 삶의 힘을 얻는 것이다. 밥을 먹고 색이고 코와 허파로 숨쉬고 염통으로 피를 맑게 하는 것은 먹이를 불태워 힘을 얻는 일이다. 숨은 생명의 불길을 지피는 풀무질이다.

목숨은 스스로를 불태우는 제사이고, 스스로를 정화하는 불이다. 생명(生命)은 '살라는 명령'이다. 살림은 살리려는 애씀이며 다른 생명체를 살리고 돋우고 힘주는 거룩한 섬김이다. 우리말 속에 우리 선조의 깊은 생명철학이 담겨 있다.

5장

생명윤리

5장 생명윤리

1. 상생과 소통

삶에 대한 공경심

어린 남매를 언 강물에 던져 죽인 아비도 있고, 홀로 죽은 지 20여 일 만에 발견된 노인도 있다. 돈 때문에 사람을 죽이는 일이 흔하고, 미움과 시기로 친구와 친구 자녀를 죽인 여인도 있다. 이혼율이 세계에서 가장 높은 나라 가운데 하나가 되었다. 우리가 사는 사회에 서로를 애틋하게 보듬는 마음과 손길이 아쉽다. 삶에 대한 미움과 가벼움이 우리 사회 곳곳에서 묻어난다.

광우병으로 거품을 물고 쓰러지는 소를 보면서, 부르셀라 병으로 묻히는 소들을 보면서, 조류 독감으로 떼죽음하는 오리와 닭들을 보면서 삶에 대한 두려움을 느낀다. 생명공학과 유전공학에서는 인간이 생명의 본질을 변경하고 인간을 복제할 수 있다고 한다. 이제 인간은 창조자의 일을 하게 되었는데 인간의 정신과 영혼은 유치하고 공허하고 황폐하다.

창조자 하나님을 두려워하는 마음을 갖는 것이 삶의 근본이다. 하나님을 두려워하는 마음을 가진 이는 내 삶을 내 맘대로 못하고 남의 삶을 맘대로 못한다. 어찌 내 자식을 언 강물에 던지며, 내 목숨을 맘대로 끊으며, 친구를 죽인단 말인가? 죽음을 딛고 사는 삶인데, 부활한 생명을 사는 삶인데 어찌 함부로 산단 말인가? 두렵고 공경하는 마음으로 살고, 죽음을 뛰어넘은 깬 정신으로 살 것이다. 목숨을 바쳐 뭇 생명을 살린 예수의 마음으로 생명공학도 하고 유전공학도 할 것이요, 이웃의 생명도 보듬을 것이다.

상생과 소통

홍익인간의 이념과 두레공동체를 실현한 한민족의 정신적 원리는 서로 살림(相生)이다. 공동체적 삶의 오랜 전통 속에서 함께 살고 서로 살리는 지혜와 힘을 길러온 한민족의 정신과 문화 속에는 '서로 살림'의 원리가 배어 있다.

서로 살림은 삶의 원리일 뿐 아니라 삶의 사건과 과정이다. 서로 살리는 과정에서 생명은 생겨나고 자라나고 새로워진다. 삶은 숨, 목숨이다. 하나님은 흙으로 사람을 짓고 하나님의 루앗하(숨)을 불어 넣으셨다. 사람의 생명은 흙에서 왔고 숨의 소통으로 생겨났다.

모든 식물의 생명은 흙, 물, 바람, 햇빛의 어울림이다. 흙, 물, 바람,

햇빛의 어울림과 서로 살림이 생명의 사건이고 과정이다. 숨은 안과 밖, 나와 너의 교류와 친교이고 어울림이다. 우주대자연의 생명 기운을 숨 쉼으로써 생명은 산다.

생명은 우주 대자연의 생명 기운과의 교감과 교류 속에 있다. 우주의 생명 기운을 받아들여 새김으로써 신령한 기운이 생겨난다. 생명은 서로를 살림이다. 서로 살림의 순간이 생명이고, 생명은 서로 살림의 과정이다.

자연생태계는 먹이사슬의 순환 속에 있다. 서로 먹으면서도 서로 먹이가 되어준다. 풀은 흙을 먹고 사슴은 풀을 먹고 호랑이는 사슴을 먹는다. 호랑이는 죽어서 흙에게 몸을 내어 준다. 이런 먹이사슬 속에서 생태계적 순환이 지속되고, 생명 세계가 더욱 다양하고 풍성해진다. 희생이 희생으로만 그치지 않고, 희생 속에서 생명이 소멸되거나 소진되지 않고, 서로를 살리며, 생명이 더욱 깊어지고 넓어지는 상생(相生)의 길이 희생 속에서 열린다.

희생과 상생의 관계와 사귐 속에서 생명은 상처받을 수 있다. 열린 존재이기 때문에 상처받을 수 있음이 생명의 본질이다. 상처받을 수 있는 열린 존재이므로 참으로 연대하고 하나 될 수 있다. 또 상처받고 하나 될 수 있는 존재이므로 자랄 수 있다.

한민족의 문화와 삶에는 희생과 상생의 역설이 있다. 한국 민중은 남을 위해 희생하는 삶을 살았다. 사회. 역사적으로 희생을 강요당하기도 했고, 집안과 자녀와 부모 형제자매를 위해 기꺼이 희생하는 삶을 살기도 했다. 얼마나 많은 이 땅의 어머니와 아버지들이, 누이와 형과 동생들이 스스로 삶을 희생해 왔던가! 자기희생에 너무나 익숙한 사람들이 이 땅에 아직도 얼마나 많은가!

이들의 희생적인 삶이 밑거름으로 되어서 우리가 오늘의 풍요롭고 안락한 삶을 누릴 수 있게 되었다. 한국 민중은 희생하는 삶 속에서 서로 살림의 지혜와 힘을 길러 왔다. 자기희생 속에서 공동체적인 서로 살림의 새싹이 돋아났다.

오랫동안 고난의 역사 속에서 상생과 희생의 삶을 살아온 한민족의 삶과 문화에는 한(恨)과 신명의 역설적 어우러짐이 있다. 우리는 눈물 흘리며 서로 손잡고 아리랑을 부를 수 있고, 손잡고 춤추며 흥겹게 아리랑을 부를 수 있는 민족이다. 한민족의 민요 가락에는 한없는 구슬픔과 아픔이 담겨 있고 사물놀이에는 한없이 장쾌한 활력이 담겨 있다. 같은 민중의 노래 가락이 이처럼 무한히 슬프고 느러지기도 하고 무한히 활력에 넘치기도 한다. 한국 민중의 삶에는 깊은 상처와 고통을 삶의 능력으로 승화시키는 위대한 힘이 있다.

밥

모든 생명은 다른 생명을 먹어야 산다. 생명세계는 먹고 먹히는 먹이사슬로 얽혀 있다. 내가 살기 위해 남을 먹는 것은 삶의 조건이며 원죄다. 이런 생명세계는 서로 잡아먹는 상극(相剋)의 세계이면서 서로 먹이가 되는 상생조화(相生調和)의 세계이기도 하다. 양은 풀을 먹고 늑대는 양을 먹고 사자는 늑대를 먹고 사자는 죽어서 풀의 먹이가 된다.

진화론자 다윈은 먹고 먹히는 생명세계의 원리를 생존투쟁으로 보았고, 동학의 2대 교주 최해월은 "하늘로써 하늘을 먹임"(以天食天)이라고 했다. 다윈은 개체를 중심으로 봄으로써 먹고 먹히는 생명세계의 원리를 생존투쟁으로 파악했으나 해월은 개체를 넘어서 생명을 살리고 키우는 신적 의지를 보았다. 다석 유영모는 "자연이 서로 희생양이 되어서 더러움과 죄를 씻어주고 속량해 주어서 융성하게 한다"(自然相贖殷)고 보았다. 서로 희생양이 되어서 다른 생명을 깨끗하고 자유롭게 해서 힘이 나게 한다는 것이다.

먹이는 밥이다. 밥은 다른 생명의 생존을 위한 한 생명의 희생(犧牲)이다. 인간은 사회적으로도 남을 희생시키면서 또 남에게 희생당하면서 살아간다. 인간의 삶은 깊은 죄로 물들어 있다. 깊은 죄의식을 지녔던 이스라엘 백성은 죄에서 벗어나 깨끗하고 힘찬 삶을 살기 위해서 양과 소와 비둘기를 희생제물로 제사 드렸다. 이것이 성서적 신앙의 밑뿌리를 이룬다. 개인도 민족사회도 희생양이 있어서 건강하고 아름답게 살 수 있다.

우리는 흔히 만만한 사람을 보고 "너는 내 밥이다"고 한다. 우리는 남을 이용하고 희생시키면서 성공적인 삶을 살려고 한다. 서로가 남을 먹으려고만 들면 그 사회는 망할 수밖에 없다. 죄로 망해가는 세상을 구원하기 위해서 예수는 스스로 희생양이 되었고 스스로 밥이 되었다. 예수는 자신의 살과 피를 우리의 밥으로 주었다. 희생양, 밥이 우리의 구원자다. 밥은 우리의 먹이이면서 구원자이다.

예수는 마지막 만찬에서 "이 밥은 내 몸이고 이 포도주는 내 피다."라고 선언했다. 예수는 우리가 날마다 밥을 먹을 때마다 예수의 삶의 정신을 기억하고 실현할 것을 당부했다. 성서에서 하나님 나라는 흔히 잔치로 비유된다. 예수 자신도 흔히 자기를 따르는 무리들과 함께 먹고 마셨다. 초대 교회는 함께 먹고 마시는 나눔과 섬김의 공동체였다. 그래서 가난한 자와 부자가 따로 없었다.

밥 한 그릇에 우주 자연의 조화와 섭리가 들어 있다. 햇빛과 바람과 물과 흙이 함께 어우러져 쌀이 되었다. 이 쌀에는 농부의 피와 땀, 눈물과 한숨, 정성과 기도가 담겨 있다. 오늘 내가 먹는 밥 한 그릇 속에는 예수의 살과 피가, 하나님 나라의 힘과 비밀이 들어 있다. 함께 밥을 나누어 먹을 때 사랑과 평화와 정의가 깃들 것이고, 하늘의 힘이 주어질 것이다.

2. 사람은 바뀌지 않는 걸까?

한민족의 질투와 음해

오랜 역사 속에서 고난을 겪으며 짓눌려 살았던 한민족의 삶과 정신은 질투와 음해로 길들여져 있다. "우리는 싸움 속에서 시집 장가를 가고 싸움 속에 밭을 갈고 시비 속에 글을 읽고, 시기 속에 아기를 만들고 기른다. 그러므로 이제 갈라짐은 우리 성격이 되고, 싸움은 우리 버릇이 되었다. 우리 핏대 속에 분열이 흐르고 우리 신경 속에 음해가 떨고 있다."(함석헌)

두려운 일이다. 장준하가 학군으로 끌려갔다가 학군 동지들과 함께 일본군을 탈출하여 험난한 여정 끝에 임시정부를 찾아갔다. 젊은 청년들은 임시정부의 늙은 독립지사들로부터 뜨거운 환영을 받았다. 그로부터 사흘이 지나서 장준하는 임시정부의 원로들 앞에서 폭탄 발언을 하였다. "지금 심정으로는 일본군으로 돌아가서 비행기를 타고 돌아와서 임시정부 청사를 폭격하고 싶다. 나라를 일제에 빼앗긴 마당에 임시정부의 어른들이 네 편, 내 편을 가르며 당파싸움을 하는 것을 보니 기가 막힐 뿐이다."

우리 민족이 당파싸움을 하지 않고 나라와 민족을 위하여 하나로 힘과 뜻을 모을 수 있었다면 나라를 일제에 빼앗기지 않았을 것이다. 또 해방 후에 남북이 분단되어 동족끼리 서로 죽고 죽이는 전쟁을 하지도 않았을 것이다. 우리 민족이 제대로 된 나라를 이루려면 천 년이 가도 만 년이 가도 질투하고 음해하는 못나고 못된 습관과 버릇을 버리고 당파싸움에서 벗어나야 할 것이다.

화해와 협동

우리민족은 한겨레라지만 어느 모임이나 조직도 쉽게 다툼과 갈등에 휩싸인다. 하나 되려는 열망이 너무 커서, 하나임을 느껴야 안심하는 심리 때문에 갈라지고 싸우는 게 아닌가? 한번 다툼이 일어나면 감정의 수렁에 빠져서 헤어나기 어렵다.

싸움에서 벗어나 화해와 협동, 큰 하나 됨에 이르려면 감정을 가라앉히고 맑은 이성이 뚜렷이 드러나게 해야 한다. 미움이나 주관이 섞인 판단을 중지하고, 그이도 같이 살아 숨 쉬고 있는 생명임을 인정해야 한다. 그이도 인격과 양심을 지닌 영혼임을 잊지 말아야 한다.

서로 다른 주장과 적대감을 지닌 사람이 화해와 협력에 이르려면 보다 높은 생명의 원리, 내가 죽어 나와 너가 하나로 되는 삶의 자리, 원수를 용서하고 구원으로 이끄는 십자가의 자리에 설 수 있어야 한다. 내 얼굴에 침 뱉고 창으로 내 몸을 찌르는 원수들을 용서하는 아가페 사랑, 하나님의 품을 가져야 할 것이다.

사람은 바뀌지 않는 걸까?

중국 공산혁명을 이끈 모택동과 등소평을 중국의 새로운 황제들로 그려낸 책을 보았다. 전쟁영웅들임에는 분명하지만, 권력을 장악한 다음에는 오랜 동지들을 무자비하게 숙청하고, 후계자들에게 비참한 죽음을 안겨 주었다. 권력욕, 성적 욕망, 질투, 불신이 삶과 관계를 지배했다. 그래도 거대한 제국을 지탱했다는 것이 그들의 업적이다.

문화혁명 기간에 보여준 무지하고 폭력적이고 어리석은 행태들을 보면서 인간에 대해서 낙관적인 생각을 할 수가 없다. 사회주의이념에 따라 행동한다면, 당연히 합리적이고 인간적으로 행동해야 할텐데 너무나 비합리적이고 폭력적이다. 시력을 잃고, 말도 잘 못하고, 움직이지도 못하고, 야윈 몸으로 외롭게 죽어가는 모택동의 모습을 보면서 권력자도 죽음 앞에서 평등한 것을 새삼 느꼈다.

중국혁명의 지도자들, 문화혁명의 홍위병들에게서 인간성의 진보를 확인할 수 없다. 예수와 석가와 공자가 추구했던 인간성의 진보를 역사적으로 집단적으로 확인하기는 어렵다. 개인적으로 감동적인 삶을 살았던 위대한 인물들이 드물지 않고, 사회의 혁명과 개혁이 있었으나 인간성이 진보했다고 할 수 없다. 정말 사람은 바뀌지 않는 것인가? 정치혁명을 하는 사람들은 인간성이 낡았고, 몸과 맘을 닦아서 인격이 빛나는 이들은 사회변혁에 앞장 서지 못한다.

그런데 예수와 기독교는 본래 역사와 사회 한 가운데서 새사람으로 되자는 것이 아닌가? 하나님 나라의 도래와 회개가 결합된 것은 사회변혁과 영혼의 쇄신을 동시에 추구한 것이다. 영혼도 새로워지고 사회도 쇄신되는 일은 불가능한가? 영혼이 맑고 곧은 사람이 사회제도와 구조를 바꾸는 일에 앞장 설 수는 없는가? 성경은 그렇게 하자는 것이 아닌가?

엽기적인 연쇄살인; 남의 일이 아니다

엽기적인 연쇄 살인자, 유영철은 섬찟하고 끔찍하지만, 낯설기만 한 것은 아니다. 그에게 죽어간 20여 명의 희생자들도 우리 주위에서 쉽게 만날 수 있는 이들이 아닌가? 돈과 성(性)에 대한 집착과 욕망, 가족과 사회로부터 버림받은 상처가 분노와 미움, 잔인한 폭력이 된다.

오늘 우리 가운데 돈을 사랑하지 않고, 성을 탐닉하지 않는 이가 있던가? 미움과 분노 속에서 상처를 주고받으며 살지 않는 이가 어디 있는가? 유영철과 그에게 죽은 이들은 우리 사회의 숨겨진 얼굴을 드러낸다. 유영철과 그 희생자들은 우리의 또 다른 얼굴이다. 돈과 성과 타인의 배신에 대해서 우리의 생각과 감정, 판단과 행동이 유영철과 그 희생자들과 얼마나 다를까?

　미움과 폭력의 광기에 사로잡혔던 유영철이 교회를 다녔다면, 교회에서 사랑의 친교로 그의 절망과 광기를 녹일 수 있었다면, 엽기적인 연쇄살인은 막을 수 있지 않을까? 오늘 정말 교회를 필요로 하는 사람은 유영철이 아니었을까?

3. 돈과 성(性)에 관하여

돈과 성(性)에 관하여

　오늘 사람들에게 돈보다 힘 있고 소중한 것이 있을까? 돈만 있으면 하고 싶은 것을 다 할 수 있다고 생각한다. 사회생활이 복잡하고 다양해져서 해야 할 일, 하고 싶은 일이 아주 많아졌는데 그런 일들을 돈이 없으면 할 수 없게 되었다. 그래서 돈은 원초적이고 본능적인 욕구의 대상이 되고 말았다. 이것이 또 다른 원초적 욕망인 성욕과 결합하여 사람을 휘두르며 이끌어간다.

　예전 같으면 종교적 두려움이나 도덕적 권위로 인하여 돈과 성에 대한 욕망이 어느 정도 자제되기도 했다. 그런 두려움이나 권위가 사라진 오늘날에는 돈과 성에 대한 숭배와 탐닉을 막을 길이 없다. 인류의 모든 문제는 이 한 문제로 귀결되는 것 같다. 인간이 과연 돈과 성에서 얼마나 자유로울 수 있는가? 돈과 성을 부정하고 미워하는 것으로 문제가 해결될 것 같지도 않다. 돈은 그 쓰임새대로 바르게 쓰이고, 성은 성대로 제구실을 하도록 소중하게 여기고 마땅하게 대접하는 훈련을 해야 할 것 같다.

돈에서의 자유

돈은 힘이 있는데 하나님은 힘이 없다. 온통 돈에 미쳐 돌아가는데 하나님을 찾는 이는 드물다. 물질문명이 화려하고 찬란할수록 돈의 힘은 더욱 빛난다. 돈으로 살 수 없는 게 무엇이고 돈으로 움직일 수 없는 게 무엇인가? 돈은 내게 힘을 주고 쾌락을 주고 편리하고 안락한 삶을 준다.

돈이 세계를 통일했다. 민족과 국가의 경계를 허물고, 신분과 계급의 벽을 무너뜨리고 낡은 인습과 권위를 밟아버렸다. 돈으로 통하지 않는 데가 없고 돈이 들어가지 못하는 곳도 없다. 돈은 인간을 낡은 제도와 질서에서 해방시켰다. 돈의 힘으로 세계가 하나로 되었다. 그러나 돈은 인간을 자기에게 굴복시켰다. 돈이 왕이 되고 신이 되었다.

돈과 맞설 수 있는 것은 아무 것도 없다. 인류의 적은 돈밖에 없다. 인류를 지배하는 폭군은 돈밖에 없다. 그러니 돈만 이기면 된다. 세계는 하나로 되었고 인간은 자유롭게 되었다. 돈은 무엇으로 인간을 지배하고 사회에 군림하는가? 인간의 물욕과 쾌락을 미끼로 돈이 왕 노릇 한다. 돈은 인간을 물욕과 쾌락의 노예가 되게 한다.

돈에서 자유하려면 물질과 욕망, 쾌락과 명예로부터 자유로워야 한다. 물질적인 데서 바깥에서 자유를 누리려니까 돈의 지배를 받는다. 행복을 밖에서 찾으면 돈에 매인다. 속에서 자유를 얻어야 돈과 물질의 주인 노릇을 할 수 있다. 영혼이 살아야 돈에 휘둘리지 않고 돈을 부릴 수 있다. 돈을 돌려서 돈이 잘 돌아갈 수 있으면 세상은 자유롭고 평화로울 것이다.

돈은 쓰임에 있다.

내가 부자인지는 확실치 않으나, 가난한 자가 아닌 것은 분명하다. 돈과 가난의 문제가 쉽지 않다. 돈 없이 살 수 없는 세상, 돈으로 모든 것을 해결하는 세상에서 돈을 무시하고 살기는 어렵다. 그런데 하늘나라는 가난한 자들의 것이라고 예수는 말했다. 왜 그런가? 가난한 자는 돈을 내세우며 살 수 없다. 돈과 사회적 지위를 떠나서 사람을 대하고 사귀려고 한다. 돈이 목적이 아니라 수단이 되는 삶을 나누는데 하늘나라가 있다.

부자는 돈에 의지해서 문제를 풀려 하고 돈을 중심으로 인간관계를 한다. 돈이 목적이 되면 인간관계는 무너지고 믿음은 사라진다. 돈이 수단으로 쓰일 때 돈은 의미가 있고 부자도 하늘나라에 들어갈 길이 열린다. 가난한 자는 돈을 바른 일에 쓰려고 해도 쓸 돈이 없다. 그러나 부자는 쓰려고만 하면 쓸 돈이 충분히 있다. 돈을 목적으로 사는 삶은 돈의 노예가 되고, 돈을 바로 쓰는 사람이 돈의 참 주인이다.

4. 사물과 인간을 완성시키는 덕

호기심이나 욕심을 가지고 지나치게 친절하거나 멸시하는 것은
덕이 부족하기 때문이다. 생명의 속알인 덕이 영근 사람은 물성과 인
간성을 알아서 완성시킨다. 성숙해야 '좋고 싫고'하는 주관적인 편견
에서 벗어날 수 있고 편견에서 벗어나야 모든 일이 법도대로 처리되
고 사람의 삶이 올바르게 된다.

물건을 완성시켜야 나도 완성된다. 물성의 완성과 '나'의 완성은
순환적으로 맞물려 있다. 온갖 시비 판단을 넘어서서 물성과 인간을
완성시키는 일은 "나쁘게 가는 마음을 참고 어질게 가는 마음을 살
려 모두를 잘 살게 하자"는 신의 마음에 이르러야 한다. 오직 하나님
께 가야 편견을 넘어서고 만물을 살릴 수 있다.

일은 되게 하자

좋은 일은 되게 하자. 욕심부리거나 고집 부리지 말고 일이 일 되
게 하자. 남을 내세워서라도, 내게 그늘이 지더라도 일은 되게 하자.
공인(公人)으로 나선 사람은 공적인 일을 위해 자유롭게 헌신해야 한
다. 속에서 힘이 솟고 위로부터 사명감을 느끼는 이만이 자유롭게 헌
신할 수 있다.

일이 되게 하자. 내 마음이 일의 되어 감을 가로막지 않게 하자. 먼
저 일의 되어가는 길을 알아보자. 그 길을 알면 내 마음이 힘을 다해
그 길로 가야 한다. 일의 길도, 내 마음이 갈 길도 하나님 안에 있으

니, 그 길이 뚜렷하여, 그 길로 갈 수 있다.

일없음

"큰일 났다" 하면 큰 문제나 어려움이 생겼다는 말이다. 사고(事故)도 일 때문에 문제가 생긴 것을 뜻한다. '일없다'거나 '무사(無事)하다'면 위험하거나 궂은 일 없이 편안한 것을 뜻한다. '일 없으면' 매임 없이 자유롭다. 일없이 일하는 사람은 남이 시키는 일도 내 일로 하고 일에 치이지 않고 일의 주인이 된다.

일없는 이만이 하늘이 시키는 일을 할 수 있다. 말도 끊고 생각도 끊고 몸과 맘을 다 하는 하늘 일은 아무리 해도 일없다. 성공하거나 실패하거나 잘 하거나 못 하거나 살거나 죽거나 높은 자리에서나 낮은 자리에서나 해야 할 일을 하면 일없이 태평하다. 좋은 일 혼자 하면 허물 많고 원망도 많아 좋은 일 나누면 너도 좋고 나도 좋아 하늘이 주신 일만 힘써 하면 좋겠다.

5. 정의와 공정: 가운데 길을 찾기

우리가 사는 사회는 노사관계나 집단적인 이해관계로 다툼이 있을 수밖에 없다. 그리고 경제사회문화의 성장과 발전으로 얻은 재화와 지위와 명예를 개인들과 집단들 사이에 골고루 합리적으로 나누는 일이 중요하다. 사회의 지위, 재화, 명예를 나누는 일은 공정한 원칙과 기준에 따라 이루어져야 한다. 우선 지위, 재화, 명예는 거기에 부합하는 사람에게 합당하게 분배되어야 한다. 지위와 기능은 역량과 자격을 지닌 사람에게 주어져야 한다. 좋은 피리는 훌륭한 피리 연주자에게 주어져야 한다. 교수직은 훌륭한 교수능력을 가진 사람에게 주어져야 한다. 인맥이나 연줄, 다른 이해관계가 작용해서는 안 된다. 명예도 그 명예에 부합한 사람에게 주어져야 한다. 돈과 재화는 업적과 능력에 따라 분배되어야 한다.

이것을 한완상은 '줄 씨올'(net-ssial)이라고 한다. 인터넷에서 씨올은 인터넷 그물망을 통해서 하나로 이어지고 소통한다. 한 씨올의 생각은 더 이상 한 개인의 생각으로 그치지 않는다. 한 씨올의 결정과 행동은 한 씨올의 결정과 행동으로 머물지 않는다. 한 씨올이 전체가 되고 전체가 한 씨올에게 이어져 있다.

도덕을 말한다고 해서, 옛날의 고리타분한 봉건적인 충효를 말하자는 것이 아니다. 21세기의 민주화, 산업화, 세계화 시대에는 이 시대에 맞는 도덕이 있다. 착한 마음과 선한 삶을 추구하는 노력을 정치인 경제기업인들도 앞장서서 해야 한다. 종교의 진리를 말한다고 해서 특정 종교의 낡은 교리와 교파적 이론을 논하라는 게 아니다. 인간 영혼의 숭고한 정신과 가치를 존중하며 드러내는 일에는 정치인과 기업인이 함께 나서야 한다는 말이다. 저명한 종교인들이 죽었을 때 많은 정치인들이 애도와 존경을 표시한다. 이런 애도와 존경의 표시가 진실한 것이라면 정치인들은 저명한 종교인들이 추구했던 정신과 가치를 국민의 일상생활과 관련해서 실천하도록 노력해야 한다. 기업인들도 싸구려 장사꾼으로 남지 말고 높은 도덕과 품격을 가지고 고귀한 영혼을 드러내는 삶을 보여줘야 한다. 사람은 누구나 품격이 있고 고귀한 영혼을 가진 존재임을 증명할 책임과 의무가 있다. 기업인도 이윤을 추구하는 존재이기 전에 사람이기 때문이다.

식물이 햇빛을 향해 올라가는 본성이 있듯이 사람에게도 하늘(하나님)과 얼(靈)을 그리워하고 찾아 올라가는 본성이 있다. 하늘의 영을 그리고 찾는 본성은 사랑과 정의 속에서 실현되고 완성된다. 인간 생명의 본성 가장 깊은 곳에 있는 얼은 정의(곧음) 속에서만 솟아오르고 사랑 안에서만 불타오른다. 인간 생명의 본성(얼)은 사랑과 정의를 추구하고 실현한다.

인간에게는 사랑과 정의를 거스르는 경향도 있다. 이런 경향은 인간의 참된 본성이 아니다. 사랑과 정의를 거스르는 경향은 물질과 생명의 본능적 충동이 지성과 영성을 지배하는 데서 나온다. 낮은 단계의 생명인 본능이 높은 단계의 생명인 지성과 영성을 지배하면 생명의 본성과 질서가 왜곡되고 뒤틀린다. 본능의 충동에 굴복하여 지성과 영성이 뒤틀어지면 사람이 사랑과 정의를 거스른다. 사랑과 정의를 거스르면 생명과 정신을 파괴하고 해친다. 사랑과 정의를 거스르고 생명과 정신을 파괴하는 것은 인간의 참된 본성이 아니다.

인간의 참된 본성은 생명과 정신을 살리고 높이고 키우는 것이다. 지성과 영성이 본능을 이끌고 다스릴 때 생명의 본성과 질서가 바로 잡힌다. 그러면 생명의 사랑과 정의에 이르고 생명의 사랑과 정의 안에서 생명과 정신이 살아나고 커진다. 인간의 지성과 영성에서 우러난 사랑과 정의는 땅의 물질과 생명의 본능을 제거하는 것이 아니라 물질과 본능의 이치와 법칙에 따라 실현하는 것이다. 생명을 살리고 실현하고 완성하는 것이 사랑이고 정의다. 사랑과 정의 안에서 생명과 정신이 하늘로 솟아오르는 것이 생명과 정신의 본성에 충실한 것이고 옳은 것이다. 오름이 옳음이다.

굽은 사회가 진실과 공정을 내세우면

저마다 제게 구부러지고 우리는 늘 우리에게로 구부러진다. 밝고 환한 햇빛도 구부러지고 크고 넓은 우주공간도 안으로 굽는다. 위선의 껍질은 두터워지고 세상의 어둠과 혼란은 깊어진다.

굽은 사회가 진실과 공정을 내세우면 진실은 없고 폭력만 남는다. 정직한 사람 사라지고 용감한 사람도 찾기 어렵다. 제 얼굴을 보지 못하고 우리의 모습을 모르게 된다. 그러니 서로 통할 수 없고 만날 수 없고 사귈 수 없다. 사회는 막히고 혼란에 빠지며 역사는 길을 잃는다.

거짓과 어둠을 몰아내고 혼란을 막으려면 전태일처럼 제 몸에 불을 지르는 수밖에 없다. 제 몸을 불사르는 이만이 남을 곧게 할 수 있다. 고디 곧게 서려면 예수처럼 십자가에 달리는 수밖에 없다. 모든 명예와 욕심을 버리고 손과 발을 못 박고 벌거벗고 하늘 아래 서는 이만이 곧을 수 있다.

일을 공정하고 바르게 하려면 곧고 곧은 마음과 자세를 지녀야 한다. 십자가에 못 박혀 하늘 땅 사이에 곧게 선 예수 앞에서 굽은 마음을 펴는 사람이 일을 공정하게 할 수 있다. 곧은 사람만이 공정할 수 있고 공정해야 나라가 설 수 있다.

삶을 위한 맘가짐과 태도

6장 삶을 위한 맘가짐과 태도

1. 태어나는 생명의 아름다움

삶을 위한 기도

삶은 연약하여 다치기 쉽고,
사람 마음 거칠어서 상처받기 마련이오니,
아프고 괴로운 일 이어질 뿐입니다.
아프고 괴로울 때마다
좋은 일 이루어질 것으로 믿게 하시고
영혼 속에서 참의 씨앗 영글게 하소서.

태어나는 생명의 아름다움

출산율이 낮아져서 걱정하기도 하는 이도 있지만 지구상에는 사람이 너무 많은 것 같다. 세계인구는 80억 명을 넘겼다. 남한인구는 5천만 명을 넘어섰다. 이제 죽어도 무덤을 만들 자리가 없다. 예전에는 탄생과 죽음이 삶의 일부로서 자연스럽고 신비하고 경이로운 일이었는데 이제는 출산은 성가신 일이 되고 죽음은 두렵고 끔찍한 일이 되었다. 아기를 내버리는 일도 많고 출산을 한사코 피하는 경우도 많다. 사회적인 이유도 있겠지만 현대문명 자체가 삶 자체를 출생과 죽음을 외면하게 만든다. 기계적 물질적 본능적 사고와 가치관으로는 삶과 죽음을 그 자체로 존귀하게 여길 수 없다.

인생은 덧없고 짧지만 진실하고 정성스럽게 살아야 하지 않는가? 그렇게 살려면 생명의 아름다움과 값짐을 보아야 한다. 아기가 태어날 때 생명의 신비와 아름다움을 볼 수 있다. 태어나는 생명의 아름다움과 기쁨을 온 사회가 함께 나눌 수 있어야 한다. 춥고 캄캄한 밤을 열고 동트는 햇살처럼 생명의 탄생은 아름답고 존귀한 것이다. 인간의 삶이 추하고 절망적일수록 아기의 탄생은 하나님이 인간에게 주는 격려와 약속의 무지개이다. 하나님이 인류에게 삶을 완성할 기회를 다시 한번 주시는 것이다.

삶의 충격

내가 살아 있다는 것이 놀랍고, 저 사람이 살아 있다는 것도 놀라운 일이다. 나뭇가지를 비집고 나오는 꽃봉오리도 놀랍기만 하다. 무심한 돌멩이도 흐르는 물도 나를 놀라게 한다.

지금 여기에 무엇이 있다는 것은 놀라운 일이다. 지금 여기에 무엇이 없다는 것, 비어 있다는 것도 기이한 일이다. 내 편견을 버리면, 욕심과 미움, 두려움을 버리면, 내가 깨지고 깨어나면 삶이 생생하게 살아나고 만물이 충만하게 다가온다.

쭉쭉 펴고 쑥쑥 자라야지

나는 나가야 나다. 날마다 순간순간 나가야 한다. 나가려면 위로 솟아올라야 한다. 독수리처럼 솟아올라 앞으로 나가야 한다. 덧없이 지나가는 세월 속에 스러지는 몸과 흙덩이 속에 영혼과 뜻은 새롭게 나가야 한다. 거짓과 얼버무림 속에 뭉그러지지 말고 하나님을 향해 바로 곧게 솟아올라야 한다. 하나님 안에서 늘 새로워지는 생명이니 늘 새롭게 되어야 한다.

덧없이 지나가는 시간 속에서 힘과 정성을 다해 살아가신 어른들을 보면 고맙고 반갑다. 나도 그렇게 살아야겠다. 마음과 생각, 뜻과 행실이 바르고 곧고 힘 있게 되도록 내 속의 속이 고디 곧게 쭉 펴져서 내 영혼이 쑥쑥 자라기를 바란다. 어린 아기가 팔다리와 몸을 쭉쭉 펴고 쑥쑥 자라듯이 날마다 내 몸과 맘과 영혼이 곧게 쭉쭉 펴고 쑥쑥 자라게 해야 한다. 죽음을 앞둔 이를 보면 나도 곧 죽을 텐데 하는 마음이 드는데, 죽을 때까지 몸과 맘을 쭉쭉 펴고 쑥쑥 자라기를 쉬지 말자고 다짐해 본다.

아플 때

몸이 아픈 것은 몸의 조화가 깨지고 원기(元氣)를 잃은 것이다. 몸이 아플 때, 몸의 조화와 원기를 되찾도록 중심을 잡아야 한다. 몸이 중심을 잡아가도록 몸을 풀어 주어야 한다. 몸이 아프면 하나님께 가까이 가야 한다. 하나님 안에서 몸과 맘이 중심을 잡고 원기를 회복할 수 있기 때문이다. 아픔을 통해서라도 하나님께 가까이 간다면 좋은 일이다.

내 몸이 아플 때 몸 아픈 모든 이들을 위해 기도해야 한다. 몸이 편하고 몸에 기운이 넘치게 해달라고 기도해야 한다. 몸이 편하고 힘이 날 때 할 일 힘써 하게 하자. 맘에 맺힌 것 다 풀어지고 기쁘게 하자. 맘에 임을 모셔 맘이 거룩하고 평화롭게 하자. 맘에 하늘 뜻 다 이루어지게 하자.

끝나는 인생

깊은 가을에 인생의 끝을 생각한다. 끝이 있기에 소중하고 절실한 인생이 아니던가? 세월에 밀려 살면 인생은 덧없이 흘러가고 만다. 덧없는 인생 속에서 참 생명의 집을 짓고, 영원한 생명에 이르는 길을 닦아야 한다.

흐르는 시간을 자르고 그 속에서 하나님의 영원한 시간을 잡아야 한다. 내 안에 갇혀 있으면 육체와 함께 썩고 말지만 온 우주 생명을 품으신 하나님을 잡으면 영원히 산다. 예수 안에서 모두 함께 영원히 사는 삶에 참여하기 위해서 흐르는 시간을 멈추고 영원한 님의 얼굴을 그린다. 덧없는 인생이 끝나기 전에 영원한 님의 손을 잡아야 한다.

2. 양심의 작은 불빛

맘

우리가 가진 건 몸밖에 없으니 서로 사랑하게 하자. 욕심과 절망의 늪에서 벗어나 믿음으로 굳게 서서 정성을 다해 섬기자. 우리가 가진 건 마음밖에 없다. 평화의 마음을 지어가자. 미움과 분노의 가시덤불을 거두고 마음에 평화의 동산을 일구어가자. 생명의 임이여 우리 맘에 오시어 평화의 길을 내소서.

내가 가진 건 맘과 몸 하나. 맘 없으면 몸은 고기덩어리. 맘 없으면 생각도 행동도 없다. 맘을 맘대로 못하는 게 사람이다. 맘 움직이는 게 산을 옮기는 일보다 어렵다. 마음 안에 하늘 문도 지옥문도 함께 있으니, 천국과 지옥이 멀지 않다. 맘 속에 죽음의 길도 생명의 길도 있다.

자본과 권력에 맞서 싸우는 민중의 무기는 마음 하나뿐. 전쟁과 폭력을 넘어 평화의 길을 여는 힘도 오직 마음에서 나온다. 안과 밖, 개인과 전체가 따로 없고, 하늘과 땅이 마음 속에서 함께 울린다. 맘은 맘과 통하고 맘을 잇는 길을 낸다.

맘 하나

아무리 높고 두터운 성벽을 세워도 맘 하나 무너지면 다 무너지고, 아무리 빛나고 위대한 문명을 이룩했어도 맘 하나 꺼지면 다 물거품이다. 맘이 죽으면 몸은 고기덩어리에 지나지 않는다. 살을 맞대고 사는 부부도 맘이 없으면 남보다 못한 존재다.

내 속에 뜨거운 맘이 없으면 우주 만물이 공허하고 사회. 역사가 허망하다. 내 속에 믿음의 불씨가 꺼지면 저 많은 교회들 다 무너진다. 오늘 하루도 내 맘이 꼿꼿이 서고 맘에 불이 붙어야 몸에 힘이 나고 일을 신나게 할 수 있다. 내 맘에 불씨가 꺼지지 않도록 기도한다.

양심의 작은 불빛

맘은 곧게 솟아올라라. 하늘을 숨 쉬고 하늘을 마시고 하늘을 먹어야 살 수 있으니. 맘은 편히 쉬어라. 아무것도 잡지 말고 아무것도 담지 말고 모두 놓아버려라. 맘은 흙, 흙처럼 부드러워, 생명을 살리고 키우는 사랑만을 품을 수 있다.

새싹의 끝처럼 여리고 가는 것이 양심이라, 새싹의 끝 눈이 망가지면 전체가 망가지듯, 양심이 병들면 사람도 병들지. 양심은 생명 진화의 씨눈 같은 것, 이것이 꺼지면 생명 세계가 온통 깜깜해져, 양심의 작은 불빛 깜빡일 때 생명의 큰 길이 보이네.

맘 울음

맘이 울면 온 누리 생명과 혼이 울리고 하나님께 그 울음이 올라
간다. 하늘이 울리게 온 누리에 사무치게 맘 울음을 울어야 한다. 참
과 옳음이 없으면 세상은 썩어서 죽음에 이른다. 참과 옳음이 있으면
세상은 늘 싱싱하게 살 수 있다. 참과 옳음이 그리워 맘 울음을 우는
이가 늘 있어야 한다.

산상설교에서 예수는 애통하는 자는 복이 있다고 하였다. 하나님
의 위로를 받을 것이기 때문이다. 슬퍼하고 애통하다가 맘과 몸을 상
하여 병들고 시드는 인생도 있다. 그러나 슬픔과 애통이 없다면 주어
진 현실에 만족할 줄만 안다면 참 삶과 진실은 없을 것이다. 그저 즐
겁고 기쁘고 좋기만 하다면 진보도 향상도 없을 것이다.

세상에 참이 없고 옳음이 없으므로, 참과 옳음을 그리워하며 맘
울음을 우는 이가 있어야 한다. 그런 이들이 있어서 하나님의 은혜와
축복이 그치지 않는 것이다. 울음은 애씀이고 애탐이다. 맘 울음으로
맘이 깨끗해지고 힘이 나고 신령해지는 것이다. 참과 옳음이 온 누리
에 뚜렷해지고 깃드는 것이다. 북이 울리고 종이 울리듯이 맘도 자주
울어서 참과 옳음의 소리가 누리에 울리게 하자.

3. 몰라주는 마음

인정받고 싶은 욕구

창세기 4장에 보면 하나님이 아벨의 제사는 받아들이고 가인의 제사를 받아들이지 않자, 가인은 동생 아벨을 죽였다. 이것이 인류역사가 시작된 후 인간 사이에 일어난 첫 번째 사건이다. 인정받지 못한 쓰라린 상처에서 형제살해가 나왔다. 인정받고 싶은 욕구는 가장 근원적이고 강력한 욕구이다. 이것은 성적 욕구 못지않게 깊고 강한 욕구로 여겨진다. 성적 욕구도 인정받고 싶은 욕구와 깊이 결합되어 있다.

영국과학자들의 실험에 따르면 사람들은 기본급보다 성과급이 늘어날 때 더 만족을 느낀다. 똑같이 200만원씩 더 받는 것보다 남보다 20만원 더 받을 때 뇌세포도 마음도 더 만족을 느낀다. 마음뿐 아니라 뇌세포도 남보다 더 인정을 받을 때 가장 왕성하게 활동한다는 것이다. "칭찬은 고래도 춤추게 한다."는 말이 과장이 아님을 알 수 있다.

인정받고 싶은 욕구에는 이기적 자기애와 타인과의 결합, 관계, 소통에 대한 욕구가 결합되어 있다. 이기심과 타자와의 관계가 결합되어 있다. 인정받고 싶은 욕구가 적극적 감정이라면 인정받지 못한 데 대한 부정적 감정은 질투이다. 질투가 죽음보다 강하다. 삶의 질투로 죽이기도 하고 죽기도 한다. 인정받고 싶은 욕구가 강한데 좌절되면 질투와 음해가 늘어난다. 질투, 음해는 서로를 해치고 분열하게 하는 소극적 부정적 감정과 의지이다. 이 감정을 극복해야 건전한 공동체 사회를 이룰 수 있다.

못났음을 알아야 사람 된다

잘난 척하는 사람은 게으르고 교만하고 뻣뻣하여 생각과 마음이 자랄 수 없다. 저밖에 몰라서 남을 귀하게 여기지 못하니 벗을 사귈 수 없고 가까이 사는 이들의 미움을 산다. 잘난 척하는 사람은 끝내 사람 노릇 못한다.

스스로 못났음을 아는 이는 늘 겸허하여 스스로 부족함을 알고 늘 부지런히 배우고 익히고 자란다. 남의 말에 귀를 기울이고 남을 존중하고 어려워한다. 남을 그리워 하니 몸과 맘이 열려 있다. 못남을 느끼는 이만이 참과 사랑을 찾는다. 못난 줄 아는 이만이 사람이 되고 사람노릇을 할 수 있다.

나쁜 놈은 없다

세상이 참 악해진다는 생각이 자주 나고, 나쁜 놈들이 많다는 생각이 들기도 한다. 그러나 인류역사에서 불의하고 악한 인간들이 없었던 때가 있을까? 또 따지고 보면 나쁜 놈, 좋은 놈이 따로 있다고는 생각되지 않는다. 그 때 그 상황에서 그런 생각을 했고 그런 맘을 먹었고 그런 행동을 했을 뿐이지 나쁜 놈이라고 딱지를 붙여놓고 나쁜 놈이라고 할 그런 사람은 없다.

삶은 늘 바뀌는데 나쁜 놈 표 딱지는 바뀌지 않는다. 고정관념이나 이름표는 삶이나 마음과 일치하지 않는다. 삶이나 마음은 변하기 마련이고 변할 수 있는 것이다. 또 남을 나쁜 놈이나 좋은 놈으로 갈라보는 사람은 남에 대한 심판자 노릇만 하고 자기는 판단의 대상으로 삼지 않는다. 그러다 보면 위선자가 되고 독선적으로 되기 쉽다. 그래서 파당이 생기고 일은 꼬이고 삶은 지저분해진다.

바리새파는 늘 좋은 놈, 나쁜 놈을 가렸다. 선을 추구한다면서 결과적으로는 나쁜 놈을 많이 만들어내고, 저 자신도 위선적인 나쁜 놈이 되고 말았다. 예수는 달랐다. 나쁜 놈이 따로 없었다. 사람의 속마음을 보고 생명을 보고 혼을 보았지 겉으로 드러난 말이나 행실만 보지 않았다. 예수는 늘 생명을 살리고 혼을 일으켜 세우는 일만 하였다. 삶을 보고 삶을 살리는 일만 하신 예수야말로 참 구원자였다. 유영모의 말대로 예수는 "높·낮(상하), 잘·못(선악), 살·죽(생사) 가운데로 솟아오를 길 있음 믿은 이"였다. 높고 낮고, 잘하고 못하고 살고 죽는 가운데 길이 있음을 알면 어떤 어려운 상황에서도 살아갈 길이 보일 것이다.

'너'의 다름

다르기 때문에 네가 있다. 다름을 인정하지 않음은 너에 대한 나의 폭력, 너 없으면 나도 없네. 하나님도 없고 아무런 '너'도 없는 '나'란 생각할 수도 없지. 너를 세움으로써만 나도 선다. '너'의 다름을 지켜서만 함께 살 수 있지. 다름을 지키는 일이 사귐의 바탕. '너'의 다름을 지켜서 '너'는 자유롭고 아름답고 사랑스럽구나. '너'의 다름이 빛나면 나도 또렷해지고 다름을 품어 '너와 나'의 무지개가 피어나리.

아는 게 병이다

우리말에 아는 게 병이고 모르는 게 약이라는 말이 있다. 우리 선조들은 참 신통한 분들이다. 성서의 진리를 이미 알고 있다. 아는 게 병이 된다. 내 생각과 지식을 표준으로 삼고 거기 맞추려니까 삶이 어긋나고 고통스럽게 된다. 내 지식, 내 판단에 맞지 않으면 화를 내고 비난한다. 내가 생각한 나와 현실의 나가 다를 때 실망하고 화가 나고 좌절한다. 내가 아는 남편이 실제의 남편과 달라도 실망하고 화가 난다. 나의 지식과 판단이 나 자신에게 상처를 주고 남에게 상처를 준다.

어떤 신혼부부가 있었다. 서로 사랑했는데 작은 일로 싸우게 되었다. 남편에게는 밥 먹을 때 젓가락으로 밥상을 한 번 살짝 치고 먹는 버릇이 있었다. 어려서부터 밥상을 두드리면 복이 달아난다고 엄한 교육을 받고 자란 아내는 이 버릇에 신경이 쓰였다. "왜 밥상을 치느냐? 제사 지낼 때 귀신 부르기 위해서 젓가락으로 밥상을 두드리는 것인데 밥 먹을 때마다 밥상을 두드리니까 기분 나쁘다." 이 말을 듣고 남편은 버릇을 고치기로 했다. 그런데 오래 길들여진 버릇이라 쉽게 고쳐지지 않았다. 저도 모르게 젓가락으로 밥상을 쳤다. 아내는 아내대로 "남편이 나를 사랑하지 않으니까 작은 버릇 하나도 안 고

친다."고 남편을 미워하게 되었고 남편은 남편대로 "아무 것도 아닌 일로 남편을 괴롭힌다."며 아내를 싫어하게 되었다. 작은 생각과 판단으로 상대를 재단하는 것은 얼마나 어리석은가!

어떤 사람을 안다고 생각하면 그 사람을 내 생각에 가두어놓는 것이다. 나의 고정관념 속에 가두어 놓고 사람을 대하니까 산 사람을 제대로 대할 수 없다. 사람은 늘 변하고 새로워지고 달라질 수 있는 것인데 내가 이해한 사람, 내가 아는 그 사람으로만 보니까 그 사람을 제대로 못 보게 된다. 나와 그이 사이에 사랑과 신뢰, 존경이 있을 수 없다. 부부 사이에도 원만한 관계가 지속될 수 없다. 우리의 지식은 실재의 천분의 일 만분의 일도 안 된다. 그 작은 지식으로 사람을 세상을 재단하려는 것은 어리석은 짓이다. 모름을 지키는 자세가 지혜로운 삶의 자세이다. 모름을 지키면 아내도 남편도, 친구도 늘 새롭게 만날 수 있다.

모름의 지혜

내가 아는 것은 실제의 천분의 일, 만분의 일도 되지 않는다. 모르는 것이 아는 것보다 크다는 것을 알아야 한다. 나의 작은 앎으로 사람을 단정하는 것이 엄청난 폭력이고 큰 상처를 주는 것인 줄 알아야 한다.

하나님을 어찌 안다고 할 수 있을까? 내가 하나님을 안다면 이미 큰 죄를 짓는 것이다. 모르는 것을 알고 나의 모름을 굳게 지키며 살아야 한다. 나 자신에 대해서나 이웃에 대해서나 아는 척하며 경솔하

고 망녕된 짓을 하지 말아야 한다. 오직 모름을 지키며 믿고 기다리
는 삶의 지혜를 배우고 익혀야 한다.

몰라주는 사랑

보고 느끼는 것만큼만 안다. 사람은 보고 싶은 대로 보고, 느끼고
싶은 대로 느낀다. 앎에는 이미 내 욕심이 깊이 배어 있고, 미움과 노
여움과 두려움의 감정으로 나의 앎은 일그러져 있다. 삶은 모르는 것
이고 사랑은 헤아릴 수 없는 것이다.

뵈지 않는 존재의 속과 깊이를 안다고 할 수 없다. "너"를 알아 봤
다, 네 속을 들여다봤고, 네 무게를 재봤다고 하면, 서로 존경하고 사
랑하는 관계는 끝난 것이다. 서로의 능력과 깊이를 몰라주는 것이 믿
어주는 것이고 사랑하는 것이다. "너"에 대한 모름을 지키는 이만 사
랑하고 행동할 수 있다.

몰라주는 마음

삶의 깊이를 알 수 없고 사람의 속을 들여다볼 수 없다. 사람의
앞날을 헤아릴 수 없다. 자연생명세계와 인생의 창조자이고 주인이
신 하나님을 알 수 없는 것처럼 그가 지은 생명의 깊이와 인생의 변
화를 알 수 없다. 남의 생각을 다 헤아릴 수 없다. 모름을 인정하고 고
백하는데서 참된 삶이 시작된다. 남편을 모르고 아내를 모르는 줄
알아야 남편과 아내에게 조심하고 존중하며 알뜰살뜰한 부부관계

를 이어갈 수 있다. 부모를 모르고 자녀를 모르고 형제자매를 모른다는 것을 알아야 관심을 가지고 살펴주는 가족이 된다. 다 안다고 생각하면 관심도 없고 존경심도 없어진다. 몰라주는 마음이 알아주는 마음보다 크고 깊다.

오늘날 가족이 쉽게 해체되고 부부관계가 깨지는 것은 경제적인 이유도 있지만 서로 사랑할 줄만 알고 존경할 줄 모르기 때문이라고 생각한다. 참 사랑에는 존경이 포함되지만 오늘날 사랑은 좋아하는 마음뿐이지 존경하는 마음은 없다. "네 속을 다 안다."고 생각하면 존경할 수 없고 사랑할 수 없다. 유교에서는 부부유별이라고 해서 부부사이에 구별이 있다고 했다. 구별이 있다는 것은 차별이 있다는 것이 아니라 서로 삼가고 조심하는 예의가 있어야 한다는 것을 뜻하고 서로 존경하는 것을 뜻한다. 사랑한다고 해서 다 하는 것처럼 함부로 하면 사랑이 오래 못 간다.

아내를 존경할 수 있고 남편을 존경할 수 있어야 한다. 우리 집 사람은 존경할 구석이 하나도 없다고 생각하는 것은 잘못이다. 나와 같이 있어주는 것만으로도 존경하고 사랑할 이유가 된다. 이 광막한 우주에서 이 장구한 시간 속에서 바로 이 시대 이 곳에서 두 사람이 함께 사는 것이 얼마나 신기하고 아름다운 일인가!

몰라줌이 알아줌이다

함석헌은 몰라줌이 알아줌이라고 했다. 남이 나를 몰라주면 속상하고 외롭지만 "그래, 나를 모를 거다. 모르는 게 당연하다."면서 스스로 떨치고 일어서면 새 힘을 얻어 살 수 있다. 남이 알 수 없는 나만의 무엇이 있지 않은가? 남이 나를 알아주어야 힘이 나고 살 수 있다면 남의 알아줌에 의존하는 비주체적인 삶이 된다. 남이 나를 몰라주어도 외로워도 스스로 힘을 내면 주체적으로 살 수 있다.

"네가 나를 모르는데 난들 너를 알겠느냐 한 치 앞도 모두 몰라, 다 안다면 재미없지." 유행가 한 자락이지만 삶의 깊은 속을 드러낸다. 안다고 생각하는 것이 사실은 착각이고 편견이고 욕심일 수가 있다. 다툼이나 실망은 앎에서 오는 것 같다. 나를 알아준다고 생각했는데 몰라주면 서운하고 "너"를 안다고 생각했는데 낯선 너를 보면 실망한다. "모르는 게 당연하지, 그래 모를 거다." 서로 모르는 것을 인정하고 시작하면 삶이 넉넉하고 편해질 것이다.

뜻 없는 사람은 아무도 없다

함석헌은 역사를 전체의 자리에서 보면 히틀러, 스탈린조차도 그 나름의 구실과 자리가 있다고 보았다. 히틀러와 스탈린도 죄악으로 물든 역사의 필요에서 나온 존재들이다. 병든 역사를 치유하고 완성하려면 병적인 현상과 고통을 끌어안고 고쳐나가야 한다. 그리고 못되고 악한 인간들이 있기 때문에 양심과 도덕이 닦여지고 선과 용기가 드러날 수 있다.

또한 세상에서 아무 쓸모없어 보이는 장애인 백치도 전체 생명의 자리에서 보면 제 구실을 제대로 할 수 있다. 장애인 바보도 내 인격의 깊은 자유와 전체의 사랑이 드러나는 기회와 사건을 마련해 준다.

함석헌은 1921년경 오산학교에서 유영모로부터 우찌무라 간죠의 이야기를 들었다. 우찌무라가 미국에서 정신장애 아동을 가르치는 교사로 있었다. 대니라는 학생이 하루 종일 말썽을 부려서 우찌무라가 대니 대신 저녁을 굶었는데 이 일이 알려져서 정신 장애 아동들이 크게 반성했다는 것이다. 함석헌은 이 이야기를 잊지 않고 있다가 일본에 유학 갔을 때 우찌무라가 살아 있다는 말을 듣고 그의 제자가 되어 성경을 배우게 되었다. 이처럼 정신 장애아 대니가 우찌무라와 유영모와 함석헌을 이어주는 다리가 되었다. 함석헌은 유영모와 우찌무라를 만남으로써 자신의 정신은 두 차례 비약적으로 성장했다고 하였다. 대니의 이야기가 실마리가 되어 함석헌은 깊은 정신과 사상의 세계로 나아갈 수 있었다.

히틀러와 스탈린도, 정신장애아 대니도 주체의 자유, 인격과 양심이 드러나는 계기가 되고 전체 생명과 역사의 뜻이 실현되는 계기가 된다는 점에서 의미가 있다. 히틀러와 스탈린이 있어서 인간의 정신이 닦여지고 단련되며 역사는 시련의 골짜기와 도전의 높은 봉우리를 넘게 된다. 정신 장애를 가진 사람이 있어서 사람의 정신과 인격은 더 깊고 커질 수 있다.

아무리 작은 물건이나 일이나 사건도 '나'의 정신과 인격이 드러나고 전체 생명의 뜻이 밝혀지는 계기와 자리가 될 수 있다. 실패와 패배, 좌절과 시련도 내 얼의 자유가 확인되는 계기가 되고 전체 생명의 뜻이 드러나는 자리가 될 수 있다. 원수와 적이 있는 것도 나의 정신과 얼이 깊어지고 높아질 수 있는 계기가 되고 전체 생명의 뜻을 실현할 수 있는 기회가 된다.

씨올은 어떤 조건과 상황에서도 절망과 좌절을 모르고 싹을 트고 열매를 맺는다. 죄악과 장애, 실패와 좌절은 생명의 씨올이 싹트고 꽃 피고 열매 맺는 기회가 된다. 절박하고 삭막한 상황에서도 이성과 영성을 꽃 피우고 열매 맺으며 사는 것이 평화의 정신이고 평화의 삶이다. 이러한 씨올의 마음과 태도를 가진 사람은 절망을 모르는 사람이고 어떤 경우에도 절망을 모르는 사람은 평화의 사람이다. 사람들은 씨올 함석헌을 가리켜 '절망을 모르는 사람'이라고 하였다.

병(病)과 사회의 약자들

누구나 온전하고 충만한 삶을 바란다. 그러나 생명은 약하고 상처받기 쉬운 것이다. 그래서 살다 보면 몸과 마음에 흠이 나고 병에 걸리게 된다. 병은 반갑지 않은 것이지만 병을 학대하고 천대해서는 온전한 삶을 회복할 수 없다. 병을 잘 대접하고 지극한 정성으로 보듬고 보살펴야 병을 떠나보내고 온전한 삶을 회복할 수 있다. 병을 소중한 손님처럼 삶의 다시없는 보물처럼 귀하게 돌보는 것이 삶의 지혜다.

사회 공동체도 마찬가지다. 다 함께 손잡고 힘차게 살면 좋지만 뒤쳐진 사람, 말썽꾸러기들이 있기 마련이다. 이들을 천대하고 학대하면 공동체는 깨지고 갈수록 약해진다. 온전한 공동체가 되려면 사회의 약자들을 더욱 정성과 공경으로 보듬고 보살펴야 한다. 사회의 약자들을 어떻게 대하는가에 따라 공동체의 실상이 드러난다. 약자들에게서 공동체의 힘과 깊이가 드러난다. 약한 것이 아름답고 강하다.

사람으로 태어난 보람

사람으로 태어난 보람과 목적은 무엇일까? 내 밖의 네게서 나를 보고 내 속에서 너를 만나는 게 아닐까? 내가 나를 넘어서 너와 하나 될 수 있을 때 가장 기쁘고 자유로움을 느낀다. 모든 사랑, 모든 종교, 모든 철학도 결국 나를 넘어 너와 하나됨에 이르자는 것이다.

그런데 머리의 생각에서 가슴의 감동에 이르는 길이 멀기만 하다. 가슴에서 느껴도 손·발로 실행하기는 더 어렵다. 손·발로 실행해도 남과 하나로 되기는 어렵다. 나와 너 사이는 멀고도 멀다.

남의 아픔을 내 아픔으로 느끼고 내 아픔 속에서 너를 느낄 수 있다면, 네가 내 속으로 들어오고 내가 네 속에 들어갈 수 있다면 물질과 본능, 감정과 심리의 온갖 경계를 넘어 하늘나라가 열린 것이다.

4. 속이 비고 고요해야

속이 비고 고요해야

밥을 끊으면 몸이 고요해지고 숨이 편안하면 마음이 깊어진다. 말과 생각이 끊어지면 영혼이 고요하고 욕심과 미움이 가라앉으면

뜻이 굳세진다. 내 몸과 마음의 속이 비고 고요해지기를
　두 손 모아 빈다.
　태풍의 한 가운데는 바람이 없다. 고요하게 비어 있기에 힘찬 바
람이 몰아친다. 노자가 말하듯, 수레바퀴의 가운데가 비어 있기에 수
레바퀴는 잘 굴러간다. 사람도 속이 비어야 서로 편해지고 힘이 난
다. 욕심이나 제 생각으로 꽉 차 있으면 저도 답답하고 남도 불편하
다. 조성모의 가시나무새라는 노래에 "내게는 내가 너무도 많아, 네
가 쉴 곳 없네."란 구절이 있다. 속이 막히면 나도 힘들고 인간관계도
안 풀린다.
　뱃속이 비어야 몸이 편하고 마음이 비어야 자유롭고 생기가 난
다. 말도 생각도 욕심도 끊어진 자리, 텅 비어서 고요한 자리가 있어
야 삶을 있는 그대로 볼 수 있다. 속이 비고 고요해야 마음이 통할 수
있고 마음이 통해야 일이 잘된다.

맘이 맑고 비어야 곧을 수 있다

　숨은 고르고 깊게 쉬고 살림은 피어나고 맘은 비어 고요한데 혼
은 늘 솟아올라라. 맘이 맑고 비어야 곧을 수 있다. 몸과 맘과 영혼이
하나로 뚫릴 때 곧게 된다. 곧으면 힘이 나고 시원하다. 곧으면 자유롭
고 편안하다. 곧으면 기도가 나오고, 찬양이 나온다. 곧으면 바로 보
고 제소리, 바른 소리를 할 수 있다. 곧아야 남을 남으로 알고 남을 남
으로 사랑할 수 있다.

대나무처럼 속이 뚫려야

돈, 명예, 지위가 우리 마음 가운데 있으면 마음이 막힌다. 가운데가 비어 있어야 하나님이 계실 수 있고 하나님의 은총과 힘을 입을 수 있다. 기도하고 찬송하며 예배드리는 것은 우리 영혼의 가운데를 뚫는 일이다. 하나님보다 더 소중한 것이 아무 것도 없게 마음을 비우는 일이다. 속이 비어야 하나님 앞에 똑바로 설 수 있다.

나는 대나무를 좋아한다. 옛날 중국의 한 선비는 이렇게 말했다: "사흘 동안 고기를 안 먹고 살 수는 있어도 사흘 동안 대나무를 보지 않고 살 수는 없다. 대나무를 보지 않으면 마음에 속된 게 생긴다." 대나무는 늘 푸르고 곧다. 하늘 높이 쭉쭉 뻗어 있는 대나무를 보면 마음이 시원하다. 대나무는 늘 푸르고 곧으면서도 속은 텅 비어 있다. 제 속을 다 비우면서도 곧고 푸르고 단단하다.

믿는 사람도 대나무와 같다. 속은 텅 비어 있으면서 하늘을 향해 곧고 푸르게 뻗어나야 한다. 속에 하나님의 생명바람이 가득 담겨 있어야 한다. 대나무는 서로 다투는 법 없이 뿌리가 한데 얽혀 함께 살아간다. 하늘 높이 자라면서도 다투지 않는다. 서로 바람을 막아주며 함께 어울려 살아간다. 믿는 이들의 삶도 곧고 높으면서도 다투지 않아야 한다.

마음이 뚫리면 퉁소처럼 아름다운 소리가 난다

식도에서 항문까지 막힘없이 뚫려야 건강하듯이 생각과 마음도 뚫려야 자유롭고 건강하다. 몸과 마음이 함께 뚫리려면 하나님께로 가야 한다. 하나님께로 가야 '하나 됨'에 이르기 때문이다. 하나님께로 가려면 말씀 날개를 타고 가는 수밖에 없다. 말씀 날개를 타려면 사랑으로 생각을 불태워야 한다. 말씀을 생각함으로 생각을 불태움으로 하나 됨에 이를 수 있다. 하나로 되면 모든 것이 하나로 뚫리면 자유와 신명, 상생과 평화의 음악이 나온다.

산다는 것은

숨쉬며 몸으로 산다는 것은 "나"임을 느끼고 "너"를 기뻐하고 조금 더 넉넉해지는 것이다. 숨이 편안하고, 몸이 너그러워져서 사람이 좋아지는 것이다. 사람으로서 두 다리로 곧게 서서 산다는 것은 옳은 일을 위해 나서는 것이다. 사람이 머리를 하늘에 두고 사는 것은 하늘을 품고 하늘을 살자는 것이다.

부드러운 귀

말을 잘하기도 어렵지만 남의 말을 잘 듣기는 더 어렵다. 공자 같은 어른도 나이 예순이 되어서야 귀가 부드러워졌다고 한다. 꼭 예순이 아니라도 나이가 들고 생각이 익고 인생이 깊어져야 귀가 부드러워지는 것 같다.

남의 말을 잘 듣는 이는 속마음까지 헤아려 듣는다. 아첨하는 거짓말에 넘어가지 않고 크고 사나운 소리에 흔들리지 않는다. 말만 듣지 않고 뜻을 새겨서 들으니 마음이 편안하다. 제 생각에서 자유로우면 남의 말에 상처받지 않고 남의 생각에서 자유로우면 남의 말에 노여움을 타지 않는다.

마음이 하나되기 얼마나 어려운가. 뜻이 통하기 얼마나 어려운가. 생각이 같아지기 얼마나 어려운가. 귀가 부드러운 벗이 있는 사람 얼마나 복된가.

뒤늦게 깨달은 것

나이 들어 뒤늦게 깨달은 것 두 가지가 있다. 하나는 무슨 일이든 지나간다는 것이다. 아무리 힘들고 어려운 일도 지나간다. 세상에서 겪는 일 가운데 지나가지 않을 것은 없다. 그리고 지나가는 것을 두려워하는 것은 어리석은 짓이다. 지나가는 것을 지나가게 하지 않고 마음에 끌어안고 괴로워하는 것도 못난 짓이다. 지나갈 일에 마음이 잔뜩 부풀어 교만과 허영에 빠지는 것도 보기 흉한 일이다. 지나가는 줄 알면 두려움과 불안, 교만과 허영에서 벗어날 수 있다.

다른 하나는 인생에 끝이 오고 있다는 것이다. 다른 모든 이들의 삶이 그랬듯이 내 삶도 곧 끝난다는 것이다. 내 생이 끝난다는 것을 잊고 사니까 게을러지고 노여움과 미움이 사무친다. 인생이 끝나는 줄 알면 미워하거나 노여워할 것이 없다. 할 수 있는 대로 축복하고 따뜻한 눈길로 바라 볼 일이다. 그리고 할 일이 있다면 그 일에 힘써야 하리라. 마지막 순간이 오면 어떻게 작별할 것인지 연습을 하는 것도 유익하리라.

기다리는 빈 시간

약속 시간을 한참 넘겨 오지 않는 사람을 기다리는 빈 시간, 언짢음 없이 그 사람을 믿고 사랑으로 두텁게 덮어주고 몸·맘·혼에 힘이 나기를 빌어주는 시간 언제 어디서나 이 한 순간이 얼마나 소중한가.

하나님을 생각하고 그리워하며 하나님께 나갈 수 있는 시간이니 모든 일과 욕심에서 벗어나 '나'와 하나님께로 갈 수 있는 시간은 없음과 빔 속에 열리는 '늘 삶의 나라' 문이다.

삶과 죽음

지혜로운 사람은 자신이 반드시 죽는다는 것을 안다. 지혜로운 사람은 죽음이 자신의 삶 곁에 가까이 있음을 안다. 지혜로운 사람은 죽음을 통하지 않고는 살 수 없음을 안다. 영원히 살 것처럼 삶에 매달리는 사람도 죽음이 두려워 떠는 사람도 자유로운 삶을 살 수 없다. 삶과 죽음을 박차고 늘 삶과 죽음 사이로 솟아오를 길을 열어야 참 삶을 살 수 있을 것이다.

내가 멀지 않은 미래에 죽고 내가 죽으면 내 욕심과 집착, 분노와 미움이 부질없는 일이며, 내가 하는 일이나 내가 이룬 일도 내 이름과 존재 자체도 부질없는 것임을 일찍 깨달을수록 지혜롭고 성숙한 삶을 살 수 있다.

오늘 하루의 삶이 소중하고 오늘 내가 만나는 사람이 소중하며, 내 가까이 있는 사람이 소중 함을 아는 사람이 지혜로운 이다. 내 존재와 소유가 소멸될 것을 알면 나누고 섬기는 여유와 힘이 생길 터이다.

죽어야 산다

몸은 한번 죽지만 정신은 자기부정과 죽음을 통해서만 산다. 자기의 죽음을 경험한 사람은 자기와 타자로부터 자유로울 수 있다. 자기의 죽음을 경험한 사람은 작은 이해관계나 사회관계에 흔들리지 않을 수 있다. 자기의 죽음을 경험한 사람만이 훌륭한 대통령, 장관, 기업체의 사장, 교회 목사, 학교 교사가 될 수 있다.

자기로부터 자유로워야 자기를 바로 보고 남을 바로 보며, 바로 생각하고 판단하고 결정할 수 있다. 자기에게 매인 인간이 어떻게 자유롭게 생각하고 판단할 수 있나? 자기에게서 자유롭지 못한 인간이 어떻게 남을 이끌고 남 앞에 설 수 있나? 한번 확실히 죽는 사람, 예수와 함께 죽고 다시 사는 사람이 남을 이끌고 일을 바로 할 수 있다.

끝 꼴을 야무지게

형단(形端)은 끝의 꼴을 야무지게 짓는다는 말이다. 끝을 나타내는 端을 풀면 山而立, '산봉우리가 우뚝 선 꼴'을 나타낸다. 산봉우리처럼 자신의 끄트머리 꼴을 야무지게 지은 것은 없다. 하늘로 오르다가 자신의 꼴을 깨끗하고 야무지게 마무리했다. 그래서 산봉우리는 볼수록 시원하다.

사람도 자신의 생각과 감정을 야무지게 잘라야 한다. 종교인이라면 더욱 그래야 할 것이다. 하나님 앞에 서는 사람의 삶이 지저분하게 흩어져 있을 수 없다. 하늘을 보고 자신을 야무지게 마무리 지은 산봉우리처럼 야무지게 끝 꼴을 지으면 아름답고 깨끗하게 살 것 같다.

5. 우정이 구원한다

우정이 구원한다

산업사회에서는 예약해야 만난다. 모든 인간관계가 사업관계와 이해관계로 얽혀 있어서 순수한 친구관계를 맺기 어렵다. 필요할 때, 놀고 싶을 때, 그리울 때 만나는 게 친구다. 일 때문에 필요해서 만나는 것은 순수한 우정이 아니다. 우정은 자유롭고 순수한 기쁨을 준다. 이 자유로운 기쁨이 공동체의 뿌리이고 꽃이고 열매이기도 하다. 우정을 잃은 산업사회는 생명을 잃었다.

우정이 삶의 본질이다. 생태계의 생명체들이 맺는 관계는 친구관계다. 생태계 안에서 뭇 생명은 서로 그물처럼 얽혀 있고 연결되어 있는데 서로 속이 열려 있고 속에서 만난다. 한 생명체에 변화가 생기면 다른 생명체가 공명하고 움직인다. 생태계 안에서 모든 생명체는 중심에서 만나고 중심에서 통하며 사귄다. 생태계는 우정에 의해서만 지켜진다. 서로를 위하는 열린 마음으로만 생태친화적 삶을 살 수

있다. 이익과 이용을 위해서만 자연을 대하면 자연생태계의 친구가
못 된다. 자연의 친구가 되어서만 인간은 자연생태계의 일원이 될 수
있다.

사람관계도 본능적 욕구와 이해관계를 떠나서 자유롭게 호의와
애정으로 만날 수 있을 때 구원된다. 본능적 욕구와 이해관계를 넘어
서 서로의 존재를 즐거워하고 아쉬워 할 때 인간의 삶은 구원된다.

사람을 밖에서 보고 평가하지 않고 사람의 속에서 속을 함께 느
끼고 알아주는 이가 있으면 살 수 있고 그런 이가 없으면 사람의 마
음과 혼은 말라 죽는다. 누군가 나를 위해 있어서 내가 잘 되기를 빌
어 주고 나를 따뜻한 눈으로 보며 외로움에 눈물지을 때 손잡아 줄
사람 있으면 살 수 있다. 그런 이가 내 삶의 지렛대이다.

그런 이가 있으면 나는 구원받고 그런 이가 없으면 나는 절망과
죽음의 나락으로 떨어진다. 그래서 사람에게는 늘 나를 위해 기도하
고 복을 빌어 주는 어머니가 있어야 하고, 언제나 나를 받아 주고 품
어 줄 고향이 소중하다. 아니, 어머니와 고향으로도 부족하다. 내 속
을 나보다 더 잘 알아주는 하나님, 나를 위해서 나를 사랑하는 예수
가 있어야 한다.

생명관계, 우정관계의 근원은 하나님 관계이다. 뚜렷이 힘 있게
살려면 우정이 있어야 하고 우정이 있으려면 하나님께 돌아가야 한
다. 우정만 있으면 좁은 길, 가시밭 길, 십자가의 길도 고마운 마음으
로 노래하며 춤추며 기쁘게 갈 수 있다.

우정에 기초한 부부관계

욕구와 권리의 사회관계가 아니라 눈을 마주 보고 손으로 만지는 우정관계가 공동체의 기초다.(이반 일리치) 욕구와 권리에 기초한 관계는 욕구가 충족되지 않고 이해관계가 어긋나면 언제나 무너질 수 있다. 결혼한 세 쌍 가운데 한 쌍은 이혼한다고 한다. 부부관계도 욕구와 권리에 기초한 관계로 될수록 깨지기 쉽다.

검은 머리 파뿌리 될 때까지 부부관계를 아름답게 유지하려면 서로 벗이 되어야 한다. 벗의 존재는 서로에게 선물이다. 내가 네게 선물이 되는 일은 네게 달렸다. 벗이 되려면 서로가 서로에게 선물이 되도록 힘써야 하지만 '내'가 상대에게 선물이 되는 것은 상대에게 맡겨져 있다.

상대에게 나를 맡기는 마음이 없으면 우정은 생길 수 없다. 상대에게 나를 맡긴다는 것은 상대를 끝없이 신뢰하고 사랑할 뿐 아니라 상대에게 선택과 결정의 자유를 준다는 것을 뜻한다. 상대의 무게를 잰 사람은 친구가 될 수 없다. 상대를 움직이고 조종할 수 있다고 여기는 사람은 벗이 될 수 없다. 상대를 손안에 쥘 수 있다고 여기는 사람은 벗이 될 수 없다. 나와 너 사이에 그어진 금을 넘지 않고 너를 너로 존중할 때 아름답고 자유로운 우정의 세계가 펼쳐진다.

너의 세계를 침범하거나 소유하지 않으면서도 눈을 마주 보고 손으로 만질 수 있어야 친구다. 상대가 두렵거나 보고 싶지 않아서 눈을 마주 보지 못하면 친구가 될 수 없다. 손으로 만질 수 있을 만큼 친밀하지 않으면 친구가 아니다. 놀고 싶을 때 함께 놀 수 있어야 친구다.

텔레비전과 컴퓨터의 가상현실은 우정을 파괴한다. 눈을 마주 볼 수 없고 손으로 만질 수 없는 이미지와 영상의 세계에 많은 시간을 뺏기는 현대인에게 우정이 메말라 가는 것은 당연한 일이다. 친구는 놀고 싶을 때 놀 수 있어야 친구다. 복잡한 현대사회에서는 친구를 만나고 싶어도 며칠 전에 예약하지 않으면 만날 수 없다. 불쑥 남을 찾아가는 것은 사생활을 침해하는 것이고 공적인 업무를 방해하는 것이 된다.

곡식과 과일나무만을 기르지 않고 오동나무와 난초도 기르는 것처럼 사업관계만 힘쓸 게 아니라 우정관계도 힘써야 한다. 함께 자고 밥 먹는 부부관계에 우정의 꽃이 피면 얼마나 좋을까! 나이가 들수록 부부는 친구가 되어야 한다는 것을 절실히 느낀다.

부부유별(夫婦有別)

나이 들어 이혼하는 사례가 갈수록 늘어난다. 황혼이혼이 유행이라는데 주위에서도 나이 들어 이혼하는 경우가 적지 않다. 이혼하지 않고 살아도 알뜰살뜰한 감정 없이 마지못해 사는 경우가 많은 것 같다. 남녀 사이의 사랑이 생물적 본능이나 심리적 감정이라면 오래 갈 수 없다. 본능적 욕구나 호기심이 시들해지고 감정적 열정도 식으면 부부의 사랑도 증발해 버린다.

부부 사이의 사랑이 유지되는 비결이 무엇일까? 부부는 일심동체라지만 몸도 맘도 하나가 되지 않으면 공허한 말일 뿐이다. 차라리 유교의 부부유별에서 배울 수 있지 않을까? 부부 사이에 구별이 있고 서로 거리를 지킨다는 것은 예의를 지키고 존중하고 존경한다는 것을 뜻한다. 부부 사이에 사랑과 함께 존경이 있으면 알뜰살뜰한 정이 새록새록 솟아나지 않을까?

텔레비전에서 한 부부 이야기를 보았다. 대기업 과장으로 있다가 몸도 아프고 도시 생활이 싫어져서 젊은 아내와 딸 셋을 데리고 깊은 산골로 들어가 사는 부부였다. 아침 일찍 일어나서 몸을 씻고 옷을 차려 입고 명상하고 기도하고 체조를 한 다음에 부부가 서로 맞절을 하고 살포시 안아 주며 하루를 축복한다. 날마다 새색시 같고 새 신랑 같다. 서로 큰 절하고 존경하면 부부관계는 깊어지지 않을까?

바라봄의 횡포

바라보는 시선 속에 폭력과 왜곡이 들어있다. 바라보는 이의 욕망과 편견이 눈 속에 들어 있기 때문이다. 인간의 시각과 판단력 자체가 한정되어 있기 때문이다. 바라보는 주체와 바라보는 대상 사이에 갈등과 대립이 있을 수밖에 없다. 내가 본 산은 거기에 있는 그 산이 아니다. 바라보는 것 자체가 대상을 학대하고 왜곡하는 것이다.

바울은 자신의 율법지식과 신앙적 열정에 따라 예수와 그 제자들을 박해하고 죽였다. 바라봄의 횡포와 폭력이 저질러진 것이다. 예수와 그 제자들을 박해하기 위해 다메섹으로 가다가 바울은 예수를 만났다. 자기가 박해하는 이를 만난 바울은 눈이 멀고 쓰러졌다. 예수를 보았을 때 바울은 제 눈의 폭력과 무지와 왜곡을 보았던 것이다.

바울은 자신이 박해하고 멸시한 예수에게서 자신의 참 생명을 보았고 인류의 영원한 생명 길을 보았다. 예수 안에서 정의와 평화에 이르는 길을 보고 바울은 그 길로 갔다. 바라봄의 횡포 속에 사는 것이 죄요 죽음이다. 회개는 제 눈을 보는 일이요, 바라봄의 횡포에서 벗어나는 일이다. 바라봄의 횡포에서 벗어나 서로 살림과 더불어 삶의 길로 가는 것이 구원이다.

행복

"마음이 가난한 사람은 행복하다."고 예수는 말했다. 마음이 가난하다는 것은 몸과 맘에 쓸데없는 욕심이 사라진 것을 뜻한다. 욕심이 사라져 맘이 비면, 하나님이 들어오실 것이고, 맘이 맑아지면, 하나님을 보게 될 것이다. 하나님을 모시고 하나님을 보면 정말 행복하지 않겠는가?

나도 근심, 걱정에 사로잡히고, 무엇이 되겠다거나 하겠다는 욕심에 차 있을 때는 마음에 행복을 느끼지 못한다. 나도 언젠가 죽을 텐데 다 이루지 못하고 하고 싶은 일이 있지만, 욕심을 비우고 나를 돌아보면 "행복하구나!"하는 생각이 든다.

세상에 나서 예수를 알고 예수의 삶의 길을 마음에 품고 살았고, 어려운 때, 어려운 나라에서 살면서 좋은 선생님들을 만나고 가까이 하며, 살았고, 몸은 일그러졌으나 삶과 정신을 이만큼이라도 지켜서 하나님을 생각하며 살아왔으니, "참으로 행복하다."

웃음꽃이 피지요

하나님이 가까이 계시면 제 몸과 마음에 웃음꽃이 피지요. 하나님이 계시니 그저 기쁘지요.

어린아이가 가까이 있으면 제 삶에 웃음이 살아나지요. 생명이 살아 꿈틀거리니 그저 좋지요.

벗이 웃으면 나도 웃지요. 웃으면 삶이 빛나지요.

웃음의 말 풀이

사람만이 웃는다고 말하는 이들도 있다. 사람을 웃는 존재로 보고 "나는 웃는다, 그러므로 존재한다."고 말하기도 한다. 사람만이 웃는지는 잘 모르겠다. 개에게도 깊은 감정이 있는 것 같고, 슬픔과 기쁨을 표현하는 것으로 보아 호탕한 너털웃음은 아니어도 미소는 지을 수 있지 않나 싶기도 하다. 침팬지나 유인원은 웃는 것 같기도 하다.

어쨌든 웃음은 서로의 삶을 자유롭고 편하게 한다. 오늘날 많은 사람이 서로 부대끼며 일에 매여 산다. 자유롭게 더불어 사는 삶을 살려면 웃고 살아야겠다. 웃음은 나를 나 자신에게서 자유롭게 하고 이웃을 편하고 즐겁게 한다. 웃는 능력이 21세기 최고의 미덕이라는 말도 나온다.

유영모 선생은 웃음을 두 가지로 풀었다. 첫째 '우-숨', '우(하늘, 하나님)를 숨쉼'이다. 자기나 남에게 매이고 사물에 집착하면 웃을 수 없

112

다. 사람이나 사물에서 벗어나 무한과 초월에 통할 때 웃음이 나온다. 웃음은 작은 해탈이다. 둘째 '우-슴', '남 위에 섬'이다. 남 위에 서서 남을 업신여기는 비웃음이다. 남과 거리를 두고 남을 내려다 볼 때 남을 웃을 수 있다. 지배층에 짓눌린 민중이 억압과 소외의 현실에서 벗어나 양반지배층을 놀리고 웃긴다면 그것도 하나의 초월이고 해방이 아닌가! 그러나 남 위에 서서 남을 업신여기고 비웃는 웃음은 스스로 하늘을 가리고 '나와 남'을 함께 진흙밭에 던지는 것이다.

웃음

웃는 사람이 좋다. 웃을 줄 모르는 사람보다는 차라리 남을 조롱하거나 자기를 비웃을 줄 아는 사람이 낫다. 논리와 법에 붙잡힌 사람, 일과 대상에 매인 사람, 제게 달라붙은 사람에게는 웃음도 없고 기쁨도 없다.

웃음은 제 생각에서 벗어남이고, 땅의 길, 평면의 논리에서 벗어나 하늘로 솟아오름이다. 웃음은 작은 해탈이고 초월이다. 웃음은 '우숨', 위(하늘)를 숨쉬는 것이다. 땅만 바라보는 이에게 웃음이 없다. 하나님을 만난 사람, 하나님과 가까이 지내는 사람은 웃을 것이다.

하늘을 자주 보고 웃자. 하늘 바람을 크게 들이마시면 시원한 웃음이 터져 나온다. 웃는 사람은 스스로 자유롭고 즐겁다. 웃으면 맘이 밝아지고 세상이 편해진다. 웃음은 자유롭고 즐거운 삶에로의 초대이다. 웃는 사람은 웃긴다.

모두 함께 살아야 할 지구화 시대에 서로 살리고 돌보는 평화시대에 최고의 미덕은 웃음이고 최고의 섬김은 웃김이 아닐까? 웃어야 함께 살 수 있고 웃겨야 평화가 온다. 웃으면 생명과 평화의 꽃이 핀다.

어린이에게 배울 것

나이 들수록 얼굴이 굳어지는데 어린이처럼 잘 웃었으면 좋겠다. 삶에 지쳐 주눅든 얼굴이 아니라 삶의 기쁨이 솟아 나는 얼굴에 생기가 넘치면 좋겠다.

언제부터인가 마음이 굳어져서 울음을 잃어버리고 사는데 어린이처럼 잘 울었으면 좋겠다. 슬퍼서 울어야 할 때도 실없이 웃는 못난이가 아니라 가슴이 저며 올 때는 흐느껴 울고 세상일이 안타깝고 분할 때는 온몸이 울리고 하늘과 땅이 울리게 울었으면 좋겠다.

어린이는 더불어 사는 이 엄마, 아빠 없이 못 살고 친구 없이도 못 산다. '너' 없으면 '나'도 없다는 것을 너무나 잘 아는 이다. 어린이는 '얼-인-이', '얼을 인 이' 아닌가? 늘 어버이를 생각하고 하늘을 향해, 내일을 향해 열려 있는 이 아닌가?

친절과 명랑을 강요하는 병든 사회

그러나 광기와 저주에 깊이 사로잡힌 것은 사회 전체 문명 전체가 아닐까? 그 깊이와 끝을 알 수 없는 우리 사회의 분노와 미움과 저주가 스탠리 니스를 통해서 분출된 것뿐이다. 우리 사회와 문명을 움직이고 이끌어가는 분위기, 세력의 밑바닥에는 절망과 저주, 폭력과 혼돈이 짙게 깔려 있다. 사랑이 아니라 미움이, 평화가 아니라 폭력이 지배한다. 미움과 저주, 파괴와 폭력의 어두운 힘이 분출할 기회를 노리고 있다. 아주 작은 구실을 주고 기회를 주면 어느 때나 어디서나 누구에게서나 저주와 폭력의 폭탄이 터질 수 있다. 우리 사회, 우리 문명은 깊은 병에 걸려 있다.

요즈음 차를 타고 지나가다 보면 식당 앞에서 지나가는 차를 불러들이려는 호객꾼의 얼굴표정과 몸짓과 목소리가 밝고 명랑하기만 하다. 어쩌면 저렇게 밝고 명랑하게 일할 수 있을까? 쥐꼬리만한 노임을 받고 온종일 무거운 짐을 나르는 택배회사 직원들의 밝게 웃는 지친 얼굴을 보면서 마음이 무거워진다. 택배회사 직원들이 무더운 여름날 땀을 뻘뻘 흘리며 힘든 일을 하고도 아주 낮은 임금을 받는다. 차라리 화를 내고 신경질을 내는 게 좋지 않을까? 저들에게 친절과 밝은 미소를 강요하는 자본주의 사회의 위력과 잔인함이 무섭다. 백화점을 가도 병원을 가도 관공소를 가도 친절과 미소는 강요되고 훈련되고 있다.

우리 사회의 속에는 언제든 터져나오려는 미움과 저주, 폭력과 혼돈으로 가득 차 있는데 겉으로는 밝고 명랑함을 강요한다. 이것은 모순이고 위선이다. 한쪽에서는 묻지마살인, 막가파 폭행이 잇달아 일어나는데 친절과 미소를 강요하는 것은 정직한 것이 아니다. 그것은 속에서는 썩어가고 있는 시체에 분칠을 하는 것과 같다. 시체에 화장(化粧)을 하면 무엇하며, 썩은 과일에 색칠을 해서 무엇하나? 근본적인 해결을 위한 근본적인 성찰이 요구된다.

체면과 부끄러움

한국인처럼 체면을 앞세우는 민족도 드물다. 맹물 먹고도 이를 쑤시고, 실력 없고 가진 것도 없으면서 폼은 잡으려 든다. 그래서 권위의식과 위선에서 벗어나기 어렵다.

성적으로 문란한 풍조가 가득한데 남에게는 엄격한 성적 도덕을 요구하고, 부정부패가 넘쳐 나는데 공인에게는 청렴결백을 요구한다. 자신에게는 한없이 관대하고 남에게는 가혹한 이중잣대를 적용한다. 공인에게 높은 도덕과 양심을 요구하고 흠 없는 삶을 요구하면서 자신들은 거리낌없이 집단이기주의에 빠져든다.

참여정부가 시작된 이후에 집단적 갈등과 대립이 더욱 깊어지고 있다. 국민이 참여하는 정치를 위해서 어느 정도 갈등과 혼란은 감수할 수밖에 없다. 그러나 사회의 공공성과 공동선에 대한 최소한의 합의를 이루지 못하면 참여정치는 끝없는 혼란과 혼돈의 수렁에 빠질 것이다. 자신들이 하는 말과 일의 부끄러움을 모르면 대화와 타협은 불가능해진다.

오늘

철학자 류승국은 30대에 철학공부를 하면서 스승을 찾아다니다 류영모를 만났다. 매주 하루는 류영모 집에 가서 하루 종일 무릎 꿇고 앉아서 가르침을 들었다. 류승국이 30대 후반에 늦게 결혼했는데 결혼하는 날 경기도 이천까지 류영모가 찾아왔다. 철학계의 원로 박종홍, 고형곤 등이 참석했는데 선배인 류영모가 있는 자리에서 아무도 입을 열지 못했다. 류영모가 신랑, 신부를 축하하는 말을 한 마디 했다. "신랑, 신부 두 사람 오늘 먹은 마음을 오! 늘 잊지 마시오." 신랑, 신부가 이 말을 어떻게 잊겠는가.

오늘 하루를 감사하고 감탄하며 영원처럼 살아야 한다. 오늘이라는 말의 어원이 무엇이든 오늘에서 영원을 살아야 한다는 것은 참된 가르침이다. 류영모는 말이나 글자나 숫자나 일에서 뜻을 발견하고 생성시켰다. 정신을 일깨우고 살리고 솟아나게 하는 것이 중요하다고 본 류영모는 무엇에서나 뜻을 찾고 드러냈다. 오늘도 무상(無常)한 물질의 상대세계에서 벗어나 한결 같은 늘의 세계, 한늘에 들어가서 한늘을 살아야 하지 않을까?

가난한 사람의 자유

돈과 감각적 욕망에 빠져 사는 현대인들에게 물질에서 정신으로 나가자는 말은 공허하게 들린다. 무소유란 말도 현실에서 따라가기에는 너무 높은 이상이다. 옛날에는 무소유의 자유를 누리며 살았던 이들이 있었다.

옛날 그리스 철학자들 가운데 견유학파가 있다. 이들은 누더기 외투를 걸치고 개나리 봇짐 하나, 지팡이 하나 들고 무소유의 자유를 누리며 살았다. 가족도 없이 맨발로 다니면서 구걸해서 먹고 살았다. 세네카의 친구 데메트리우스는 무소유를 즐기면서 왕처럼 자유롭고 당당하게 살았다. 황제 갈리굴라가 그에게 20만냥을 주겠다고 했으나 웃으며 거절했다. 디오게네스는 한 소년이 손으로 물을 마시는 것을 보고는 자기 봇짐에서 컵을 꺼내어 깨뜨리면서 말했다; "불필요한 것을 이제껏 넣고 다닌 나는 얼마나 바보인가?"

비록 시대가 다르지만 현대인들보다는 견유학파가 강인하고 용기 있는 삶을 살았던 것 같다. 우리도 무소유까지는 몰라도 검소하게 살면서 물질보다 정신을 높이며 살려고 애쓸 수는 있지 않을까? 하기는 노동운동 현장에서 그리고 민중선교 현장에서 가난을 누리며 참과 사랑을 추구하는 벗들이 있지 않은가! 가난을 부끄러워하거나 두려워하지 않는 이들이 있는 한 인류는 망하지 않을 것이다.

우울증 치료법

가까운 사람들 가운데 우울증을 앓는 이들이 많다. 마음이 엉키고 맺혀서 막히고, 상처가 덧나고 분노와 불만이 쌓이면 우울증이 생기는 것 같다. 아무것도 없고 텅 비어도 자유롭고 기쁘고 충만하신 하나님을 마음에 품을 수 있다면 마음이 텅 비어서 우울증은 사라지고 기쁨과 자유를 누릴 수 있을 것 같다. 무한 광대한 우주보다 한없이 크신 하나님의 품 안에 내 작은 마음을 던져 버리면 우울증에서 벗어나지 않을까?

외로움과 괴로움을 마다하지 않아야

외롭지 않은 날이 어디 있고 괴롭지 않은 생이 어디 있는가? 외로운 시간 속에서 새날이 오고 괴로운 일에서 사랑을 익힌다. 외로움과 괴로움을 마다하지 않아야 한다. 외로움 속에서 영혼은 익어가고 괴로움 속에서 마음이 단단해진다. 그러니 외로움을 마다하지 않고 괴로움을 싫어하지 않아야 잘 사는 이라고 할 수 있다. 믿음에 깊이 들어간 이는 외로움 속에서 영혼이 불타오르고 괴로움 속에서 힘이 솟아오른다. 믿음은 스트레스와 상처를 힘으로 바꾼다.

이제 여기

여기 이 순간을 내놓고 삶은 없다. 이제 허투루 하면서, 이따가 잘 하겠다는 말은 믿을 수 없고 이제 찌그러졌는데 옛적에 번듯했다는 말도 우습다. 하나님도 이제 여기서 만나고 숨도 이제 여기서 쉰다.

이제 여기에 충실하다는 점에서 선불교와 감각적 현대문화는 통한다. 선불교는 물질과 감각은 빈 것이므로 욕심과 생각과 말을 끊고 오직 행동할 것을 가르친다. 욕심과 말을 끊는다는 점에서 선불교는 몸의 느낌에 충실한 현대문화와는 다르다. 어제도 내일도 모르고 오직 이 순간에 충실하려는 선불교의 구도자적 자세에서 배울 수 있다. 이 순간이 무너지면 어제도 내일도 함께 무너진다. 지금 이 순간에 집중해야 영혼도 몸도 힘이 난다.

그런데 이 순간은 단절되고 고립된 것이 아니다. 오늘 이 순간은 억만년 지난 세월에서 태어났고 억 억만년 오는 세월을 낳을 것이다. 이제 여기에 선 나는 수 없이 얽힌 관계의 그물 속에서 산다. 오랜 역사와 사회 속에서 집단적으로 닦여지고 길러진 존재이므로 수많은 세월과 관계들이 응축되어 있다. 그러므로 이 순간은 역사적 순간이고 '나'는 사회 속에서 책임지고 사는 존재이다.

6. 군자라야 궁할 수 있다

곧게 서려면

하늘을 보고 비로소 '나'를 보았다. 하늘을 알기 전에 는 '나'를 몰랐습니다. 하늘에 비추인 '나'를 보고 '나'라고 했다. 하늘 없으면 나도 없는 줄 알게 되었다. 내 마음에 하늘을 열어 주소서. 내 가슴에 하늘이 열려야 '내'가 서고 '너'와 사귈 수 있다. 하늘이 있어서 비로소 내가 너와 만날 수 있다. 하늘이시여 내 속에 열리소서.

하늘을 머리에 이어야 곧게 설 수 있다. 하늘을 그리워하고 받들어 모시는 이만 곧게 선다. 하늘을 머리에 이고 곧게 서는 인간을 낳기 위해 생명진화의 역사는 그토록 오랜 산고의 진통을 겪어야 했다.

하늘은 절대, 무한, 허공이다. 하늘을 생각하는 게 철학이고, 하늘을 품는 게 종교다. 마음에 하늘이 열림으로써 자유롭게 되었고, 서로 통하고 사귈 수 있다. 마음속에 하늘을 열어야 나라를 세울 수 있다.

고디 곧게

저를 보는 잣대와 남을 보는 잣대가 같은 사람 이 세상에 없고, 있는 그대로 보려는 사람도 찾아보기 어렵다. 작은 일이든 큰 일이든 곧게 생각하고 행동하는 사람 그립다. 말과 행실이 같은 사람 그립다. 제 속에 곧고 곧은 마음 지어가야 한다.

저마다 제게 구부러지고 우리는 늘 우리에게로 구부러진다. 밝고 환한 햇빛도 구부러지고 크고 넓은 우주공간도 안으로 굽는다. 위선의 껍질은 두터워지고 세상의 어둠과 혼란은 깊어진다.

거짓과 어둠을 몰아내고 혼란을 막으려면 전태일처럼 제 몸에 불을 지르는 수밖에 없다. 제 몸을 불사르는 이만이 남을 곧게 할 수 있다. 고디 곧게 서려면 예수처럼 십자가에 달리는 수밖에 없다. 모든 명예와 욕심을 버리고 손과 발을 못 박고 벌거벗고 하늘 아래 서는 이만이 곧을 수 있다.

군자라야 궁할 수 있다.

공자는 동아시아에서 최고의 성인으로 받드는 인물이다. 그러나 공자의 삶은 험난했다. 세상을 구할 하늘의 뜻을 품었으나 세상 사람이 알아주지 않았다. 공자는 앉은 자리가 따뜻할 새가 없을 만큼 몸과 맘을 다해서 헌신했으나 곤궁할 때가 많았다. 상갓집 개라고 불릴 만큼 신세가 처량할 때도 있었다. 죽을 위험에 처하기도 하고 쫓겨나기도 하고 굶주리기도 했다.

따라다니던 제자가 공자를 보고 따져 물었다. "선생님, 군자도 궁할 수 있습니까?" 공자가 서슴없이 대답했다. "군자라야 궁할 수 있다. 소인이 궁하면 흔들린다." 이 한 마디에서 공자의 존재가 뚜렷이 드러난다. 2천 5백년의 역사를 넘어서 오늘 우리 가슴에 공자의 소리가 쩌렁쩌렁 울린다.

율곡의 깨달음과 죽음

유동식은 한국적인 삶과 정신을 펼친 대표적 인물로 원효, 율곡, 함석헌을 들었다. 세 사람 다 자기 종교를 가졌으나 다른 종교 사상에 열린 자세를 가졌고, 사상과 실천을 아우르는 종합적인 사상가였다.

율곡은 과거시험에서 아홉 번 장원을 했던 조선의 대표적 유학자였다. 어머니 신사임당에게서 학문을 배웠으며 16세에 어머니가 죽자 19세에 산에 들어가 불교를 공부했다. 산에서 참선하는 고승을 만나 "불가의 묘한 이치는 우리 유가에도 있다."고 하자 노승은 "색을 초월하고 공을 초월했다는 말이 무슨 뜻인지 알겠느냐?"고 물었다. 율곡이 「중용」에 "소리개는 하늘에 떠돌고 물고기는 물에서 뛴다고 하였으니 같은 뜻이 아니겠냐."고 대답했다. 사람의 마음이 소리개처럼 자유롭게 하늘에 떠돌고 물고기처럼 유연하게 물에서 뛴다고 풀이함으로써 마음의 자유로운 경지를 보였다.

스물이 채 안 되는 젊은 나이에 율곡은 이미 유교와 불교를 꿰뚫는 깊은 깨달음에 이르렀다. 나이 50이 채 못 되어 죽음을 맞는 모습도 의연하고 당당하다. 율곡이 세상을 뜨기 이틀 전에 바람과 눈보라가 몹시 일어 기왓장이 깨지고 날아갈 정도였다. 율곡은 베개를 안고 일어나 무릎을 꿇고 바로 앉아 "무슨 바람이 이렇게도 세게 부느냐?"고 묻자 제자 유경이 "과히 걱정하실 것 없습니다. 우연일 뿐입니다."라고 대답하였다. 율곡은 "내가 본래 생사에 걱정하는 사람이 아니니 나도 우연히 물어본 것뿐이다."라고 대답했다. 임종 때는 일어나 앉아 자리를 바로 잡고 머리를 동쪽으로 두고 의견을 바로 잡고 깨끗이 세상을 떴다. 여러 차례 재상을 지냈으나 남긴 재물이 없어서 친구의 수의를 빌려 입고 묻혔다고 한다.

한국에 기독교인들이 많지만 율곡처럼 깨끗하고 당당하게 죽는 이가 얼마나 될까? 깨끗이 죽는 이는 삶도 깨끗이 살았을 것이다. 살고 죽는 일에 원칙과 윤리가 서야겠다.

추사 김정희

바다 건너 멀리 제주도로 귀양 가서 학문의 높은 뜻 더욱 굳세고 선비의 곧은 마음 더욱 푸르다. 글과 그림에 담긴 추사의 정신 소나무보다 푸르고 대나무보다 곧아서 푸른 하늘이더라.

외로운 섬 제주도에 묶인 몸으로 한반도와 중국대륙을 내려다보았지 남해의 거친 바다, 대륙의 거센 바람이 추사의 혼을 더욱 힘있게 했을 뿐.

미워하지 않는 사람의 권세

통일될 때까지 신발을 신을 수 없다면서 30 여년을 맨발로 다니며 복음과 민족정신을 일깨운 최춘선 목사님의 비디오를 보았다. 전철에서 소년들에게 "이순신, 안중근, 가짜 이순신, 가짜 안중근"이라고 소리 지르고, 아가씨들에게는 "유관순, 가짜 유관순"이라고 외쳤다.

김구선생과 함께 독립운동하다 함께 귀국했으며, 민족주체의식과 기독교 복음을 온몸으로 전했다. 김포에서 인천국도까지가 최목사님의 땅이었는데, 3000평만 내놓고 다 나누어주었다고 한다. 미워하지 않는 사람의 권세는 제왕의 100배 권세라고 했다. 욕심과 미움을 버린 사람에게서 시원한 바람이 불었다.

참과 사랑의 힘

삶과 정신의 힘은 곧음에서 나온다. 몸과 정신이 곧을 때 몸과 맘에 힘이 난다. 마음이 엉클어지면 몸도 늘어지고 힘이 빠진다. 자신에게 굽으러지고 남에게 굽으러지는 삶은 힘도 없고 더럽고 추하다. 우리가 기도하고 찬송하고 예배드리는 것은 하나님 앞에서 우리의 삶과 영혼이 곧게 서기 위해서다. 하나님 앞에서는 구부러지려 해도 구부러질 수가 없다.

삶과 정신의 활력은 사랑에서 솟아 나온다. 사랑이 삶과 정신의 바탕이고 목적이다. 사랑 없는 삶은 시들고 사랑 없는 영혼은 말라 죽는다. 사랑받고 사랑할 때 기쁘고 힘이 난다. 곧고 참된 사람만이 사랑할 수 있고 사랑 받을 수 있다. 구부러진 사람은 아첨할 뿐 사랑을 하지는 못한다. 겉과 속이 다른 위선자는 사랑할 수도 없고 사랑을 받을 수도 없다. 하나님은 곧음과 사랑이시니 우리는 하나님 안에서 곧을 수 있고 사랑할 수 있다.

빛나려면

빛나려면 자기를 태워야 한다. 모든 물질이 자신을 태울 때 빛이 난다. 자기는 소멸되고 남을 환히 밝힌다. 촛불이 자기를 태워서 어둠을 밝히듯이, 믿는 사람도 자기를 태워서 세상을 밝혀야 한다. 교회는 자신을 태워서 빛을 내는 법을 가르치는 곳이다. 우리가 예배 보고 기도하는 것은 자신을 태우는 것이다. 몸으로 산 제사를 드리는 것이다. 우리 몸과 영혼을 태울 때 빛이 난다.

깨져야 빛난다. 빛나려면 깨어야 하고 깨려면 깨져야 하고 깨지려면 죽어야 한다. 물질의 원자도 깨질 때 큰 힘과 빛이 난다. 물질의 미세한 원자 알갱이가 깨지면 원자폭탄처럼 거대한 힘과 빛이 나온다. 원자, 전자와 같은 미립자들이 녹아져서 결합되면 수소폭탄과 같은 엄청난 힘과 빛이 나온다. 믿는 사람들도 깨지면 빛과 힘을 낸다. 자아가 깨지고 고집과 편견이 깨지면 빛이 나고 힘이 난다. 자아가 녹아지고 서로 하나가 될 때 큰 힘이 나고 밝아진다.

'나'를 비추어 환하게 하려고 빛나는 것이 아니다. 마태복음 5장 16절에서 예수는 "너희 빛을 사람에게 비추어서 그들이 너희의 착한 행실을 보고 하늘에 계신 너희 아버지께 영광을 돌리게 하라."고 하셨다. 나 자신을 비추어 내게 영광을 돌리는 게 아니다. 자기 자신을 비춘다는 것은 자기를 위해 빛을 내는 것이다. 그것은 등불을 켜서 됫박 아래 두는 것과 같다. 됫박아래 등불을 두면 저만 환해진다. 등불을 켜는 것은 저는 어둠 속에 서면서도 남을 환하게 하고 세상의 어둠을 밝히려는 것이다.

7. 건강한 다이어트: 몸이 필요한 만큼만 먹기

비번식기의 삶

동물은 번식기가 끝나면 죽기 마련인데 사람은 번식기를 지내고도 수명이 크게 늘었다. 50세 이후의 삶은 비번식기에 속한다. 번식을 위한 생물학적 욕망에서 벗어난 몸과 맘으로 어떻게 살까?

성적 욕망과 열정이 엷어지면 몸과 맘은 편해진다. 이제 정신세계를 풍요롭게 하는 데 힘을 써야 하지 않을까? 진리탐구를 위해 공부하고 영적 깨달음을 위해 몸과 맘을 단련하고 젊은이들을 가르치고, 이웃을 섬기는 일에 힘써야 마땅하다.

건강한 다이어트: 몸이 필요한 만큼만 먹기

식욕이 성욕보다 더 크고 더 근원적인 욕망이다. 먹어야 산다는 강박관념과 세끼를 다 챙겨 먹어야 한다는 습관적인 생각 때문에 사람들은 흔히 몸이 필요로 하는 것보다 훨씬 많이 먹는다. 그래서 소화기관에 장애가 생기고 몸이 무거워진다. 우리의 몸과 의식이 식욕의 종살이를 하는 것 같다. 몸과 마음이 식욕에서 자유로워져서 필요한 만큼만 먹으면 몸도 편해지고 따로 다이어트 할 필요도 없을 것이다.

본래 인간은 오랜 세월 두끼 먹고 살았는데 최근에야 비로소 세끼를 먹게 되었다고 한다. 사람의 몸은 두끼 식사에 맞추어져 있다고도 한다. 나는 20일 전쯤부터 하루 두끼를 먹고 있다. 간식은 일체 안 한다. 처음 하루 이틀은 오전에 배고픔을 느꼈으나 이내 익숙해졌다. 무엇보다 위장이 편안하고 정신이 맑아져서 책보고 생각하는 데는 더할 나위 없이 좋다.

두끼 먹으면 과식할 것 같은 데 그렇지 않다. 세끼 먹을 때는 과식하기 쉬운데 두끼 먹으니까 위장이 민감해져서 필요 이상 먹으면 거북해 한다. 몸이 원하는 만큼만 먹으니 위장이 편히 쉴 수 있고 몸도 마음도 편하고 시간도 넉넉해지니 얼마나 좋은지 모르겠다. 세끼 먹다 두끼 먹으면 나온 배가 쑥 들어간다고 한다. 따로 다이어트할 필요가 없다.

유영모 선생님은 수 십 년 간 하루 한끼 먹고 사셨는데 90세까지 건강을 지키며 사셨다. 간식하지 않고 하루 한끼만 먹으면 영양실조나 어지럼증이나 목마름이 없고 병도 안 걸린다고 한다. 유 선생님은 80대 후반까지 얼굴 살빛이 청년보다 곱고 밝았으며 건강하셨다. 이 세상에 굶주리는 사람들이 그렇게 많고 식량을 많이 생산하려다 자연생태계를 파괴하고 오염시키며 음식물 쓰레기로 몸살을 앓는 마당에, 적게 먹고 건강하고 몸이 편안하다면 얼마나 좋은가! 두끼만 먹어도 밥이 고맙고 밥 먹는 일이 즐겁다.

젊게 오래 살기

한 미국 의학자가 연구한 내용에 따르면 보통 사람의 몸은 실제 나이보다 15살은 더 늙어 있다. 너무 많이 먹고 운동을 하지 않기 때문에 그렇다는 것이다. 또 한 한국 의학자의 연구에 따르면 한국인의 '건강수명'은 62-3세인데 일본의 건강수명보다 10년이 짧다. 일본인은 적게 먹고 한국인은 많이 먹으며 일본인의 음식은 자극성이 없고, 한국인의 음식은 맵고 짜다는데서 그 원인을 찾았다.

젊게 오래 사는 비결은 적게 먹고 말을 줄이고 몸과 마음을 곧게 하는 데 있다. 적게 먹으면 먹는 게 늘 고맙고 기쁘다. 말을 줄이면 마음에서 힘이 난다. 몸과 마음을 곧게 하면 숨이 깊어지고 몸이 편해진다. 몸과 마음이 부지런해지고 싱싱해진다.

인류가 세끼 먹는 습관은 최근에 시작된 것이고 오랜 세월 두 끼 먹고 지냈다고 한다. 그래서인지 몸은 배가 비어 있는 상태에 쉽게 익숙해지는 것을 느낀다. 밥알 힘에만 의지해서 살지 말고 몸과 마음이 타고난 생명기운이 살아나게 해야 하지 않을까? 하나님이 살아 계심을 몸으로 느끼고 이웃의 삶을 함께 느껴 보려면 내 속이 비어 있어야 할 것이다. 속이 비어서 하나님을 모시고 이웃을 느끼며 사는 사람이 젊게 오래 살 것이다.

미운 사람 예뻐하기

살다 보면 살과 뼈에 사무치게 분한 일, 억울한 일을 겪는다. 분하고 억울하다고 느끼는 동안 삶이 편치가 않다. 그런데 예수는 원수를 사랑하고 박해하는 자를 위해 기도하라고 했다.

남을 괴롭히고 짓밟으면서 씩씩하게 살아가는 사람들 사이에서 학대와 박해로 고통받은 사람이 원수를 사랑하고, 박해하는 자를 위해 기도하는 게 얼마나 어렵고 힘든 일인가? 그래서 흔히 그런 일은 하늘의 천사들이나 할 수 있는 일이고, 진흙 밭에서 사는 우리는 미움과 정에 묻혀 애달캐달 살아가는 게 인생살이로 여기고 산다.

요즈음 단전수련을 위한 안내서를 읽고 있는데 이 책에서 원수 사랑이 몸과 마음의 평화와 기쁨을 위한 조건임을 새삼 배우게 되었다. 미운 사람을 미워하고 저주하면 나쁜 기운이 먼저 나를 해치고 밖으로 나가고 나간 그 기운이 세 배로 커져서 내게로 돌아온다는 것이다. 그렇다면 미워하는 것은 미운 사람을 해치기보다 나를 해치는 어리석은 짓이다.

그러나 미운 사람을 예뻐하고 축복하면 좋은 기운이 열 배로 되돌아오는 기적이 일어난다는 것이다. 나에게 못되게 구는 사람을 미워하지 않고 좋은 마음을 품고 있으면 열 배로 좋은 기운과 일이 돌아온다. 미운 사람의 모습을 아랫배 깊은 곳에 두고 예쁘게 생각하다보면 미움이 녹아져서 몸도 건강해지고 기쁘고 평화로운 마음을 얻게 된다는 것이다.

미운 사람을 예뻐하는 법만 익히면 세상이 얼마나 밝아질까!

보복금지와 원수사랑

예수가 말한 보복금지와 원수사랑은 이상이 아니라 생명 자체에 충실한 것이다. 감정과 관념을 버리면 나와 상대를 있는 그대로 보고 받아들일 수 있다. 원수사랑이 생명에 충실하고 생명을 실현하는 것이다. 보복하는 것은 미움과 원한감정에서 나온 것이고 용서할 수 없다는 관념에서 나온 것이다.

인격적인 모독을 당할 때 함께 모독하고 얼크러지면 둘 다 망가지고 지저분해진다. 모독을 견디고 참을 수만 있다면 나도 빛나고 상대도 아름답고 존귀하게 될 수 있다. 원수를 사랑할 수 없다면 원수에게 공정하고 예의 바르게 행동할 수는 있을 것이다. 그렇게만 해도 더불어 살 수 있는 길이 열릴 것이다. 보복금지와 원수사랑은 삶의 지혜이고, 현실의 영리함이다.

8. 운명은 없다; 마지막—막지 마!

운명은 없다; 마지막--막지 마!

예수는 십자가에서 완전히 넘어졌고 끝장이 났다. 세상에서는 더이상 할 일이 없게 되었다. 나사렛 청년 예수의 십자가 죽음은 그의 삶과 운동의 마지막이었다. 마지막 패배와 좌절이었다. 세상의 모든 세력이 결집해서 예수의 삶과 운동을 끝났다고 선언했다. 십자가에 달아 죽이고 돌무덤에 가두고 군인들이 지켰다.

그러나 하나님은 예수의 마지막을 새로운 시작으로 만들었다. '마지막'을 뒤집으면 '막지 마'가 된다. 세상 권력과 죄악의 세력이 선언한 마지막을 하나님은 '막지 마!'로 만들었다. 부활신앙은 '마지막'을 '막지 마!'로 바꾸는 것이다. 그리스도 안에서 마지막은 '막지 마'가 된다. 부활신앙은 고난과 시련, 절망과 죽음을 뚫고 나가는 것이며, 역사의 돌무덤을 깨는 것이 다. 이스라엘 백성과 신앙의 조상들은 역사의 무덤을 깨고 살아온 이들이다.

믿음은 그럼에도 불구하고 사는 것, 마지막을 막지마로 바꾸어 사는 것, 절망과 체념의 벽을 생명의 문으로 바꾸어 사는 것이다. 믿는 사람이 살아 숨 쉬는 동안에는 삶의 희망이 있는 것이다. 하나님이 인생의 문을 닫을 때 반드시 다른 문을 열어놓으신다. 하나님이 우리의 삶 속에 살아계시기 때문에 생명의 길은 밖에 있지 않고 삶 속에 있다. 하나님을 믿는 것은 벽이 문이 되는 것이다.

믿음은 절대긍정이다

짐정리를 하다가 22년 전 결혼식에서 함석헌 선생님의 주례말씀이 담긴 녹음테이프를 발견했다. 다시 들으면서 감동에 젖었다. 십계명과 팔복을 읽으시고 5분 정도의 짧은 말씀이 이어졌다. "세상이 어렵고 나라가 어렵다. 어려울 때는 이유 없이 본의 아니게 고난을 당할 수 있다. 성공과 실패를 떠나서 어려움을 당할 때는 어떤 어려움이든지 이 어려움이 좋게 되려고 하는 일이라는 확신을 가져야 한다.

믿음은 절대긍정이다. 하나님이 무슨 뜻이 있어서 이 고난과 어려움을 겪게 되는 것이라고 믿고 깊이 생각하다 보면 뜻이 밝아지게 되고 그 뜻대로 살아야 한다."

그리고 이어서 이렇게 기도하셨다. "이제 두 사람이 집을 이루어 살게 되었습니다. 바깥으로는 작은 집이어도 안으로는 넓고 큰 집을 이루게 하십시오. 세상에서 진리를 찾던 이들이 이 집에서는 진리의 씨앗을 얻을 수 있게 하시고 쉴 곳 없어 고단한 이들이 이 집에서 쉼을 얻을 수 있게 하시고 고단한 이에게 찬 물 한 그릇이라도 기쁘게 대접할 수 있는 집이 되게 하십시오."

지난 20 여 년 동안 이 말씀을 잊고 살았던 것 같아서 함 선생님께 죄송했다. 그 때 들었던 말씀 가운데 기억나는 말씀이 없지 않았지만 이 말씀을 자주 들으며 살았다면 좀 더 넉넉하고 신실한 집이 되었을 것 같다.

존재의 넘침

삶은 고독한 것이다. 밥을 먹고 색이고 배설하는 것도 나 홀로 하는 것이고 병이 들어도 홀로 아픈 것이다. 내 속의 아픈 마음도 남이 다 알 수 없다. 남이 나와 꼭 같이 생각하기를 바라는 것도 지나친 욕심이다. 삶이란 자유로운 것이고 서로 다른 것이고 외로운 것, 홀로 사는 것이다.

하나님이 나와 세상을 창조했다는 것은 하나님이 홀로 있기를 바라지 않고, 남과 더불어 있기를 선택했다는 것을 뜻한다. 하나님의 창조는 하나님의 존재의 넘침이고 존재의 나눔이다. 하나님은 선한 의지와 지향을 가지고 더불어 있기를 바란 것이다. 창조신앙은 누군가가 나에게 선한 의지와 지향을 가지고 나와 더불어 있음을 믿는 것이다.

손금의 힘

부활신앙은 온갖 결정론, 숙명론을 거부한다. 멀쩡한 사람이 점쟁이를 찾는다. 기독교인 가운데도 점집을 찾는 경우가 있다. 내 삶의 성공과 실패는 하나님과 나 사이에 결정된다. 내 미래는 아직 결정된 게 아니고 하나님과 나 사이에서 결정 나는 것이다. 내 인생은 하나님의 손 안에 있지 점쟁이가 알 수 있는 게 아니다. 미리 알 수도 없고 알려고 해서도 안 된다. 점쟁이에게 물을 것 없다.

젊은 시절에 영등포 구치소에 있을 때였다. 젊은 교도관 하나가 내가 철학을 공부했다는 소리를 듣고 내게 물었다. "손금 볼 줄 아시오?" "볼 줄 압니다." 나는 손금을 몰랐으나 반쯤 장난으로 안다고 했다. 손을 내밀기에 들여다보니 손금이 참 이상했다. 손금이 제멋대로 몇 개 났는데 그나마 토막 나 있었다. 손바닥을 내밀고 매우 긴장한 걸 보고 손금 때문에 마음고생을 하고 있다고 느꼈다. 그래서 정색을 하고 말했다. "당신이 살다가 위기를 맞았을 때 손금이 당신에게 무슨 힘이 되겠소? 손금이 일어나서 당신을 도울 수 있을 것 같소? 위기를 맞으면 당신이 믿음을 가지고 스스로 헤쳐 가는 길 밖에 없습니다."

하나님을 믿는 사람에게 운명은 없다. 어떤 상황과 처지에서도 하나님을 믿고 일어설 뿐이다. 믿는 사람은 운명론에 빠져서도 안 되고, 점을 쳐서도 안 된다. 동양사상에서도 성인은 점을 치지 않는다고 했다. 스스로 삶의 중심에서 삶을 펼쳐가기 때문이다. 사람은 앞의 일을 미리 알 수도 없고 알려고 해서도 안 된다. 삶은 미리 정해지지 않았기 때문이다. 미리 정해졌다면 하나님은 없는 것이기 때문이다. 설사 안다고 해도 알면 교만해지고 게을러져서 인생과 영혼을 망치게 된다. 앞날의 일은 모르는 것이고 몰라야 한다. 모름을 지키는 것이 믿음이고 삶을 힘껏 사는 자세이다. 성공과 실패는 하나님의 손에 달려 있다. 다만 사람은 주어진 일, 당한 일을 힘껏 할 뿐이다.

막히면 죽는다

밥도 지식도 말씀도 막히면 체한다. 막히면 죽는다. 숨이 막혀도 죽고, 식도나 창자가 막혀도 죽는다. 핏줄이 막혀도 죽는다. 숨이 코와 목에서 허파를 거쳐 배까지 잘 통해야 생기가 나온다. 밥이 식도에서 밑까지 잘 내려가고 피가 잘 돌아야 몸이 편하고 몸에 힘이 난다.

지식과 생각도 머리에서 발끝까지 잘 통하고 뚫려야 정신에 힘이 난다. 성경말씀이 머리 속에만 머물지 않고 머리에서 발끝까지, 손끝까지 통해야 한다. 머리에서 발끝까지 막힘없이 확 뚫려야 시원한 바람이 불고 생수가 강물처럼 솟는다.

지금 여기서 앞으로

지나간 것은 지나간 것이다. 지나간 것을 놓아야 살 수 있다. 지나간 것은 아무 것도 붙잡지 말아야 한다. 빈손, 빈 머리, 빈 맘으로 오직 위로 솟아올라 앞으로 나가야 산다. 지나간 것은 끝난 것이고, 없는 것이다. 어떤 일도 지나간 것은 두렵지 않다. 그리고 어떤 일도 지나가지 않을 것은 없다. 그러니 세상에 두려울 것이 무언가? 삶은 늘 새로 오는 것, 그저 지나가 버리기 전에 붙잡아 참삶으로 들어가야 산다.

지옥 밑바닥을 뚫어라

함석헌 선생이 58세 때 쓴 "빚을 졌거든"이라는 시의 일부다. "인생(人生)은 빚, 흙을 빚어 사람 되다. 사람은 여러 가지 요소(要素)를 빚어 만든 것, 집대성(集大成). 인생(人生)의 모든 것이 제 자작(自作)이 아니고 빌려온 것이다...빚을 졌거든 져라(負). 스스로 지면(自負) 자부심(自負心)이 생긴다. 자부심(自負心)가지면 패(敗)한다. 배반(背叛)한다. 한없이 지는 데가 지옥이다. 지옥에 가거든 그 밑바닥을 뚫어라. 스스로 극악죄수(極惡罪囚)로 처(處)하라. 지옥 바닥이 뚫리면 천국(天國)된다. 지옥 바닥을 뚫거든 전죄수(全罪囚)를 거느리고 탈옥(脫獄)해라. 그러면 구세주(救世主)가 된다. 그리스도는 죄인의 괴수. 그러면 문밖에서 이를 갈고 우는 것은 빚 못 받은 의인(義人)들 뿐이라."
　이 글에서 함석헌의 치열하고 철저하며 근본적인 생각이 드러난다. 지옥을 마다하지 않는 헌신적 삶의 자세, 지옥에 이르면 지옥 바닥을 뚫는 적극적 의지, 지옥의 모든 죄수를 데리고 탈옥하는 공동체적, 해방적 실천이 돋보인다. 주어진 안락한 현실에 안주하려는 마음을 찾아볼 수 없다. 자신을 버리고 지옥에 내려가 함께 살길을 찾는 초월적 공동체적 삶의 의지와 자세가 충만하다.

7장

하나님을 즐거워 하다

7장 하나님을 즐거워 하다

1. 하나님을 즐거워 하다

하나님

철학자 막스 쉘러는 한국의 '하나님'이 세계적으로 매우 의미 깊은 신(神) 명칭이라고 했다. 서구언어에서 신을 나타내는 God, Deus 는 말 자체로는 특별한 의미를 지니고 있지 않다. 그런데 '하나님'에서 '하나'와 '님'은 매우 의미 깊고 소중한 말뜻을 지닌다. '하나'는 하나됨, '하나임'을 뜻하고 '님'은 그리운 이를 뜻한다.

'하나'는 단순히 숫자 '하나'를 뜻하지 않고 갈라지지 않은 전체를 나타낸다. 갈라진 상대세계에서 누구나 '하나됨'을 갈망한다. '하나됨'은 모든 철학과 종교, 정치와 교육, 예술과 문화의 목적이기도 하다. '하나됨'을 이루기는 어렵다. 나뉘어지지 않은 전체를 이성이나 개념을 가지고 생각할 수도 없다. 나뉠 수 없는 '하나'의 세계는 궁극적 절대적 신비의 세계이다.

하나님, 하느님, 한우님, 한울님, 하날님의 뿌리말은 '한님'이다. '한'은 겨레를 나타내는 말인데 '하나'(一), '하늘'(天), '우'(上)를 뜻한다. 또 '한'(=환)은 '밝고 환함'을 뜻한다. '하나님'이란 말 속에 이렇게 깊은 뜻을 담아주신 '한님', 너무 고맙다. '하나님'을 부를 때마다 서로 하나로 되고 영혼은 하늘 위로 솟아오르고 밝고 환한 삶이 시작된다.

하나님께 나아가는 기도

늘 하나님을 생각하게 하소서.
하나님을 향해 날개 쳐 오르게 하소서.

잠에서 깰 때 하나님을 맘에 모시게 하소서.
일할 때나 사람을 만날 때,
하나님을 우러르게 하소서.

삶이 힘겨울 때 하나님을 부르게 하소서.
홀로 조용한 시간에 하나님께 나가고
잘 잘 때 하나님 품에 들게 하소서.

하나님 앞에 운명이 없음을 알게 하소서.
정해진 길도 없음을 알게 하소서.

지나온 길, 남이 걸어온 길이
내 길이 아님을 알게 하소서.
하나님 안에서 하나님과 더불어
이제 여기서 내가 내딛는 발걸음에서
길이 생겨남을 알게 하소서.
오직 님이 길이고
님과 함께 사는 삶이 길임을 알게 하소서.

하나

마음은 늘 하나로 모아져야 한다. 렌즈의 초점이 하나로 모아지면 햇빛에서 불이 나듯이, 마음이 하나로 모아지면 생명의 불이 붙는다. 근심, 걱정, 미운 감정, 분한 생각, 온갖 잡념 다 비워야 마음이 하나로 되고 정신의 불이 난다.

나눌 수 없는 "하나"는 생각할 수 없다. 생각이나 물질의 빛이 들어갈 수 없는 깜깜한 세계이다. 하나는 물질과 생각을 넘어선 절대초월, 없음과 빔의 세계이다. 영혼은 "하나"를 품어서만 살 수 있다.

하나님을 즐거워 하다

있다 없다 하는 생각은 제3자의 구경꾼 심리에서 나온 것이다. 하나님이 있다거나 없다거나 하는 생각과 관계없이 하나님은 생명과 정신, 모든 있음, 이어감, 존재 만물의 영원한 반석이다. 하나님을 믿는 순간 우주만물의 존재와 생명과 정신의 중심과 주체로 서는 것이다. 삶과 존재의 무한한 깊이와 높이와 크기가 주어진다. 자유와 용기, 겸허와 사랑이 가능해진다.

하나님은 모든 존재와 생명과 정신의 긍정이다. 그 모든 것의 창조적 근원이고, 중심, 주체, 목적과 방향, 근거와 힘이다. 하나님은 모든 존재와 생명과 정신의 존재의지이며 생명의지이고 자유의지이다. 모든 존재와 생명을 그 자체로서 있게 하고 세워주고 키워주는 사랑과 정의의 의지이다.

모든 물질은 안과 밖이 일치되어 있다. 생명은 안에 주체가 생긴 것이다. 정신은 주체를 반성하고 초극하고 초월하려는 의지이다. 그러나 모든 물질과 존재에도 지향과 의식이 있다. 있으려는 있자는 자기를 존속하고 지키려는 경향과 지향이 있다.

하나님은 이 모든 것의 확실한 근거이고 힘이며 토대이다. 가정, 나라, 세계도 하나님에 근거할 때만 무궁하게 힘 있게 있을 수 있다. 하나님은 절대초월이고 자유이므로 사랑과 의 안에서 겸허와 비움 속에서 하나님과 동일시하면 우주세계를 움직이는 중심과 주체가 될 수 있으나 욕심과 편견과 집착으로 하나님과 동일시하면 하나님을 왜곡하고 은폐하며 독선과 자기 절대화에 빠진다. 하나님은 악용되고 모독당한다. 그래서 세상은 망하는 길로 간다. 그러나 하나님의 참 자녀는 참 삶의 길로 가며 세상을 사는 길로 이끈다.

하나님, 하늘을 대하는 세 가지 자세가 있다. 지천(知天)은 하나님을 알려고 하나님을 탐구하는 자세다. 이것은 하나님을 학문적 지식의 대상으로 삼는 것이다. 낙천(樂天)은 하나님을 내 즐거움과 기쁨의 대상으로 삼는 자세다. 이것은 하나님을 알 뿐 아니라 신앙적 경건의 감정으로 만나고 사귀는 자세다. 제천(祭天)은 나를 희생하고 헌신하여 하나님을 우러르고 받들고 섬기는 자세다. 이것은 하나님을 알고 사귈 뿐 아니라 하나님의 딸/아들로서 하나님의 뜻을 이루기 위하여 자신을 바쳐서 하나님을 섬기는 자세다.

하늘을 알고 하나님과 사귀는 것은 하나님을 벗으로 여기는 것이고 하늘을 섬기고 그 뜻을 이루는 것은 하늘의 아들/딸 노릇을 하는 것이다. 하나님을 믿고 예배하고 기도하는 것은 하나님을 벗으로 알고 어버이로 아는 것이다. 예전에는 황제만이 하늘의 아들(天子)로서 나라와 인민을 위하여 하늘 제사를 드렸다. 민주시대에는 민이 자신과 세상을 위하여 하늘 제사를 드린다.

빔과 없음이 모든 물질을 넘어선 하나님의 얼굴이고 바탈(本性)이다. 빔과 없음만이 하나(전체)이고 초월이며 자유이다. 하나님을 품으면 빔과 없음을 끌어안으면 모든 정신분열과 우울증은 사라진다. 하나님을 알고 하나님과 사귀며 하나님께 기도하는 사람은 생사를 넘는 자유를 누리며 이해관계, 선악, 성공과 실패에서 자유로운 삶에 이르며, 생동하는 삶을 살 수 있다. 그런 사람은 진실과 용기, 겸허와 사랑으로 살 수 있고, 만인에게서 자유롭고 만인의 종이 되는 역동적이고 오묘한 삶을 살 수 있다.

하나님이 있다 없다 하는 것은 부질없는 소리,

내 존재와 영혼의 끄트머리가 깨지고 중심이 부서질 때 내가 허공 속에 던져지고 내 몸과 마음이 허무와 무의미의 늪에 빠질 때 우주가 허공 속에서 생겨나고 부서지고 무너질 때 있는가, 없는가? 있어야 하는가, 없어야 하는가? 없다면 허무와 죽음, 체념과 무의미 있다면 힘과 생명, 아름다움과 사랑의 세계가 펼쳐진다.

하나님

사람만이 하나님을 생각하고 부를 수 있다. 다른 생명체들도 하나님을 느끼는지 모르나 의식적으로 하나님을 믿고 생각하고 부르는 것은 지구 위에 사람밖에 없다. 동양이나 서양에서 하늘은 하나님을 나타낸다. 다른 동물들은 하늘의 일부만 보는데 두 발로 곧게 서서 머리를 하늘로 두고 사는 사람은 하늘 전체를 볼 수 있다고 한다. 하늘은 무한, 초월, 절대, 자유, 텅 빔, 없음을 나타내는데 이것은 다 하나님을 나타내는 말이기도 하다. 사람은 하늘을 품고 그리워하고 우러르며 사는 존재이다. 하나님을 그리워하고 부르고 섬기는 것은 사람만이 할 수 있는 것이고 사람이 하는 일 가운데 가장 아름답고 위대한 일이다. 세상에 사람으로 나서 하나님을 생각하고 부르면 사람으로서 보람이 있고 사람 구실을 하는 것이라고 생각한다.

우리가 쓰는 하나님이라는 말에는 깊은 뜻이 새겨져 있다. 우리 말 "한"은 "하나다, 크다"는 뜻도 있고 "환하다, 밝다"는 뜻도 있다. 그래서 하나님이란 말에는 "큰 하나이신 님"이란 뜻도 있고 "밝고 환한 님"이라는 뜻도 있다. 하느님이라고 하면 "하늘에 계신 님"을 뜻한다. 막스 셸러라는 독일의 유명한 철학자는 신을 부르는 말 가운데 한국의 하나님처럼 철학적이고 심오한 말이 없다고 했다. 이것은 절대자를 나타내고 가리키는 말이지 이름은 아니다. 그리스 로마 신화에서처럼 신들이 많을 때 제우스, 아폴로, 디오니소스와 같이 이름을 가진 신들이 있지 한 분이신 하나님에게는 이름이 필요 없다.

한겨레, 한민족인 우리 조상들이 하나님을 부르는 동안에 알게 모르게 "큰 하나이고 밝고 환한 삶"을 추구하게 되었다. "하나"라는 생각이 꽉 차 있어서 한국 사람은 남에게 떨어지는 것을 견디지 못한다. 남이 삐삐를 차면 다 삐삐를 차고 남이 핸드폰을 가지면 다 핸드폰을 가져야 하고 남이 무슨 영화를 봤다 하면 다 그 영화를 보아야 한다. 수 십 만 명이 모여서 함께 응원을 한다. 교육열이 높고 경쟁이 심한 것도 이런 민족심리에서 온 것으로 여겨진다. 하나 됨을 너무 열망하기 때문에 하나 됨을 느끼지 못하면 갈라지고 싸운다. 그러나 또 어려운 일이 닥칠 때, 천재지변이 났을 때 우리민족처럼 서로 잘 돕는 이들도 드물다. 갈라지고 싸우는 것도 하나 됨을 바라는 마음에서 나온 것이니까 희망이 있다. 우리가 하나님을 부를 때 이런 마음이 담겨 있고 또 하나님을 부르면서 이런 마음이 생겨났다.

하나님에 대하여

생명과 정신의 세계에서는 신비하고 신통한 일이 없지 않고 신앙의 모험과 삶의 기적도 일어난다. 절망 속에서 희망을 찾고 죽음을 넘어서 새 삶을 열어가는 것이 생명과 정신의 실상이기도 하다. 그러나 이제껏 역사와 사회에서 망하는 나라를 기적으로 구한 경우는 없었다. 하나님은 한 번도 망하는 나라를 기적으로 구원한 일이 없었다. 나라가 망하는 것을 잠시 지연시킬 수는 있어도 망하는 나라를 안 망하게 할 수는 없었다. 하나님도 그런 일은 할 수 없었거나 하지 않았다. 이스라엘이 망하고 유대가 망할 때도 하나님은 망하게 하셨지 이스라엘과 유대를 구원하지 않으셨다. 또한 하나님은 이스라엘과 유대의 백성들을 50년 이상 바벨론에서 종살이 하도록 버려두셨지 기적을 일으켜서 구원해 주시지 않았다.

이 참혹하고 실패한 이스라엘 천 년의 역사를 통해 하나님은 무엇을 가르치려고 하신 것일까? 이사야 53장 고난의 종 이야기는 하나님이 어떤 분이고 하나님의 구원이 어떤 것인지 오롯이 가르쳐 준다. 볼품없이 수치스럽게 고난당하는 사람을 통해서 하나님은 자신의 존재와 본성을 드러내시고 나와 너와 그가 고난 속에서 화해와 일치에 이르고 죄와 병의 치유와 구원에 이르게 하신다. 생명과 정신은 스스로 하는 것이고 스스로 하는 주체의 깊이와 자유에서 전체의 하나 됨에 이르는 것이다. 하나님은 하늘은 생명과 정신이 스스로 하는 주체의 깊이와 자유에 이르고 전체의 하나 됨에 이르는 자리이고 품이다. 하나님은 고통스러운 인류 역사와 사회를 통해서 사람들이 저마다 주체의 깊이와 자유에 이르고 전체의 하나 됨에 이르도록 이끄신다. 하나님은 사람의 생명과 정신의 속의 속에 계신 분이며 지금 여기서 고통당하는 생명의 속의 속에 계신 이다. 하나님은 결코 물리적이고 신체적이며 기계적인 기적, 마법적이고 기복적인 기적을 일으키시는 이가 아니다. 물리와 물질, 신체와 기계도 신통하고 신비한 것이지만 하나님의 뜻과 목적은 신통한 물질과 기계를 만드는데 있지 않다. 하나님의 뜻과 목적은 자신의 딸/아들을 낳는데 있다. 하나님의 구원은 오직 사람이 하나님의 자녀가 되는 것이다. 하나님의 아들/딸이 되어 하나님의 형상을 실현하고 하나님의 뜻과 일을 이루는 것이 참된 구원을 얻는 것이다. 이런 구원을 얻게 하려고 하나님은 그토록 오래 참고 기다리시는 것이다. 이런 구원은 결코 기계와 마법의 힘으로 얻을 수 있는 것이 아니다. 온갖 고난과 죽음, 실패와 패배, 좌절과 절망, 상처와 슬픔을 겪게 해서라도 하나님의 자녀가 되어 주체의 자유와 깊이에서 전체의 하나 됨에 이르러 생명과 역사의 본성과 목적을 실현하고 완성하게 하는 것이 하나님의 진정한 구원이다.

이스라엘 역사의 고난 속에서 나온 고난의 종 이야기만으로도 부족해서 하나님은 아들 예수의 고난과 죽음을 통해서 구원의 길을 열었다. 십자가의 죽음과 부활에 대해서도 새롭게 생각해야 한다. 예수가 십자가에 달려 죽었는데 죽은 예수를 하나님이 살리셨다는 주장은 잘못 해석할 여지가 크다. 하나님은 이제껏 죽어가는 사람을 영원히 죽지 않게 하는 일은 하시지 않았다. 죽음을 잠시 지연시키거나 조금 더 오래 살게 할 수는 있어도 이제껏 아무도 죽지 않고 사는 사람은 없으며 죽었다가 다시 살아난 사람도 없다. 하나님의 아들 예수조차도 십자가에서 얼마나 수치스럽고 무기력하게 죽어갔던가! 하나님은 당신의 아들조차도 고난과 수치와 죽음에서 구원하지 않았다. 예수가 부활했다는 말은 죽은 예수의 시체가 다시 살아나는 신체적이고 물리적인 기적을 일으켰다는 말이 아니다. 죽은 자들은 죽은 자들이 장사를 지내게 하고 산 자들은 나를 따르라고 하신 예수가 죽은 시체에 집착하고 머물 리가 없다. 하나님은 죽은 자의 하나님이 아니라 '산 자의 하나님, 아브라함과 이삭과 야곱의 하나님'이라고 예수는 분명히 말씀하셨다. 아브라함이 살아 있을 때는 오로지 아브라함과 함께 하신 하나님이고 이삭이 살아 있을 때는 죽은 아브라함의 하나님이 아니라 산 이삭의 하나님이다. 야곱이 살아 있을 때는 야곱의 하나님이다. 예수가 말한 하나님은 죽은 예수의 하나님이 아니라 지금 여기서 우리와 함께 살아 있는 예수의 하나님, 오늘 여기서 사는 우리의 하나님이다. 예수의 부활은 죽은 예수의 시체의 부활이 아니다. 죽은 시체는 돌무덤 속에 가둘 수 있어도 예수의 생명과 정신, 뜻과 사랑은 시체를 넘고 돌무덤을 깨고 살아나서 갈릴리로 예루살렘으로 세계로 살아나고 베드로와 요한과 바울을 통해서 하나님의 아들로서 영원히 살아 있는 것이 참된 부활이다. 하나님의 아들 예수는 모든 사람을 하나님의 딸/아들로 이끌고 해방시키는 이이며 하나님의 아들과 딸이 되도록 부르는 것이 복음이고 하나님의 딸과 아들로 사는 것이 하나님의 나라다.

로마서 8장의 말씀대로 우주 만물이 허무와 죽음의 운명에서 신음하고 탄식하면서 하나님의 아들/딸들의 탄생을 고대하고 있다. 하나님의 아들, 딸들이 태어나서 아들과 딸 구실을 제대로 해야 우주 만물도 허무하게 소멸하고 죽어가는 운명의 사슬에서 벗어나 영원한 생명의 영광과 보람에 참여할 수 있다. 하나님의 자녀들은 우주와 생명진화와 인류의 역사 속에서 하나님의 창조와 구원 사업, 하늘나라의 유업을 이어받아 하나님의 뜻과 목적을 실현하고 완성할 사명과 책임을 지고 있다. 하나님의 자녀들은 창조자 하나님의 공동 창조자요 구원자 하나님의 일동무다. 이것이 하나님의 형상대로 지음 받은 인간의 본성과 사명이고 예수의 죽음과 부활 속에서 확인된 하나님의 자녀들의 사명이다.

2. 창조와 개벽의 근원—사랑

하나님을 부름

하나님을 몸과 맘에 모시려면 하나님을 몸과 맘으로 불러야 한다. 그런데 내가 하나님을 부르기 전에 하나님이 먼저 나를 부른다. 하나님이 나를 부르고 찾으므로, 나는 하나님을 부른다. 내가 하나님을 부르는 것은 하나님이 나를 부르는 소리를 듣고 내 존재와 삶을 여는 것이다.

하나님은 무한히 크고 거룩하신 분이고 나보다 내게 더 가까운 분이다. 내 속의 속이며 나를 깨우고 세우는 분이다. 나를 무한히 자유케 하고 무한히 열어 주고 우주의 생명의 중심에 세우는 분이고 나보다 나를 더 잘 아는 분이다. 하나님이 나를 부른다. 흘러가는 무심한 강물이나 말없는 바위를 통해서, 들꽃이나 새의 기쁜 삶을 통해서 그리고 고통받는 이웃의 신음소리와 다정한 님의 말을 통해서 그리고 성서의 말씀을 통해서 하나님은 나를 부른다.

하나님을 모시기 위해서는 내 속을 열어서 비워야 한다. 내 속을 열고 비우면 하늘 바람, 생명바람이 통한다. 하나님을 부름은 하나님의 생명을 숨쉼이며, 영을 숨쉼이다. 하나님을 부르지 않으면 말라죽고 썩는다.

마틴 부버의 말대로 하나님이란 말에는 수천, 수만 년 동안 수많은 사람의 한숨과 눈물과 염원 그리움, 간절한 마음이 담겨 있다. 따라서 하나님을 부를 때는 정성으로 불러야 한다. 하늘과 땅이 울리게, 과거와 미래가 울리게 불러야 한다. 믿으며 사는 이는 몸으로 혼으로 존재와 삶의 떨림으로 하나님을 부르고 모신다. 그러므로 하나님을 믿는 종교는 체험의 종교다. 생명의 힘과 원천인 하나님을 부르며 찬미하고 하나님께 영광 돌리면 내가 살아난다. 하나님을 참으로 부르기만 하면 허무와 죽음과 죄에서 벗어나 모두 함께 사는 생명의 세계로 들어갈 수 있다. 하나님을 참으로 부르면 서로 살리고 더불어 사는 하나님 나라가 열린다.

'하나님'에는 밝고 따뜻한 삶, 크고 하나인 삶에 대한 조상들의 염원과 생명의 임이신 '한님'(하나님)에 대한 한겨레의 그리움과 공경이 담겨 있다. 정성을 다해 진실하게 하나님을 부르면 우리 조상들의 간절한 염원과 신앙적 영성이 우리 속에서 살아날 것이다.

하나님은 우주의 혼, 인격, 뜻이다. 우주 안에 인간보다 높은 인격과 혼이 있다고 믿는 믿음이, 적어도 인간의 정신과 영혼을 위해서는, 더 합리적이고 과학적이다. 믿는 사람은 죄와 죽음의 세력에 맞서, 허무와 혼돈, 무의미와 퇴폐에 맞서 하나님을 부른다. 정의와 진리에 대한 목마름으로 하나님을 부른다. 하나님을 불러 모심으로써 서로 죽임의 세계에서 서로 살림의 품을 열고, 어둠의 세계를 밝히는 등불을 켠다. 하나님을 불러 모심으로써 우주적인 빛과 생명의 원천을 우리 속에 모시어 들인다. 하나님을 믿음은 하나님을 모심이고 하나님을 모심은 삶에 대한 절대 긍정이며, 있는 그대로의 삶에로 돌아감이다. 있는 그대로의 순수한 생명은 창조자 하나님의 은총과 서로 통한다. 있는 그대로의 삶에서 강인한 생명력이 솟는다.

흙처럼 자아를 비우고 겸허한 이만이 하나님 앞에 설 수 있고, 하나님을 모실 수 있다. 창조자가 흙으로 사람을 지어서 생기, 숨을 불어넣어 주었다. 흙 가슴만이 하나님의 생기, 숨을 모실 수 있다. 흙 가슴은 회개하는 마음이다. 하나님 앞에 자기자랑과 욕심을 버리고 겸허하게 흙 가슴이 되어 하나님의 생명을 품어야 한다. 흙 가슴으로 하나님의 생기를 품으면 하나님의 생명이 싹트고 자란다.

하나님을 모신 사람은 흙처럼 겸허하지만, 온 천하보다 크고 존귀하다. 우주보다 크고 하늘의 별보다 높은 분을 모셨기 때문이다. 동학에서는 사람이 하늘이며, 사람을 하늘처럼 섬기라고 가르쳤고 강증산은 사람이 하늘(이념)이나 땅(물질)보다 더 존귀하다고 가르쳤다. 사람의 영혼이 온 천하보다 귀하다는 성서의 말씀과 19세기 민중종교의 사람존중의 가르침은 서로 통한다. 온 우주의 창조자와 주인인 하나님을 모신 사람은 하나님과 함께 우주를 창조하고 형성하는 주체가 된다. 우주 생명의 중심인 하나님 안에서 인간은 새로워지고 우주생명의 중심에 선다. 하나님을 부름으로써 하나님과 함께 우주생명의 중심에서 그리고 우주생명진화의 끝에서 허무와 죽음을 넘어서 불의와 죄악에 맞서 서로 살리는 생명운동을 펼친다.

우주생명의 중심이고 내 존재와 삶의 중심인 하나님은 또한 내 존재와 삶의 참된 바깥(초월)이며, 나와는 참으로 다른 존재이다. 나와는 다른 분이기에 말 걸고 만나고 사귈 수 있는 분이다.

하나님을 모르고 제 안에 갇혀 사는 이는 제 눈으로만 보고 생각하기 때문에 '남'(other)과 '다름'(difference)을 볼 수도 인정할 수도 없다. 그에게는 '자아'를 위해 굴절되고 왜곡된 '너'와 '다름'이 있을 뿐이다. 그에게는 독백(monolog)만이 가능하고 '나와 다른 남'과의 대화와 사귐은 불가능하다. 하나님을 부름은 내 존재, 내 삶의 바깥에 있는 생명의 임을 만나고 사귐이다. 나 홀로 살지 않고 더불어 삶이다. 더불어 살 때 신명나고 기쁘고 보람있다. 하나님을 부름은 하나님과 이웃의 다른 생명을 인정함이다. 하나님을 부름으로써 메마른 나의 감옥에서 벗어나 너의 생명을 인정하고 너와 더불어 있다. 하나님을 부름은 이웃의 삶을 인정함이다. 하나님을 부름은 이웃과 더불어 살려는 결단이며 행위이다. 하나님을 부름은 새로운 공동체적인 삶에로 나감이다.

하나님을 모신 사람은 하나님과 이웃에게 열린 존재다. 자신을 열고 자신을 남에게 내어놓기 때문에 두렵고 떨리는 존재이고 상처받을 수 있는 존재이다.

하나님을 내 안에 모셨으므로 나의 삶이 소중하다. 나는 과거와 미래에 매이지 않고 오늘 나의 삶을 온전히 받아들인다. 하나님을 소중하게 모신 사람은 있는 그대로의 삶을 힘껏 살기에 하늘과 땅과 자연의 삶에 두루 통한다. 들꽃과 하늘의 새의 삶을 느끼고 이웃과 우주의 삶에 통하는 '하나'인 삶, 존재의 편안함과 여유를 지닌 삶을 살 수 있다.

하나님 품

오늘의 기도

세상 일 내 뜻대로 안 되어도
하나님께 나가는 일
내 뜻대로 할 수 있지요.
하나님 사랑 하고
하나님 공경하는 일이야
누구 허락 맡고 하겠습니까?
하나님 품속에 안기는 일이야
누가 막겠습니까?
하나님 안에서 자유로운 것보다
더 크고 좋은 일 없으니
하나님만 품고 하나님 품에 안겨지게 하소서.

하나님 품

하나님 품속이면 거리낄 것 없고 매일 것 없다. 나는 없고 하나님
만 계시니 님 아닌 것 없다. 하나님 안에서만 너와 나의 막힘없고 다
뚜렷하다. 너도 나고 그도 나다.

하늘 땅 사이에 나밖에 없다. 나 없으면 아무 것도 없다. 누가 나를 움직일까. 나만이 나를 움직이지. 느끼고 생각하고 말하고 행동하는 것도 내가 한다. 내 몸과 맘을 움직이는 것은 나다. 하나님은 "나는 나다!"고 하시는 이니 하나님 안에서만 "나는 내가 될 수 있다."

나는 나이면서 그이가 되어야 한다. 너도 나도 그도 함께 긍정하는 그이가 되어야 한다. 내가 나를 뭐라 하는 것보다 남이 나를 그이라고 불러주는 때 비로소 나는 사람 되는 것이고 하나님 자녀가 되는 것이다.

관상이 아무리 좋아도

관상이 아무리 좋아도 눈빛이 죽어 있으면 나쁜 관상이고, 관상이 아무리 나빠도 눈빛이 살아 있으면 좋은 관상이라고 한다. 관상보다는 심상이 중요한데 심상은 눈에 나타나기 때문이다. 아무리 관상이 좋아도 자신을 못난이로만 여기고 "나는 재수 없는 놈이라 하는 일마다 안 된다."고 여기고 체념과 절망에 빠져 살면 정말 재수 없는 인간이 된다. 또 아무리 관상이 나빠도 무슨 일이든 정성을 다하고 온 힘을 다하여 하루하루를 힘껏 살면 인생길이 환해지게 마련이다. 그러므로 마음 속 생각이 관상보다 더 중요하다.

하나님을 믿는 사람에게는 관상도 없고 심상도 없다. 오직 하나님의 형상이 있을 뿐이다. 하나님이 사람을 지으실 때 하나님의 형상대로 지으셨다고 성서는 말한다. 하나님의 형상은 무엇인가? 첫째 창조자 하나님의 형상은 창조자적 주체성과 자유이다. 주체성과 자유가 없으면 창조할 수 없다. 둘째 인간과 우주를 지은 하나님의 형상은 깊은 사랑과 정의이다. 사랑과 정의를 가지고 인간과 우주를 지으셨다. 하나님의 형상을 지니고 사는 이에게는 관상도 심상도 없고, 운명도 없다. 하나님의 형상을 지닌 사람은 인생길, 역사와 생명진화의 길을 스스로 지어간다.

하나님의 창조

"태초에 하나님이 천지를 창조하시니라" 창세 1장 1절

시간과 공간 속에서 물질의 세계에서 태초는 없다. 이성과 관념, 논리와 개념의 세계에서 태초는 생각할 수 없다. 태초는 시간과 공간이 비롯되는 자리, 모든 물질세계가 생겨나는 근원이다. 우리의 이성과 개념, 생각이 가 닿을 수 없는 자리이다. 시간과 공간, 우주만물, 개념과 논리를 넘어서는, 모든 생각이 끊어지는 거기는 하나님이 계신 자리이다.

하나님이 계신 자리는 시간과 공간, 물질의 세계가 아니므로, 하나님의 존재와 창조세계가 연속되는 것도 동일한 것도 아니다. 하나님의 존재와 창조세계의 존재 사이에 건널 수 없는 "없음과 빔"의 심연이 있다. 하나님의 창조는 없음과 빔의 심연을 넘는 자유로운 사랑의 행위이다. 하나님의 조건 없는 사랑, 아가페에서 하나님의 존재 밖에 시간과 공간의 창조세계가 생겨났다. 하나님의 사랑에서 시공과 만물이 생겨났다. 하나님의 사랑 안에서 하나님의 존재와 만물이 통

한다.

창조세계의 만물은 사랑에서 피어난 것이며, 하나님의 존재와 사랑을 가리키고 드러낸다. 나의 손은 하나님의 사랑에서 생겨났고 하나님의 사랑을 드러내고 가리키자는 것이다. 하나님의 사랑은 만물과 인간의 존재의 깊이고 목적이다. 사람의 몸은 사랑으로 빚어진 것이므로 그 자체로 아름답고 소중한 것이며, 그 사랑을 드러낼 사명을 지고 있다. 나의 몸은 빔과 없음의 늪에서 피어난 사랑의 꽃이다.

창조와 개벽의 근원--사랑

하나님이 말씀으로 세상을 창조했다고 성경은 말한다. 세상을 창조한 말씀은 신의 의지이며 사랑이다. 사랑은 세상을 초월한 자리이며, 생명 창조와 역사 개벽이 일어나는 자리다. 이기고 짐이 없고, 살고 죽음이 없고, 잘 되고 못 됨이 없는 자리다. 겨도 지지 않고 죽어도 죽지 않는 자리, 전체를 품고 아우르는 자리이다. 개체와 전체, 나와 너, 과거, 현재, 미래가 하나로 통하는 곳이다.

하나님의 사랑은 공자의 인(仁), 석가의 공(空), 노자의 도(道)이다. 사랑이 곧 정의인 자리이다. 생명과 역사, 우주만물의 창조와 개벽이 일어나는 원점이다. 오직 믿음으로만 들어가는 자리, 마음이 하나로 통일되어야 들어가는 자리이다. 거기는 절망할 수 없고, 죽을 수 없고 질수 없는 자리다. 영원히 사는 자리다.

하나님의 형상을 드러냄

모든 것이 서로 의존되어 있다는 연기설을 말한 석가가 태어난 지 8일 만에 "하늘과 땅 아래 나 홀로 존귀하다."고 말했다고 한다. 물질과 역사의 세계에서 모든 것은 서로 의존하며 전체를 이루고 있다. 탐욕과 분노와 편견을 멸하면 이기적인 자아를 넘어서 전체의 자리에 설 수 있다. 전체의 자리에 선 나는 모든 것에서 자유로운 존귀한 '나', 윤회와 인연의 사슬에서 벗어난 '나'다.

이집트에서 종살이하는 이스라엘 백성을 구하라는 사명을 하나님으로부터 받은 모세가 하나님의 이름을 물었다. 하나님은 "나는 나다"(야훼)고 대답했다. "나는 나다"는 이름이 아니다. '나'는 생명과 정신을 가진 존재자라면 누구나 저마다 가지는 것이지 어떤 존재자의 고유한 이름이 아니다. 하나님은 모든 것을 초월하고 아우르는 전체이며 참된 주체다. 이스라엘 백성이 종살이하는 이집트는 전체가 깨진 사회다. 이스라엘 백성은 주체를 잃은 종이고 이집트 왕과 군대는 주체인 사람들을 종으로 만드는 억압자 주인이다. 이로써 주인인 이집트 왕과 군대는 스스로 전체를 깨트리고 주체를 억압하는 반생명적, 반영성적 악인들이다.

하나님은 전체로서 주체임을 선언하는 분이다. 하나님을 모시고 사는 씨올은 '스스로 하는' 주체로서 전체를 살리는 이들이다. 하나님의 형상을 품은 하나님의 자녀로서 씨올은 스스로 "나는 나다!"고 선언하고 주체가 되어 전체를 실현하고 완성한다. 참된 주체와 전체인 하나님의 아들/딸인 씨올은 참된 주체와 전체의 씨알맹이, 속알을 지닌다. 성경에 따르면 하나님이 사람을 자신의 형상대로 창조했다. 하나님의 형상이란 무엇인가? 그것은 하나님의 본성과 존재를 드러내는 것이다. '주체와 전체의 하나 됨'이 하나님의 본성과 존재를 드러내는 것이고 그것이 바로 하나님의 형상이다. 주체와 전체는 사랑과 정의를 통해 하나로 통일되고 실현되고 완성된다. 사랑 안에서 비로소 주체와 전체가 드러나며 정의 안에서 주체와 전체가 실현된다. 사람의 속알맹이 속에 하나님의 형상이 새겨 있고 사랑과 정의 안에서 사람의 속알이 싹틀 때 주체이며 전체인 하나님의 형상이 뚜렷이 드러난다.

혼돈과 공허를 딛고 사는 삶

맨 처음에 하나님이 세상을 지으실 때 땅이 혼돈하고 공허하며 어둠이 깊음 위에 있었다고 한다. 혼돈과 공허, 깊은 어둠 속에서 하나님은 말씀으로 천지만물을 지으셨다. 최근에 제기된 과학자들의 주장에 따르면 우주는 한 점이 폭발하여 수천 억 조 분의 1 초 만에 우주 세계가 펼쳐졌다고 한다. 십 분의 1 초도 생각하기 어려운데 수천 억 초 분의 1초라는 순간은 상상하기도 어렵다. 그 짧은 순간에 이 큰 우주가 펼쳐졌다니 마술도 이런 마술이 없고 기적도 이런 기적이 없다. 하나님이 말씀으로 지었다는 말이 더 쉽게 받아들여진다.

이 세상이 혼돈과 공허 속에서 깊은 어둠 속에서 지어졌다는 것은 인생과 우주가 혼돈과 공허 위에 있고 깊은 어둠에 둘러 싸여 있음을 말해 준다. 돌이켜 보면 인생살이가 깊은 어둠에 싸여서 혼돈과 공허를 딛고 사는 것 같고 물 위를 걷는 것 같다. 잘못 디디면 천길 만길 나락으로 떨어지고 한번 흔들리면 끝없는 혼돈 속에 빠진다. 인생에서 확실한 것이 무엇인가? 천지만물을 지은 하나님의 말씀뿐이다. 하나님의 말씀을 붙잡고 말씀의 날개를 타고 하나님께로 올라가야 믿음과 사랑, 평화와 정의의 세계가 힘 있게 설 것이다.

혼돈의 괴물

창세기 1장 2절에 나오는 혼돈은 단순한 무질서가 아니라 혼돈을 일으키는 악한 힘, 악마와 같은 괴물을 뜻한다. 시편과 예언서에는 바다 깊은 곳에 있는 용, 리바이어던이라고도 한다. 하나님께서 혼돈과 공허 위에 깊은 물 속에 있는 악마와 같은 힘을 누르고 말씀으로 천지만물과 인생을 지으셨다. 우리는 혼돈과 공허를 딛고 살아간다. 악마와 같은 괴물이 꿈틀거리는 물 위를 걷듯이 살아간다. 그래서 우리는 하나님의 말씀을 붙잡고 믿음으로 살 수밖에 없다. 천지만물을 지으신 말씀 없으면 혼돈과 공허의 나락으로 깊은 어둠 속으로 빠져들 수밖에 없다.

며칠 전에 일본에 다녀온 사람에게 들은 이야기이다. 일본사회는 모든 것을 아름답고 깨끗하고 질서 있게 가꾸어 놓았다고 한다. 쓰레기나 휴지조각을 찾아볼 수 없게 빈틈없이 예쁘게 다듬어 놓았다. 이것을 보고 감탄하니까 일본사람이 "이것이 무서운 것이다. 이래서 사람이 엽기적으로 되고 괴물이 되고 있다."고 말했다. 자연환경과 도시환경을 완벽하고 예쁘게 꾸며 놓으니까 사람 속에서 혼돈과 공허, 악마적인 괴물이 살아나는 것이다. 얼마 전에 일본에서 한 할머니가 서너 살 먹은 손주를 데리고 다리 위를 지나가는데 지나가던 40대 남성이 갑자기 어린애를 집어서 다리 밑으로 던져서 죽였다. 경찰이 "왜 그런 짓을 했느냐?"고 물으니까 이 사내는 "하는 일이 힘들고 일이 잘 안 풀려서 그랬다."고 했다. 이혼이 급증하고 가족 사이에 살인이 일어난다. 겉으로 멀쩡한데 속에는 혼돈과 공허가 있고 악마적인 힘이 꿈틀거린다.

3. 하나님이 살아있음을 증명하는 호시노 도미히로

구원에 대하여

기독교에만 구원이 있는가?-사이비 구원과 참된 구원

먼저 구원이란 말이 무슨 말인지 따져 볼 필요가 있다. 불교나 힌두교, 유교와 도교에서도 구원이란 말을 썼는지 모르겠다. 동양종교들에서는 구원이란 말보다 해탈이나 깨달음이라는 말을 썼던 것 같다. 기독교가 생겨났던 로마제국은 철저히 노예제 사회였다. 그리고 기독교 복음은 노예들과 해방노예들에게 널리 받아들여졌다. 고대 사회에서는 노예(종)들이 노예신분에서 해방되려면 몸값을 치러야 했다. 주인의 지배와 권력에서 벗어나 자유인이 되려면 누군가가 몸값을 치르고 구해주어야 했다. 노예는 스스로 노예의 운명에서 벗어날 수 없었고 남의 도움으로만 노예신분에서 종살이에서 구원받을 수 있었다.

노예제 사회에 살았던 기독교인들은 모든 인간이 죄인이며 죄를 지은 사람은 죄와 악(악마)의 지배 아래 노예로 살고 있다고 생각했다. 하나님 또는 하나님의 아들 예수 그리스도가 죄값을 치르고 인류를 죄악의 종살이에서 구원해 주었다고 믿었다. 당시 죄란 말과 빚이란 말이 거의 같은 의미로 쓰였기 때문에 값을 치르고 구원해준다는 생각이 쉽게 받아들여졌다. 만일 구원이란 말이 노예제 사회에서 통용되던 말이라면 오늘 자유 민주사회에서는 쉽게 받아들이기 어려운 말이라고 생각한다. 내가 남의 종이나 노예가 아닌데 누가 나를 구원해 준다는 말인가? 자유 민주 시대는 내가 스스로 나의 삶과 운명을 만들어가는 때다. 하나님은 남이 아니다. 나보다 내게 더 가까운 분이고 내 존재와 생명의 근원과 뿌리인 분이다. 하나님은 나를 나로 만드는 이고 거짓 나에서 참 나가 되게 하는 이다. 하나님이 나를 구원하셨다는 말은 나를 나답게 참된 나로 만드셨다는 말이고 내가 나가 되게 하셨다는 말이다.

만일 구원이란 말을 고대 노예제 사회에서 벗어나 오늘 자유 민주 사회에서 쓰려면 죄와 악이 무엇이고 죄와 악에서 구원받고 벗어난다는 말이 무엇인지를 깊이 생각해야 한다. 오늘 우리에게 죄와 악은 무엇이고 거기서 벗어난다는 것은 무엇인가요? 생명의 본성과 목적을 실현하고 완성하는 것이 구원이고 깨달음이고 해탈이며 생명의 본성과 목적을 실현하고 완성하는 것을 가로막고 방해하는 것이 죄와 악이라고 생각한다. 생명의 본성과 목적은 주체(나)의 깊이와 자유에서 전체의 하나 됨에 이르는 것이다. 저마다 저답게 되면서 서로 하나가 되는 삶에 이르는 것이다. 몸과 맘과 얼이 감성과 지성과 영성이 자유롭게 실현되면서 전체 하나로 통일되는 것이 구원이고 깨달음이며 해탈이다. 생명과 정신을 살리고 힘차게 하며 높이는 것이 진리이고 구원이고 해탈이다. 구원받은 인간, 깨닫고 해탈한 인간은 생명진화의 역사와 인류역사를 실현하고 완성해가는 존재다.

낡고 거짓된 껍데기 삶에 매여서 나의 몸과 맘과 얼을 얽어매고 해치는 것이 죄와 악이고 낡고 거짓된 삶, 껍데기 삶에서 벗어나 참되고 영원한 삶, 알맹이 삶을 사는 것이 구원이고 깨달음이고 해탈이다. 구원이 이런 것이라면 나의 밖에서 남이 해 줄 수 있는 것이 아니다. 내 속의 속에서 나보다 내게 더 가까운 하나님, 성령, 그리스도, 진리가 나를 참 나, 얼 나의 삶을 살도록 이끄는 것이다. 거짓 나에서 참나, 얼 나로 되는 것이 구원입니다. 천지인 합일에 이르는 것, 사랑과 진리, 정의와 평화를 이루는 것, 자치와 협동의 삶을 이루는 것이 구원이다. 이것을 제대로 하도록 이끄는 것이 참 종교다. 아무도 어떤 종교도 하늘, 하나님, 진리와 사랑, 정의와 평화, 참된 삶을 독점할 수 없듯이, 기독교나 교회가 구원을 독점할 수 없다.

기독교든 불교든 나를 참 나로, 주체의 깊이와 자유로 개성과 아름다운 삶으로 전체가 하나로 되고 자치와 협동에 이르고 정의와 평화의 삶에 이르게 한다면 기독교도 불교도 참 종교이고 구원의 종교다. 1년 전에 세월호 사건을 일으켜 304명을 죽음으로 내몬 종교가 자칭 구원파 사이비 기독교가 아닌가? 구원은커녕 대한민국 전체를 국민 전체를 큰 고통과 슬픔 속에 빠트리고 어린학생들 수백 명을 죽음으로 내몰았던 거짓 종교인들이 사이비 기독교 구원파였다. 구원파의 구원관은 전형적인 노예적 구원관이다. 예수 그리스도가 십자가에 달려서 죽음으로써 과거 현재 미래의 모든 인류의 죄를 영원히 없애고 단번에 구원을 이루었다는 것이다. 이 사실을 인식하고 믿고 받아들이기만 하면 그 순간에 영원한 구원을 얻는다는 것이다. 구원은 이미 남이 이루어놓았고 나는 그것을 인식하고 받아들이기만 하면 된다니까 얼마나 쉽고 편리하고 확실한가! 가난하고 힘없는 민중, 맘이 약하고 불안한 사람들이 노예적 구원관에 속아서 노예생활을 했다. 이들은 구원파 교주에게 재산과 노동과 맘을 다 바쳤다. 영원한 구원을 값없이 받았다는 거짓된 위로와 확신을 얻은 대신 자유롭고 주체적이고 책임적인 삶을 살지 못하고 남을 위해 노예로 살았다.

구원파 교주와 그 가족들은 순진하고 가난한 민중을 구원이란 말로 속여서 억압하고 수탈하며 노예로 부렸다. 교주와 그 가족들은 군왕처럼 살면서 구원파 신도들은 노예처럼 살았다. 구원이란 말이 얼마나 위험한 말이고 엉뚱한 말인가. 생명을 살리기 위해 순수한 사랑으로 헌신했던 예수, 정의와 평화를 위해서 자신의 목숨을 십자가에 바쳤던 예수의 종교인 기독교가 어쩌다 이렇게 되었는지 모르겠다. 십자가에 달린 예수는 얼마나 비참하고 무력하고 수치스럽게 죽었나? 자신과 남을 위해 손가락 하나도 움직이지 못하고 죽은 예수가 온 인류의 죄를 씻고 구원을 주었다는 것은 역사적이고 사실적인 진리가 아니라 심층적 종교의 역설적이고 상징적인 진리다. 십자가는 나도 없고 너도 없고 그도 없이 하나님 안에서 하나로 녹아져서 참된 주체와 전체로 일어나는, 죽음을 이기고 부활하는 일이 일어나는 자리다. 이것은 내가 나로 되는 자리이고 나와 너와 그가 서로 주체로서 하나로 되는 자리다. 기독교인은 예수의 십자가 죽음에서 참 나가되고 전체가 하나로 되는 구원을 경험한다고 주장한다. 불교인이나 힌두교인이나 천도교인이나 유교와 도교인들은 저마다 저 나름으로 참 나가 되고 전체가 하나로 되는 구원 경험을 한다고 생각한다.

예수가 목숨 바쳐 헌신했던 정의와 평화, 사랑과 진리를 실현하는 종교가 참 종교이고 구원을 주는 종교다. 불교도 기독교도 참 종교가 될 수 있고 오늘 우리 사회에 우리 삶에 구원을 가져다주는 종교가 될 수 있다. 기독교에만 구원이 있다고 주장하는 사람들은 참된 구원이 무엇인지 모르는 이들이고 노예제 시대의 낡은 관념과 생각에서 유치한 신화와 낡은 교리에서 벗어나지 못한 사람들이다. 21세기 민주화된 성숙한 시대에 살 자격과 준비가 되지 못한 사람들이다. 성숙한 현대인이라면 다른 종교들에서 겸허히 배우고 자신의 신앙과 삶을 반성할 줄 알아야 한다. 자신의 종교와 삶이 자신과 남의 생명과 정신을 깊게 하고 힘차게 하고 높게 하는지 스스로 묻고 살펴보아야 한다.

하나님이 살아있음을 증명하는 호시노 도미히로

일본 군마현 사람 호시노 도미히로는 중학교 체조교사였는데 체조시범을 보이다가 목이 부러져 온 몸이 마비되었다. 절망 속에서 하나님을 믿게 되어서 새 삶을 살았다. 입으로 그림을 그리고 시를 써

서 큰 감동을 주었다. 내가 아는 대로는 이 사람이 최초의 구족화가
이다.

여러 해 전에 일본에 갔을 때 도미히로 박물관을 방문했다. 그가
처음 글씨 연습을 한 노트에는 마치 잉크병에 빠진 벌레가 지나간 것
처럼 서투른 흔적이 남아 있었다. 그런데 나중에 그린 그림들은 너무
나 깨끗하고 섬세하고 아름다웠다. 주로 나무와 꽃들을 그렸고 아름
다운 신앙시를 썼는데 너무 맑고 깨끗하고 아름다워서 보는 이들에
게 말할 수 없는 감동을 안겨 주었다.

이 사람의 그림을 보고 많은 사람들이 감동해서 후원했기 때문
에 도미히로 박물관을 크게 짓고 그의 그림을 전시하여 많은 사람이
와서 보게 했다. 신교출판사 사장이 내게 느낌을 물었다. 나는 "현대
사회에서는 하나님을 경험하기 어려운데 하나님을 증명하고 보여주
는 것 같다."고 말했다.

8장

자연을 찬미하다

8장 자연을 찬미하다

1. 자연(自然): 스스로 그러함

자연(自然): 스스로 그러함

　푸르던 산이 불이 붙은 듯 붉게 타고 있다. 속에 숨겨 두었던 붉은 마음을 한껏 드러내는 것 같다. 거리마다 나무들도 빨갛고 노란 잎들을 가득 안고 있다. 벽을 가득 메운 담쟁이 덩굴의 색들이 빨갛고 푸르게 빛난다. 저렇게 곱고 또렷한 색깔들을 맘껏 드러내면서도 어색하거나 난한 데가 없다. 자연의 색은 아름답고 품위가 있으며, 자연스럽다. 자연(自然), 말 그대로 스스로 그러하다.

　서양의 말에서는 빨강, 노랑, 파랑, 검정 등 몇 가지로 나누어 색깔들을 규정한다. 색깔들에 대한 미묘하고 섬세한 표현이 없다. 그러나 한국어에는 미묘하고 다양한 색깔들을 나타내는 말들이 매우 많다.

한국인은 자연의 색을 존중해서 있는 그대로 드러내려고 힘썼기 때문에 색깔을 나타내는 말들이 미묘하고 다양하고 섬세하게 발달했을 것이다. 한국어는 형용사가 특히 발달했고, 모양과 형태를 나타내는 의태어와 소리를 나타내는 의성어가 매우 발달했다. 자연과 사물을 있는 그대로 나타내려는 한국인의 고운 마음가짐을 알 수 있다.

저 푸른 하늘에는

저 푸른 하늘에는 얼마나 많은 한숨과 눈물, 미움과 분노가 담겨 있을까? 땅에서 절망하고 좌절한 인간들의 피맺힌 울음과 절규가 저 하늘에 사무쳐 있고, 또한 정겹고 살가운 이야기가 저 하늘에 새겨져 있다. 흐림과 맑음, 슬픔과 기쁨을 안고도 하늘은 늘 그대로 싱싱하고 맑은 얼굴이다.

하늘에는 흔적도 없고 장식도 없다. 새가 지나가고 비행기가 지나가도 하늘에는 흔적이 남아있지 않다. 누가 감히 하늘을 단장하려는가? 태고의 모습 그대로 아름다운데. 하늘을 향해 칼을 휘두르고 총을 쏘아도 대포를 쏘고 미사일을 쏘아도 하늘에 상처를 입힐 수 없다. 하늘에 침 뱉기다. 천둥번개가 치고 먹구름이 껴도 태풍이 몰아쳐도 하늘은 그 모습 그대로다.

늘 푸른 하늘

위로 솟으려 해도 여기 이 자리에서 솟아야 하고 앞으로 나가려

해도 여기 이 자리를 박차고 나가는 길밖에 없다. 여기 이 자리에 내가 가진 것은 무엇인가? 몸과 마음밖에 없다. 몸과 마음이 내 뜻대로 움직이지 않는다. 몸은 산처럼 무겁고 마음은 바다처럼 출렁인다. 몸은 마음을 따르지 않고, 마음은 뜻과 같지 않다. 나의 뜻이 맑지 않은데 몸과 마음이 시원하게 움직일 리 없다.

내가 제대로 한번 죽기만 하면 삶이 시원해질 것이다. 내가 죽어 내가 없어지면, 뜻과 마음과 몸이 맑고 가벼워질 것이다. 내가 없으면 늘 맑고 시원한 바람이 불어올 것이다. 부활의 새 생명 바람을 마시며 살면 늘 푸른 하늘을 보게 될 것이다. 생각은 푸르고 말은 시원하고 행동은 뚜렷할 것이다.

산

하늘을 보며 생명의 임을 그린다. 스스로 비어서 높고 넓은 임, 임 안에서 모두 자유롭고 하나다. 님을 향해 오를수록 낮아지고 비워지니 정의와 평화의 사람이 될 수 있다. 하늘을 향한 그리움으로 솟아올랐다. 구름 위로 솟아오른 후에야 하늘 높은 줄 다시 알았네.

머리에 찬 바람 불고 흰눈이 쌓이고 얼음이 얼어도 꿈쩍하지 않는 것은 하늘 그리움이 더욱 깊고 하늘은 까맣게 높기 때문이다. 하늘을 생각할수록 마음은 낮아져서 뿌리는 깊어졌네. 하늘이 내려와 빈 가슴에 안겼네. 누구나 맞아 주는 품이 열렸네.

샘

　홍수가 나면 맑은 물이 귀하듯 말의 홍수, 사랑의 홍수 속에 말씀의 기갈이 심하고 샘물 같은 사랑이 그립다. 하나님의 말씀과 사랑이 샘솟는 자리, 제 욕심과 자랑을 제물로 불살라 바친 예수의 십자가를 보고 싶다. 그 십자가가 교회의 강단에 살아나야 한다. 그 십자가의 생명 샘물이 나의 뱃속에서 솟아났으면!.

　물 없이 살 수 없는 몸, 말 없이 살 수 없는 맘, 사랑 없이 살 수 없는 혼인데, 물도 말도 사랑도 더러워지고 때가 묻었다. 물을 마셔도 몸이 개운치 않고 말을 들어도 맘이 시원치 않고 사랑을 해도 혼 속에서 힘이 솟지 않는다.

　깊은 산 속 바위틈에서 솟는 샘물은 욕심도 없고 자랑도 없다. 쉼 없이 끊임없이 샘솟아 흐를 뿐이다. 끊임없이 나를 비우고 나를 내어주는데 늘 가득 솟아오른다. 샘은 속이 깊고 단단하여 땅 위를 흐르는 빗물이 스며들지 못하고 지나가는 냇물이 넘보지 못한다. 속의 속에서 가득 차서 빈틈으로 새어 나오는 샘물. 생명의 샘물은 말씀이고 말씀은 사랑이다. 사랑이 통하게 하고 살린다. 섞이지 않은 샘물 같은 사랑이 우리를 하나 되게 하고 살릴 수 있다.

　제 욕심이 스며들지 않은 사랑, 제 자랑이 섞이지 않은 말씀, 어디에 있나? 죄인과 원수를 살리기 위해 제 몸을 제물로 불살라 바친 예수의 십자가 사랑이 생명의 샘물이다. 제 욕심과 자랑이 섞이지 않은 하나님의 사랑이다. 예수의 생명 샘은 자랑과 욕심이 끊어진 곳에서만 흐른다. 오늘 교회에서, 믿는 사람의 뱃속에서 이 생명의 샘물이 흘러야 한다.

2. 봄빛

<u>봄빛</u>

  푸른 풀잎, 노랗고 빨갛고 하얀 꽃잎들이 맘을 시리게 한다. 저들의 고운 빛, 아름다운 색깔이 맘을 흔들고 움직이고 젖어들게 한다. 왜 나의 맘이 저 빛과 색에 물이 드는가? 마치 내 맘에 저 풀잎이 피어나고 저 꽃잎들이 피어나는 것 같다. 내 마음 깊은 데서 저 고운 빛과 아름다운 색깔이 무지개처럼 피어난다.

  저 고운 빛과 아름다운 색깔은 어디서 온 것일까? 본래 풀잎과 꽃잎 속에 그렇게 있던 것인가? 왜 곤충이나 다른 짐승들은 저 빛깔을 보지 못하나? 본래 저 빛들은 마음에서 빚어진 게 아닐까? 곱고 아름다운 맘이 곱고 아름다운 빛깔을 볼 수 있는 눈을 빚어낸 것이 아닌가? 칸트가 사물 자체는 볼 수 없는 것이라고 했듯이 우리가 보는 것은 우리 맘이 빚고 다듬은 것이다. 우리 맘과 몸이 자라는 만큼 저 사물의 빛깔이 보이는 것이다. 지금보다 사람의 맘이 훨씬 더 자라면 얼마나 더 곱고 아름다운 빛깔을 보게 될까?

170

연초록 아름다움

연분홍 진달래꽃, 진노랑 개나리꽃, 세상을 뒤덮는 듯 흐드러진 벚꽃이 아름답다. 연초록 나무 잎들과 풀들이 진달래, 개나리, 벚꽃들과 함께 어우러진 것을 보면 그 절묘한 아름다움에 가슴이 떨린다. 봄의 꽃과 나무는 생명이 본래 아름다운 것이며, 생명은 마땅히 아름다워야 하는 것임을 일깨워준다.

꽃과 나무는 흙이 하늘빛을 받아 피어난 것이다. 유한한 물질 속에 무한을 담아서 아름다워진 것이다. 사람도 몸과 맘에 사랑과 정의, 믿음과 희망을 품으면 그렇게 아름다워질 것이다. 스러질 육신에 하나님을 모시면 붉은 꽃보다 연초록 나무보다 더 아름답게 피어날 것이다.

이름 모를 꽃

북한산 가까이 사니 산을 보는 재미가 있다. 산은 어찌 저리 깨끗하고 시원한가? 눈 속에 한번 북한산을 담는 것만으로 몸이 푸르러지는 듯 하다. 마당에 피는 이름 모를 꽃들이 삶은 아름다운 것임을 일깨워준다. 우주 만물이 모두 아름다운 꽃 아닌가? 하늘의 별들, 바람과 물과 햇빛은 얼마나 아름다운가!

밝고 둥근 달

추석이 다가오니 바람이 시원하고 하늘이 높고 맑다. 둥글고 큰 보름달이 하늘에 둥실 떠오를 것이다. 그러나 정치판에는 어두운 구름만 잔뜩 낀 것 같다. 민주화운동의 오랜 진통 끝에 민주정부를 탄생시켰는데 이제까지의 노력이 모두 허물어지고 조각나는 느낌이다. 어디서 무엇이 잘못되었는가 안타깝고 애처롭다.

밖에서 밝은 달이 떠오르지 않으면 우리네 마음속에서 밝고 둥근 달이 떠올라야 할 것이다. 남에게서 구원을 바라지 말고 내 속에서 구원이 이루어져야 할 것이다. 밖에 달이 뜨지 않으면 우리 모두가 밝은 달이 되어야 할 것이다. 그러면 구름에 가려 뵈지 않던 밝은 달이 뚜렷이 보일 것이다.

한가위 밝은 달

내일 한가위 밤에는 둥근 보름달이 뜨려나. 어제부터 비가 줄기차게 내린다. 하늘에 구름이 잔뜩 끼었어도 구름 위에는 밝고 둥근 달이 떠 있으리라.

얼크러지고 혼란스런 세상일도 한가위 보름달처럼 뚜렷하고 밝게 드러났으면! 내 마음도 네 마음도 그 마음도 한가위 보름달처럼 밝아지라고 빌고 또 빌고 싶다. 우리 마음에 진리와 사랑의 보름달이 휘영청 밝고 뚜렷하게 떠오르기를 빈다.

한번 살고 죽는 인생인데 한번 쯤 진리와 사랑의 보름달을 보아야 하지 않을까? 하루하루 사는 인생인데 생명의 임 얼굴을 보고 가야 하지 않을까?

마음에 둥근 달 떠올라라

모진 마음, 못된 마음, 못난 마음 다 녹아지고 일그러진 생각, 모난 생각 내버리면 마음에 둥근 달 떠올라 기쁘고 밝은 빛 비추리라. 둥근 마음으로 옹글게 살자. 내 속에서 너를 보고 네 안에서 나를 보는 사랑으로 너를 임으로 받드는 정성으로 오늘 하루가 옹글게 하자.

3. 백두산의 아름다운 위엄

은행나무 단풍

내가 사는 동네에 은행나무가 많다. 노란 은행잎이 장관을 이룬다. 은행나무 단풍이 아름답고 넉넉하고 뚜렷하다. 곱고 풍성하면서도 당당한 모습이 감동을 준다. 내 인생의 끝도 저렇게 아름답고 넉넉하고 뚜렷할 수 있을까? 얼마나 나를 녹여야 저렇게 아름다울까? 얼마나 나를 비워야 저렇게 넉넉할까? 얼마나 나를 깊이 파야 저렇게 뚜렷할까?

백두산의 아름다운 위엄

백두산 장백폭포 아래서 백두산의 장엄한 아름다움을 보았다. 크고 넓은 품, 신비한 초록빛 산봉우리와 붉은 주황색 바위, 선이 크고 굵으면서 묘한 산봉우리들이 얽혀 장엄하고 신비한 아름다움을 드러냈다. 민족의 영산으로서 장엄한 아름다움과 기품을 지녔다.

차를 타고 천지까지 올라갔다. 비스듬히 산등어리를 타고 오르는데 붉은 꽃 노란 꽃 야생화들이 백두산 정상을 수놓고 있다. 백두산 꼭대기로 오르며, 거대한 용들처럼 꿈틀거리는 산봉우리들이 아름답고 웅대한 기상을 드러낸다. 맑고 푸른 천지는 내 몸과 맘을 시원하게 씻어준다.

눈꽃 세상

나는 눈이 많이 오면 길이 미끄러운 것을 빼고는 좋기만 하다. 노숙자나 냉방에서 겨울을 나는 이들, 하루 벌어 하루 먹고 사는 이들에게는 눈이 쌓이면 괴로운 일일 것이다. 어려서 나는 가난하고 힘겨운 삶을 살아오기도 했지만 눈이 많이 오면 언제나 흥겹고 풍성했다. 하늘이 쏟아져 내리듯 아낌없이 퍼 붓는 눈을 보면 마음이 넉넉해진다. 주고 싶고 나누고 싶은 마음이 절로 난다. 강아지도 신이 나는 걸 보면 눈이 많이 내리는 것은 자연생명세계의 기쁨과 신명, 나눔과 베풂의 정신과 원리를 드러내는 것이고 뭇 생명세계가 함께 기뻐하는 것인 듯하다.

세상이 온통 눈꽃 세상으로 바뀌면 하늘과 땅과 인간세계가 하나로 된 것 같다. 하늘과 땅과 인간이 하나로 통하는 신선세계가 이루어진 것 같다. 더럽고 추악한 세계가 순백의 눈으로 가득 덮이면 세상이 달라질 수 있고 바뀔 수 있다는 희망을 다시 갖게 된다. 아무리 더럽고 추한 세상도 하루 밤사이 눈꽃 세계로 바뀌듯이 믿음과 사랑만 있으면 추하고 옹졸한 세상도 폭력과 증오로 얼룩진 세상도 나눔과 섬김의 평화로운 동산으로 바뀔 수 있다는 말씀이 들리는 것 같다.

바람과 물

우리 겨레는 오랜 세월 바람과 물에 어울려 살았다. 집을 짓거나 무덤을 쓸 때도 바람과 물의 흐름에 맞추었다. 젊은이들이 인생공부를 할 때도 무리 지어 바람과 물을 따라 어울려 사귀며 몸과 마음을 닦았다.

지난 며칠 동안 가평 산속에 있는 바람과 물 연구소에서 젊은 종교인들과 함께 '종교적 수행과 사회적 실천'을 주제로 삼고 모임을 가졌다. 겹겹이 산으로 둘러 싸였고 맑은 골짜기 물이 흐르고 비가 오고 바람이 부니 산은 즐겁고 싱싱하다. 바람이 불면 나무숲이 이리저리 물결쳐 흐르는 것 같다.

바람과 물은 사심(私心)이 없고 뒤끝이 깨끗하다. 사심이 없으니 쉽게 하나로 통한다. 바람과 물을 사랑한 한국인의 마음에는 바람과 물이 있다. 논리나 형식보다 정서와 흥이 앞선다. 월드컵에서 온 국민이 하나로 쉽게 흐를 수 있었던 것도 바람과 물에 익숙한 심성이 있었기 때문이 아닐까? 바람과 물은 시(詩)와 영(靈), 예술과 종교를 나타낸다. 이 나라 산골짜기마다 시 아닌 데가 없고, 바람과 물이 어우러져 신령한 기운이 없는 데가 없다. 이 땅에 시인이 많이 나오고 깊은 영의 인물이 많이 나왔으면!

초승달

맑은 가을밤 하늘에 걸린 초승달이 또렷하다. 수십억 년 저렇게 뜨고 졌던 달이 크고 장하게 느껴진다. 나는 잠시 왔다 가는데 너는 그리도 오래 네 자리를 지키며 이 땅을 지켜보고 있구나.

달아 네가 보면 나는 며칠 피었다 지는 한 송이 꽃같은 존재냐? 잠시 맺혔다 스러지는 이슬방울이냐? 이 몸은 덧없이 스러지나 이 몸으로 다함없는 빛을 보았고 뵈지 않는 고움을 알았다.

어둠의 상징

흔히 어둠은 죄악과 죽음, 추함의 상징으로 쓰였다. 빛은 아름다움과 의로움과 생명의 상징으로 쓰였다. 과학기술의 발달로 도시에서는 어둠이 사라지고 도시의 불빛은 욕망과 쾌락을 부채질한다. 도시의 불빛 속에서는 안식이 없고 영혼과 생명이 고갈되고 폭력이 지배한다.

도시의 불빛 때문에 하늘에 별들이 사라진지 오래다. 어두운 하늘의 별들을 잊은 인간들은 물질과 감각에 매여서 삶의 깊이와 높이를 잃고 산다. 보이는 세계만 알고 뵈지 않는 세계를 모르게 되었다. 개념과 논리만 알고 사랑은 모르게 되었다.

광막한 우주에서는 빛이 어둠을 이기지 못한다. 어둠은 크고 빛은 작다. 저 어둠은 존재를 편안케 하고, 모든 차이를 넘어서 하나로 품어주는 우주의 품이다. 어둠 속에서 우리는 하나가 되고 존재의 깊이와 높이에 이른다. 캄캄한 어둠 속에서 면역세포들이 새 힘을 얻고 숨이 편안해진다. 이 시대에 어둠이 영과 생명의 상징으로 떠오른다.

생명의 진리, 참과 거짓

9장 생명의 진리, 참과 거짓

1. 선악을 알게 하는 나무 열매와 숨겨진 진리

진리가 무엇인가? 생명 자체, 존재 자체가 진리이다. 모든 생명과 존재는 하나님에게서 나왔고 하나님에게 근거해 있다. 모든 생명과 존재의 뿌리와 깊이, 뜻과 목적이 진리이다. 한 사람의 진리, 진실은 하나님과 관련해서만 온전히 드러난다. 한 사람의 생명과 영혼은 하나님 안에서만 옹글게 실현된다. 한 사람을 볼 때 그 사람의 속에 뒤에 위에 하나님이 계심을 보지 못하면 그 사람을 바로 본 것이 아니다. 하나님의 사랑과 정의에 비추어 볼 때 사람의 존재와 의미가 온전히 드러난다.

역사와 사회에서 진리는 숨겨 있다. 승리한 정복자가 진실을 감추었고, 기계, 물질, 영상문화가 진실을 가리고 있다. 아니 우리의 욕심과 편견, 분노와 미움이 진실을 왜곡한다. 아니 감각과 이성 자체가 진리를 진실을 있는 그대로 볼 수 없다. 생명과 영의 진리, 진실은 깊이, 깊이 숨겨 있다. 왜곡되고 은폐된 이념과 주장이 진리를 몰아내고 있다.

창세기의 선악과 이야기는 인간의 원죄와 타락을 보여준다. 선악과는 선악을 알게 하는 지식의 나무 열매이다. 인간은 당연히 선악을 알고 분별할 수 있어야 한다. 그런데 왜 선악과를 따먹고 타락했다는 것인가? 선악의 지식과 표준은 신적이고 공적인 것이다. 결코 사유화하거나 독점해서는 안 된다. 그래서 선악과나무는 동산 가운데 두고 지키고 볼 것이지 손대면 반드시 죽는다고 엄하게 금지명령을 내렸다. 선악의 지식과 표준은 하나님께 속해 있고 함께 지키고 보고 실천함으로써 선악의 지식과 표준을 지킴으로써 참 생명, 영원한 공동체적 생명을 누릴 수 있었다. 그것을 따먹고 사유화함으로써 눈이 밝아졌으나 하나님 관계, 공동체 관계는 깨지고 개인적 이해관계와 세력관계만이 지배하게 되었다. 내게 좋은 것이 선하고 내게 해로운 것이 악한 것이 되었다. 선악과를 먹고 나서 욕심과 죄가 살아났고 죽음과 파멸의 영이 지배했다. 이제 영과 생명, 하나님은 볼 수 없게 되었다. 사랑과 정의는 숨겨지고 온갖 주장과 이념이 난무하게 되었다.

선악의 지식을 가지고 토론해서는 생명의 길을 볼 수 없다. 사랑과 정의의 나라에 이를 수 없다. 복음서에 보면 예수와 바리새파의 논쟁은 언제나 어긋나고 만다. 바리새파는 늘 율법지식을 바탕으로 옳고 그른 것에 관해 토론하려고 한다. 늘 예수에게 시비를 건다. 그러나 예수는 언제나 토론과 시비를 떠나서 "생명을 살리는 것이 옳으냐 죽이는 것이 옳으냐?"고 묻는다. 구체적인 삶의 현장으로, 고통당하는 사람에게로 이끈다. 삶 속에서 생명을 살리는 길로 이끌고 그 길로 가신다.

선악에 대한 지식과 판단을 안다고 생각하면 관념화되고 독선적으로 되어서 삶에 들어갈 수 없다. 내 지식, 생각, 판단, 고정관념, 편견에 걸려서 일과 사람과 삶, 영혼을 볼 수 없고 만날 수 없게 한다. 앎은 교만하게 하고 게으르게 한다. 앎은 삶과 영혼과 진실에 대한 폭력이 된다. 어떤 사람에 대한 나의 앎은 그 사람의 실재와 일치하지 않는다. 나에 대한 나의 생각과 나 자신이 일치하지 않는다. 일과 현실에 대한 나의 생각은 일과 현실 자체와 일치하지 않는다. 나의 생각과 판단을 고집하면 실망하고 남과 나에 대한 폭력이 된다.

2. 아주 특별하고 심오한 우리 말: 참과 거짓

'참'과 '거짓'이란 우리말도 생명 철학을 담고 있다. '참'을 나타내는 다른 나라들의 말과 비교해보자.

히브리어 참은 에멭(emeth), 아멘(amen)이다. 안전하고 든든한 것을 뜻한다. 고향을 떠나 집 없이 떠돌던 히브리인들은 안전하고 든든한 것을 추구했다. 안전하고 든든한 물질적 토대, 집, 재산, 안보가 중요했고 나아가서 안전하고 든든한 변함없는, 안심하고 믿을 수 있는 관계, 약속, 말씀이 중요했다. 그들에게 하나님은 안심하고 믿을 수 있는 변함없고 신실한 분이다. 반역하고 배신하는 것이 가장 큰 죄악이었다. 거짓은 믿을 수 없고 불안정하고 변덕스러운 것이다.

희랍어 참은 알레테이아(aletheia)다. 이 말은 숨겨지고 잊혀진 것이 드러나고 알게 되는 것을 뜻한다. 숨겨지고 잊혀진 것을 깨달아 알게 되고 기억하게 된 것이 진리다. 거짓은 은폐하고 잊어버리는 것이다. 이성의 인식론적, 지식론적 진리다. 진리는 모르는 것을 알게 되는 것이다. 라틴어 참은 verus, verum, veritas다. 이것은 사실에 일치하는 것이다. 서울대학교 뱃지에는 Veritas Lux Mea(진리는 나의 빛)이라고 쓰여 있다. 사실과 법도(이치, 논리)에 일치하는 것이 진리다. 거짓은 사실, 법도에 일치하지 않고 부적합한 것이다. 이것도 로고스의 과학적 진리다. 사실과 법도에 일치하는지 확인하고 판단하는 것은 로고스다.

중국어 참은 진(眞)이다. 이것은 사방팔방으로 눈으로 보고 확인한 사실이 진리라는 말이다. 그러나 본래 진(眞)이란 글자는 제사 지낼 때 음식을 만드는 큰 솥과 수저를 뜻하는 말이라고 한다. 제사 음식을 만드는 일은 정성이 필요한 일이고 정성을 다하는 것이 진실한 것이다. 정성이 진리다. 이것은 사물과 인간과 관계하는 인간 마음의 윤리·도덕적 진리다. 유교경전 중용(中庸)에서는 성(誠)이 진리다. "誠者 성실한 것은 하늘이고 誠之者 성실하려고 하는 것은 사람이다."고했다. 성실하면 하늘과 함께 천지만물과 사람을 감동시키고 움직일 수 있다고 하였다. 거짓 假는 내가 본래 가진 것, 내게 속한 것이 아니라 빌린 것, 임시로 가져다 쓰는 것이다. 서로 주고받는 것은 假다. 僞는 爲에서 온 말인데 코끼리를 길들여서 일을 시키는 것을 뜻하는 말이다. 사람 人을 덧붙여서 사람이 인위적으로 하는 것을 나타냈다. 자연스럽지 못하고 억지로 하는 것을 뜻한다.

그러나 참과 거짓이란 말을 살펴보면 한국인이 속 알맹이를 중시하고 알찬 삶을 추구했다는 것을 알 수 있다. 참은 알참이고 거짓(거줓)은 거죽에 머문 것이다. 참과 거짓을 알참과 거죽으로 생각한데서 한국인이 거줓, 겉보다 알맹이, 씨알, 속 알을 중시하고 알찬 삶을 추구한 것을 알 수 있다. 상처가 나서 헐고 뭉그러진 흠결이나 흠집이 없는 깨끗하고 온전한 삶, 비뚤어지거나 일그러짐이 없는 올곧고 옹근 삶을 이루기 위해서는 알찬 삶, 알맹이가 가득 찬 삶을 추구해야 한다.

한국인은 흠집이나 일그러짐이나 비뚤어짐이 없는 깨끗하고 옹글고 올곧은 알찬 삶을 간절히 원하였다. 하늘을 우러러 한 점 부끄러움이 없는 삶을 염원한 것은 허물이 없고 일그러짐과 구부러짐과 비뚤어짐이 없는 깨끗하고 옹글고 올곧으면서 참되고 알찬 삶을 간절히 바랐기 때문이다. 한국인은 깨끗하고 옹글고 알차고 올곧은 온전한 삶을 깨트리고 해치는, 허물고 뭉그러지게 하는, 더럽고 썩게 하는 불의를 용납하지 않는 심정과 태도를 갖게 되었다. 흠집과 불의를 용납하지 않는 심정과 태도를 가진 한국인은 불의에 저항하고 신선처럼 자연과 하나로 되어 깨끗하고 온전한 삶을 살려는 염원을 갖게 된 것이다.

한국인의 이러한 생명 철학적 언어와 어법은 하늘을 우러르고 하늘과 하나로 되려고 했던 한민족의 '한'정신에서 나온 것이다. 올곧고 똑바르면서 흠결이나 흠집이 없는 것은 하늘이다. 하늘만이 올곧으면서 흠집과 흠결 없이 온전할 수 있다. 본래 한국인은 하늘을 그리워하고 우러르는 민족이다. 건국신화에서도 하늘을 열고 나라를 세웠고 전통종교의 가장 두드러진 특징은 높은 산에서 하늘에 제사

지내는 것이다. '한겨레', '한민족'의 '한'도 '큰 하나, 하늘'을 나타내는 말이다. 한민족은 하늘을 맘속에 품고 사는 이들이다. 하늘을 우러러 한 점 부끄러움이 없는 삶은 흠결이 없는 전체와 허물이 없는 주체의 깨끗하고 옹근 삶이다. 겉으로 흠결이 없는 깨끗하고 온전한 삶을 추구하면 외모와 체면을 중시하는 삶을 추구하게 된다. 한국인에게 외모와 체면을 중시하는 경향이 보이는 것은 허물을 죄로 보고 흠결 없는 삶을 추구했기 때문이다.

예수는 "내가 길이요, 진리요, 생명이다."고 선언했다. 생명의 주체인 '나'가 진리다. 하나님은 "나는 나다!"(I am who I am)이라고 했다. '나는 곧 나'인 하나님이 진리다. 참 나는 물질과 육체를 초월한 것이며 변함없는 영원한 것이다. 참 나는 물질과 육체 속에 숨겨진 것이고 잊혀진 것이며 물질·육체와 일치하지 않는 것, 부적합한 차원, 성격을 가진 것이다. 참 나는 깨달아야 알 수 있는 것이고 물질, 몸과 일치하고 적합하게 되어야 할 것이다. 참 나, 얼, 혼이 물질, 육체, 몸과 일치하고 적합하려면 맘과 뜻을 다해서 정성을 기울여야 한다.

생명의 껍질인 몸, 물질에서 시작하여 생명의 속 알인 얼과 혼, 지성과 영성이 알차게 익어가야 한다. 생명의 목적은 얼과 혼의 성숙과 자유에 이르는 것이다. 결국 예수처럼 '나'의 자유를 선언해야 한다. '나'는 생명의 주체이고 속 알맹이다. 우리말에 "소갈(속알)머리가 없다."는 말이 있다. 속알은 '나'다. 생명의 속알이 익어가는 것이 내가 성숙해지는 것이다. 한국어 참은 속알이 차오르는 것이고 거짓은 거죽, 거죽에 머물고 매인 것이다. 우리말 참, 거짓은 생의 껍질에서 속알의 성숙과 자유에 이르는 도정을 나타낸다.

껍질과 알맹이

씨올에는 알맹이와 껍질이 있다. 생명의 씨올인 사람에게도 껍질과 알맹이가 있다. 인간생명의 껍질은 물질과 몸이고 물질과 몸에 매인 욕망과 감정, 의식과 버릇이다. 인간의 속생명, 알 생명은 물질과 몸에서 자유로운 정신과 얼이다. 인간 생명의 껍질과 알맹이의 관계는 미묘하고 깊다. 껍질 속에 알맹이가 있고 그 알맹이 속에 다시 껍질과 알맹이가 있고 그 속 알맹이 속에 또 껍질과 알맹이가 있다. 속 알맹이로 들어갈수록 생명은 더욱 깊고 높고 새롭고 참되고 아름다워진다.

껍질과 알맹이가 서로 익어서 떨어질 수 있을 때 비로소 껍질은 깨지고 죽어서 벗겨진다. 서로 익지 않았는데 껍질이 깨지고 죽으면 알맹이도 함께 깨지고 죽는다. 씨올이 자랄 때 껍질부터 자라고 알이 차오른다. 껍질은 알맹이의 보호자요 양육자다. 속알이 다 자라고 익으면 껍질은 아낌없이 저절로 깨지고 벗겨진다.

이제 가을에서 겨울로 접어들고 있다. 가을은 '갈', '갈림'(바뀜)이다. 가을은 푸른 잎이 빨갛고 노란 단풍으로, 거죽(육체)이 속알(정신)로 갈리는(바뀌는) 때다. 겨울은 '겨를'(여유, 한가한 시간)이다. 겨울에는 겨를을 얻어 쉬며 새 삶을 기다리고 준비한다. 여름은 열매가 열리는 '열음'의 계절이고 가을은 열매가 속으로 익어가는 때다. 생명의 속알을 품고 죽음 같은 겨울잠을 자고 난 씨올만이 눈부신 생명의 '봄'을 볼 것이다.

우리 말 참과 거짓은 생명철학을 담고 있다. 거짓은 거죽(거죽)에서 온 말인데 거죽에 매인 것을 뜻한다. 참은 속알이 차오르는 '알 참', 성숙을 뜻한다. 거짓(껍질)과 참(알맹이)은 긴밀하게 결합되어 있으면서 맞서 있다. 껍질(거죽)은 알맹이를 보호하기도 하지만 가리고 숨기고 억누르기도 한다. 알맹이는 거죽(껍질)에서부터 자라기 시작한다. 알맹이가 자라는 동안 껍질은 알맹이를 보호하는 구실을 하지만 알맹이가 다 자라면 껍질은 쪼개지고 벗겨져야 한다.

씨올이 새 생명을 싹틔우려면 껍질은 흙 속에서 깨지고 썩고 죽어야 한다. 속알(참)을 알려면 거죽을 뚫어보아야 한다. 거죽이 속알을 가리고 억누를 때는 서슴없이 거죽을 벗기고 찢고 깨트려야 한다. 씨올은 언제나 거죽, 거짓을 뚫고 속알, 참을 볼 줄 알아야 한다.

3. 거짓을 넘어 알찬 삶으로

1) 진실에 대하여

인간 사회에서 진실은 언제나 거짓에 둘러싸여 있으며 거짓에 의해서 억눌리고 짓밟히고 희롱당하며 파괴되고 있다. 우리는 거짓과 표면을 볼 뿐 진실과 속 알맹이를 보기 어렵다. 거짓과 표면은 번쩍이고 속 알맹이 진실은 거짓 속에 묻혀서 보이지 않는다. 그렇다고 진실이 없는 것은 아니다. 우리가 거짓에 홀려서 진실을 보지 못할 뿐이다. 진실은 언제나 있고 인간은 진실을 보고 느끼고 알고 표현하고 실현할 수 있는 감성과 지성과 영성을 가진 존재다.

진실은 언제나 참되고 좋고 아름다운 것이다. 밤하늘에 반짝이는 별은 존재(우주)의 숭고함, 아름다움, 신비를 드러낸다. 그 숭고함과 아름다움과 신비를 느끼고 아는 나의 마음(맑은 지성과 거룩한 영성)은 고결함과 거룩함을 알고 느끼고 표현하고 실현할 수 있다.

물질, 생명, 정신의 모든 존재와 사실은 저마다 존재의 깊이와 뜻, 소중함과 아름다움을 지니고 있다. 그러므로 동학의 2대 교주 최시형은 하늘과 인간뿐 아니라 사물과 생물도 경외하라는 뜻에서 경물(敬物)을 말하였다. 자연 만물과 생명과 정신이 만들어가는 역사와 사회의 모든 사실은 저마다 깊은 사연과 의미를 지니고 있으며 인간사회와 우주자연과 연결되어 있다. 한번 일어난 사실은 돌이킬 수 없고 바뀔 수 없다. 어떤 사실이든 그것은 우주 자연과 함께 인간과 신이 역사와 사회 속에서 지어낸 것이다. 그러므로 독일의 신학자 디트리히 본회퍼는 사실이 '신의 발자취'라고 하였다. 모래알, 물방울, 쓰레기 조각 하나도 사회, 지구 생태계, 우주 전체가 협동하고 협력하여 만들어낸 것이다.

도산 안창호와 남강 이승훈은 정직과 진실을 최고의 덕목과 가치로 보았다. 이들에게 정직과 성실은 한갓 덕목과 가치를 넘어서 하늘, 하나님처럼 신성하고 절대적인 것이었다. '중용(中庸)'에서도 성실은 하늘의 길이라고 하였다. 그러므로 도산은 꿈에서라도 성실을 잃었으면 통회하라고 하였고 남강은 하나님을 정의롭고 올곧은 신으로 여겼다. 이들에게 정직과 진실, 성실은 신성하고 우주적인 하늘의 일이다. 정직과 진실의 심정과 자세로 살았던 이들은 자연환경과 사회환경, 사물과 주변을 아름답고 깨끗하고 바르고 질서 있게 만들었다. 이들은 사물과 환경을 깨끗하고 아름답게 만들면 인간 자신도 깨끗하고 아름답게 된다고 보았다. 다석 유영모에 따르면 물체는 물질의 주체다. 물체 속에는 거시기와 머사니가 있어서. 무한한 깊이와 값이 있고 전체와 이어지는 뜻과 보람이 있다고 하였다. 유영모는 인간의 본성을 곧음으로 보았다.

함석헌은 물질과 정신의 경계가 사라진다고 하였다. 그에 따르면 사물과 생명의 참되고 지극한 주체, 전체, 진화(자람과 진보, 고양과 초월)가 진선미이고, 하나님의 거룩이다. 사물과 생명은 저마다 저다운 주체의 깊이와 뜻을 가지고 있으며, 우주 전체와 연결되어 있고 진화와 탈바꿈, 혁신과 변화를 지향한다. 씨올 생명은 더 좋고 낫게 나아가는 것이다. 안창호 이승훈 유영모 함석헌은 한결같이 새롭게 솟아올라 나아가려고 하였다. 새롭게 솟아올라 나아가는 것이 생명과 정신의 진리이고 진실이다.

2) 거짓이 지배하는 사회

글과 책이 지식을 전달하는 시대에는 글의 내용(메시지)이 중요했고 글을 읽을 때는 내용에 집중하였다. 그런데 지식과 정보를 전달하는 매체가 글과 책에서 화면과 영상으로 바뀌었다. 화면과 영상은 껍질, 거죽이고 내용이 알맹이다. 우리가 사는 시대는 내용보다 화면과 영상이 훨씬 중요한 시대가 되었다. 매체(미디어)가 내용(메시지)을 좌우하고 결정한다. 그러므로 유명한 방송언론학자 마샬 맥루언은 미디어가 메시지라고 하였다. 이제 거짓(거죽)과 진실(알맹이)의 경계가 사라졌고 거짓이 지배하는 세상이 되었다.

오늘 과학기술문명은 인공지능과 정보가 지배하는 문명이다. 인터넷과 메타버스의 가상현실과 가상공간을 지배하는 데이터와 정보, 숫자와 도형, 개념과 논리, 지식은 추상적이고 평면적이다. 오늘의 산업문명은 사물과 생명을 끊임없이 추상화, 평면화한다. 이렇게 추상화하고 관념화하는 것은 한없이 깊고 입체적인 사물과 생명과 정신의 진실을 은폐하고 파괴하는 것이다. 산업 기계문명에 함몰된 현대인은 존재와 생명의 거룩함과 아름다움, 신비와 깊이를 잃었다. 그러므로 과정철학자 화이트헤드는 철학을 추상화에 대한 비판이라고 하였다.

물질은 생명과 정신의 껍질이고 기계는 물질적 현상과 작용을 효율적으로 구현한 것이다. 생명과 정신의 껍데기인 물질론과 기계론, 돈과 기계가 지배하는 세상에서 갈수록 진실은 묻히고 파괴되며 거짓이 가득 차게 된다. 오늘 사회에서 진실에 대한 관심과 열정은 사라지고 거짓, 구라가 지배하는 사회로 되었다. 껍데기인 형식과 절차가 내용과 본질, 진실을 대체한다. 이제는 누구나 맘 놓고 구라치는 뻔뻔한 세상이 되었다.

현대인은 눈에 보이고 손으로 만질 수 있는 표면적이고 구체적인 것에 머물고 단순하고 명확한 것을 선호하며 형식과 절차에 집착한다. 존재와 생명의 깊고 숭고하고 신비하고 심층적이고 입체적인 것 다시 말해 복잡하고 미묘하고 모호한 것을 싫어한다. 그러므로 현대인들은 즉각적 명확성을 요구한다. 그래서 '좋다, 싫다'는 단순한 감정과 판단에 사로잡히고 긍정과 부정의 흑백논리와 진영논리에 빠져들기 쉽다. 좋음과 싫음, 긍정과 부정이 뒤얽힌 진실과 현실을 외면한다. 거죽, 외모, 영상, 돈, 데이터가 지배한다. 통계, 숫자, 효율성이 중요하다. 인격이나 성품이 아니라 시험성적과 능력, 외모가 평가의 기준이다.

진실을 은폐하고 왜곡하는 인간사회에서 어떻게 진실한 삶을 되찾을 것인가? 거짓과 편견을 깨트리기 위하여 스님들은 "산은 산이고 물은 물이다!"고 하였다. 산은 산대로 물은 물대로 한없는 깊이와 소중한 가치와 숭고한 아름다움을 지니고 있다. 산을 산대로 물을 물대로 보는 것이 산과 물의 진실에 이르는 길이다. 노자는 '도덕경'에서 인위적인 독단과 추상적 관념에서 벗어나 '스스로 그러한' 자연(自然)에 순응하고 자연을 따르라고 하였다.

함석헌에 따르면 자연만물과 생명과 정신은 '타고난 그대로 스스로 그러한' 자연(自然)에 머물지 않고 '스스로 하는' 주체의 창조와 진화, 초월과 혁신을 일으키고 있다. 생명의 속알은 언제나 거죽, 껍질을 뚫고 쪼개고 새 생명을 싹틔우고 더 많은 열매와 씨올을 맺으려 한다. 씨올 정신은 언제나 육체의 욕망과 감정과 편견을 극복하고 낡은 제도와 조직을 깨트리고 더 높고 큰 생명과 정신을 실현하려 한다. 씨올은 언제나 거죽(거짓)을 뚫고 속알이 차올라야 한다.

3) 광개토대왕과 거짓말

며칠 전 텔레비전 좌담프로에서 거짓말에 대해 말하는 가운데 광개토대왕에 대한 이야기가 나왔다. 사람은 누구나 매일 몇 차례씩 거짓말을 한다는 것이다. 인간의 감각과 이성이 사물(사실) 자체를 인식할 수 없다는 것은 철학자 칸트가 확립한 명제다. 사실과 사물 자체에 조금이라도 일치하지 않는 말이 거짓말이라면 거짓말 하지 않는 사람은 아무도 없는 셈이다. 아무도 사실과 사물 자체를 완전하고 정확하게 인식할 수 있는 사람은 없기 때문이다. 그러나 산술계산과 논리의 세계, 지성적 관념의 세계에서는 참과 거짓이 명확하게 구분되고 참을 확인할 수 있다. 생명과 정신의 세계는 무엇을 지향하고 바라고 목적을 추구하는 세계다. 생명과 정신을 가진 인간은 사실과 논리에 꼭 일치하는 말을 하기 보다는 희망과 기대, 사랑과 욕구, 목적과 지향을 담은 말을 한다. 사물과 사실, 계산과 논리에 정확히 일치하는가를 기준으로 판단하면 사람의 말은 부정확할 뿐 아니라 과장되고 왜곡하는 거짓말이 많을 것이다. 그렇기는 하지만 사람이 의도적이고 의식적으로 거짓말을 서로 일삼는다면 모든 인간관계와 사회관계, 사회질서와 협력은 당장 무너질 것이다.

한민족은 5천년 역사를 통해서 남의 민족을 침략하지 않은 평화민족이라는 생각을 많은 사람들이 하고 있다. 이것은 영토를 크게 확장한 광개토대왕의 역사적 사실과 일치하지 않는 거짓말이 아니냐는 것이다. 한민족이 평화민족이라는 말도 좋아하고 영토를 크게 확장한 광개토대왕도 좋아하는 것은 모순이라는 말이다. 함석헌선생이 '뜻으로 본 한국역사'에서 한민족이 남의 민족을 침략하지 않은 평화민족이라는 주장을 했다. 함 선생이 이렇게 말씀하신 것은 고조선과 부여가 만주와 한반도를 차지하고 있었으므로 만주와 한반도는 본디 우리 민족의 땅이라는 생각이 있었기 때문이다. 따라서 광개토대왕이 만주와 한반도를 차지한 것은 침략이 아니라고 생각했던 것이다. 또한 고구려가 맞서 싸웠던 나라는 모용씨가 지배한 '연'이었는데 고구려의 수도를 함락시킬 정도로 고구려에게 위협적이었다. 침략국가인 연에 맞서 싸워서 고조선과 부여의 고토를 회복하고 자주적인 국가를 세운 고구려를 함석헌 선생은 매우 중시했다. 상무(尙武)정신을 고취시켰던 고구려지만 만주와 한반도에 머물렀을 뿐 중국 본토를 침략할 생각을 하지는 않았다.

고구려의 적대 국가였던 연 나라가 지나치게 호전적이고 서로 배신과 분열을 일삼다가 망한 것과는 달리 고구려는 정신과 문화를 숭상하는 품격 있는 나라였다. 광개토대왕비문에 따르면 고구려의 시조 추모왕은 스스로 황천(皇天)의 아들이라고 했고 왕위에 대한 집착이 없어서 하늘에서 황룡을 보내 영접했으며 나중에는 왕위를 버리고 황룡을 타고 하늘로 올라갔다고 한다. 그의 아들 유류왕(儒留王)은 도(道)로써 나라를 잘 다스렸다(以道興治)고 하니 문화국가의 높은 이념을 실현한 것이다. 18세에 왕위에 오른 광개토대왕의 이름은 평안호태왕(平安好太王)이고 칭호를 영락태왕(永樂太王)이라 하였다. 평안을 좋아하고 영원한 즐거움을 누리는 대왕이라고 한 것은 고구려의 종교 문화적 깊이와 높이를 드러낸다. "(왕의) 은택(恩澤)은 하늘에까지 미쳤고 위무(威武)는 사해(四海)에 떨쳤다. (나쁜 무리를) 쓸어 없애니, 백성이 각기 그 생업에 힘쓰고 편안히 살게 되었다. 나라는 부강하고 백성은 유족해졌으며, 오곡(五穀)이 풍성하게 익었다. 하늘이 (백성을) 불쌍히 여기지 아니하여 (왕은) 39세에 세상을 버리고 떠나셨다." 군대를 앞세운 강력한 제국이었던 고구려가 하늘과 도, 평안과 영원한 즐거움을 내세운 것은 고대국가들의 세계에서 특이한 일이다.

있는 그대로 보기

사람은 있는 그대로를 못 본다. 눈으로 볼 때 이미 굴절되어 보이고 귀로 들을 때 굴절되어 들린다. 귀나 눈으로 들어 온 굴절된 현상마저 주관적인 생각이나 느낌에 의해 왜곡된다. 사람은 사실을 사실대로 보지 못할 뿐 아니라 보려고 하지 않는다. 그러니 오해받고 모함 당했다고 너무 분하게 여길 것 없다.

있는 그대로의 현실을 볼 수 없으면 진리와 생명에 이를 수 없다. 진실을 모르는데 어떻게 참된 삶의 도리를 알겠으며, 참된 삶을 살겠는가? 있는 그대로의 현실을 보려는 구도자적 노력과 용기가 없으면 허상 속에서 헤맬 수밖에 없고 일은 갈수록 꼬이고 얼크러진다.

내가 나로 네가 너로 또렷이 보이고 말과 행동과 사건이 뚫려 보여야 삶은 시원하고 사회는 깨끗해진다. 하나님 앞에서만 나를 나로 보고, 너를 너로 볼 수 있다. 하나님 앞에서만 말과 행동과 일이 뚫려 보인다. 있는 그대로 보는 사람은 헛소리, 군소리 그칠 것이다.

사실은 알기 어려워

사실을 사실대로 보기 어렵고 사실을 사실대로 알기도 어렵다. 감각의 지각 자체가 사물을 변형시켜 받아들이고 우리의 굽은 마음과 생각이 그것을 다시 일그러뜨린다.

그래서 선승들은 깨달음의 경지를 "산은 산이요, 물은 물이로다!"라는 말로 나타냈다. 산을 산이라 말하기 어렵고, 물을 물로 보기 어렵다는 것을 아는 이만이 이 말의 뜻을 헤아릴 수 있다. 예수는 믿는 사람의 삶의 원칙을 "'예' 할 것은 '예'하고 '아니오' 할 것은 '아니오'라고만 하여라. 그 이상의 말은 악에서 나오는 것이다." 라고 밝혔다. 사실에 무엇을 덧붙이거나 빼려하지 않고 사실을 사실대로 인정하는 일이 어렵고 가려진 사실을 밝혀내는 일이 얼마나 힘드는 일인가!

10장

앎과 모름

10장 앏과 모름

1. 아주 특별하고 심오한 우리 말: 앏과 모름

선악과와 인간타락

창세기는 인간이 선악을 알게 하는 나무 열매를 먹고 타락하여 생명나무와 에덴동산에서 추방되었다고 한다. 선악에 대한 지식은 공적이고 신적인 것이고, 생명과 사회의 중심과 본질에 속한 것인데 사적인 것으로 만듦으로써 큰 혼란과 파괴와 죽음에 이르게 되었다. 선과 악, 좋음과 나쁨의 판단과 기준에 사사로운 감정과 이해관계가 얽혀 들어감으로써 선에 대한 지식과 판단이 욕심과 편견으로 물들게 되었다. 선과 악, 옳고 그름, 좋고 나쁨에 대한 지식과 판단에는 사사로운 감정, 미움과 분노가 끼어들었다. 그래서 끝없는 갈등과 다툼의 악순환에 빠지고 말았다. 생명과 공동체의 근원인 사랑에 이르는 길이 막히고 말았다.

198

어떻게 선악에 대한 지식을 넘어서 사랑에 이를까? 지식을 버림으로써 오직 모름을 지킴으로써, 오직 믿음으로써 오직 복종하고 행함으로써, 오직 죽고 다시 살아남으로써 사랑에 이를 수 있지 않을까? 본회퍼는 오직 복종하는 사람만이 믿을 수 있고 오직 믿는 이만이 복종할 수 있다고 했다. 선악을 분별하는 율법 지식에 매달리는 바리새파들은, 남을 비판하고 비난하는데 익숙한 현대의 지식인들은 믿을 수 없고 복종할 수 없다. 지식을 버린 사람만이 믿을 수 있고 행동할 수 있고 사랑할 수 있다.

앎

서양에서 '안다'는 말은 대상을 분석하고 쪼개서 정보를 얻는 것을 뜻한다. 안다는 말의 어원 skei는 '가르다, 나누다'를 뜻한다. 우리말 앎은 알짬, 낟알, 밤알에서처럼 나눌 수 없는 옹근 전체를 나타낸다. 대상 전체를 긍정하고 받아들임으로써 앎이 생긴다.

국어사전에 보면 앎은 "신의 가호 또는 그 보람"을 뜻한다. 앎은 알아주고 보호하고 보살펴주는 것이다. 예전에는 "늘 알음이 있기를!"하는 인사말이 있었는데 "신의 가호와 보살핌"을 기원하는 말이었다. 성경에서 안다는 말은 단순한 지식이나 정보가 아니라 몸과 마음으로 경험하는 것을 뜻한다.

안다는 것이 인정하고 보살펴주는 것을 뜻한다면 아는 사람끼리 봐주고 모르는 사람을 박대하게 된다. 그러면 공정하고 정직한 사회는 오지 않을 것이다. 그러나 우리 말 앎이 단순한 지식이나 정보가 아니라 "신의 가호와 보람", "알아줌과 보살핌"을 뜻한다면, 안다는 것은 얼마나 깊고 아름다운 일인가!

아주 특별하고 심오한 우리 말: 앎과 모름

다른 나라 말과 비교하면 우리말 앎의 특별함을 알 수 있다. '앎'은 알맹이 알짬 핵심과 관련된 말이다. 사물과 생명의 알맹이, 알짬, 핵심, 본질을 드러내고 이해하게 된 것을 의미한다. 앎에는 알짬 본질이 담겨 있다. 앎은 단순히 인식대상의 정보, 데이터가 아니다. 앎은 인식대상의 본질, 핵심, 주체와 전체를 드러내고 전하고 실현하는 것이다.

중국말 앎(知)은 입에서 말이 화살처럼 나오는 것을 나타낸다. 맘속의 생각과 감정을 알리는 것이다. 아는 것이 많아서 화살을 쏘는 것처럼 말을 빨리하는 것을 뜻한다. 知는 화살처럼 빠르고 날카롭고 정확한 지식, 그런 지적 능력을 가진 사람을 뜻한다. 知는 지식을 가진 사람이 다른 사람들에게 갖는 지적 능력, 영향력을 나타낸다.

서양말 앎 know(skei)와 비교

'알다'라는 말도 서양의 말과 비교된다. 서구언어의 뿌리 말인 인도 유럽어에서 '알다'를 나타내는 말(라틴어 scio)의 말 뿌리는 'skei'인데 "자르다, 분리하다, 가르다"를 뜻한다.[1]

---

1) J. Pokorny, *Indogermanisches etymologisches Wörterbuch*. Bern, A. Francke Hg. 1969. 919쪽.

서구언어에서 '알다'는 대상을 '가르고, 잘라서' 본다는 뜻을 품고 있다. 인식주체인 이성적 자아의 자르고 분리하는 능력이 앎의 내용과 행위를 구성한다. 인식대상은 가르고 자르는 인식행위의 수동적 대상에 머문다.

중국의 知(앎)는 다른 사람들에 대한 지식인의 지적 힘과 영향을 나타내고 서양의 skei는 인식대상을 가르고 쪼개서 지식을 얻는 인식주체인 이성의 인식 능력과 행위를 나타낸다. 중국이나 서양의 지식은 인식주체의 능력을 나타낸다.

이에 반해 우리말 '알다'는 사전에서 "배우거나 경험하여 모르던 것을 깨닫다."로 풀이한다. 그리고 '알다'의 뿌리 말 '알'은 '알맹이'(核), '알짬'(精), '알'(卵)이고 '얼'(情神)과 통한다.[2] 우리말 '알다'는 인식주체의 인식능력이나 행위와 관련되지 않고 인식대상의 본질 내용과 관련된다. '알다'는 인식대상의 알맹이와 알짬, 잠재적 생명력을 긍정하고 받아들이는 것이다. '알다'는 인식대상에 '알맹이', '알짬', '생명의 씨앗'이 있다고 믿고 대상에 접근한다. '알다'는 인식대상의 알짬[내적 본질]이 알려질 수 있음을 전제한다. 앎에는 인식대상의 알짬이 담겨 있다.

이런 앎의 행위에서는 인식대상이 중심과 주체로 존재한다. 서구언어에서 '알다'는 인식대상을 분석하고 해체해서 대상에 대한 지식과 정보를 얻는 것이라면 한국어에서 '알다'는 인식대상 전체의 핵심이 손상되지 않고 드러나게 하는 것이다.

---

2)   김민수 편, 《우리말 語源辭典》 태학사 1997. 705쪽.

한국어에서 '알다'는 대상에 대한 전체적인 이해와 깊은 깨달음을 뜻한다. 이런 말의 어원적 차이는 중요한 인식론적 차이를 함축한다. 서구에서는 인식대상을 지배하고 통제하는 인식론에 이르고 한국에서는 인식주체인 인간의 이성적 자아가 겸허하게 인식대상을 긍정하고 신뢰하고 존중하며, 인식대상에 맞추는 인식론, 인식주체와 대상이 서로 주체로서 교감하는 인식론에 이른다. '알음'은 단순한 지식과 정보가 아니라 '사람끼리 서로 아는 일', '신의 보호나 신이 보호하여 준 보람'을 뜻한다. 앎, 알음은 인식주체와 인식대상 속에 있는 알짬, 깊이 더 나아가서 신적인 얼과 이어진 것이다.

　　안다는 것은 알맹이에 충실(充實, 忠實)하고 착실(着實)하고 진실(眞實)하게 되는 것이다. 앎은 알맹이, 알짬을 드러내는 것이라면 거짓은 껍데기, 거죽에 머무는 것이다. 본래 거짓은 '거죽, 거죷'에서 온 말이며 껍데기, 거죽을 나타내는 말이다. 알맹이, 알짬에 이르지 못하고 거죽에 머물고 거죽에 매어 있는 것이 거짓이다. 무엇을 배우고 익혀서 알게 된다는 것은 거죽, 껍데기에 머물지 않고 알맹이 알짬에 이르고 알맹이, 알짬을 붙잡는 것이며 몸과 맘에 배게 하고 익숙하게 하는 것이다. 열매 실(實)은 열매가 알차게 익어가는 것을 뜻하는 말이다. 충실, 착실, 진실은 인식하는 주체인 나와 인식되는 대상인 사물과 생명의 알맹이, 알짬이 알차게 익어가는 것을 뜻한다.

　　배우고 익혀서 앎에 이르는 것은 인식주체와 인식대상의 알맹이, 알짬이 함께 알차게 익어가게 하는 것이다. 물건과 기계, 일과 관계, 생명과 조직, 정신과 이념의 알짬과 알맹이가 나(우리)의 몸, 맘, 얼과 함께 알차게 익어가게 하는 것이 배우고 익히는 것이고 앎에 이르는 것이다. 앎에 이르고 앎을 붙잡는 것은 인식대상인 사물과 일의 알짬과 알맹이가 실현되고 완성되게 하는 일이면서 나의 인성을 실현하고 완성하는 것이다.

참된 앎은 배우고 익힌 앎에 머물지 않는다. 배우고 익힌 앎이 익숙해져서 고정되고 확정되면 생명에게 굳고 딱딱한 껍질이 된다. 스스로 자라고 탈바꿈하며 새롭게 되는 생명과 정신은 고정된 앎에 머물 수 없다. 익숙해지고 고정된 지식과 정보는 생명과 정신을 고정시키고 생명과 정신의 창조적 진화와 성장을 가로 막는다. 따라서 배우고 익힌 앎은 때가 되면 깨트려 버리고 새로운 모름(未知)의 세계로 나아가서 생명과 정신의 새로운 알맹이를 붙잡아야 한다.

우리말 앎에는 인식주체와 인식대상이 서로 주체와 전체로 만나고 사귀고 깊이 알아가는 생명 철학적 인식론을 담고 있다.

2. 모름의 신비

모름지기

다른 말들에서는 '안다'는 말 앞에 부정사를 써서 알고 있지 않음을 나타낸다. 영어는 'know', 'don't know'라고 한다. 영어를 비롯한 서구언어가 다 그렇고 중국어와 일본어도 그렇다.

그런데 왜 우리는 '안다', '모른다'고 할까? '모른다'는 '못 안다'에서 온 말이 아닐까 생각해 본다. '모름'은 '못-앎'이다. '못-앎'은 '안-앎'

과는 다르다. '못'은 능력이나 형편이 미치지 못한 것을 나타내고 '안'은 말하는 이의 의지가 담겨 있다. "시집 못 갔다"는 말과 "시집 안 갔다"는 말에서 그 차이가 잘 드러난다.

모름지기는 '반드시', '꼭'을 뜻하는데 유영모는 '모름직이', '모름을 지킴'으로 풀이한다. 절대와 초월의 궁극적인 세계는 논리와 개념으로, 생각과 감각으로 알 수 없는 세계이다. 알 수 없는 모름의 세계에서만 '반드시', '꼭'이 성립된다. 생성소멸하고 늘 변화무쌍한 상대세계에서는 '반드시', '꼭'이라고 말할 수 없다. '모름의 세계'를 지키는 이만 '반드시', '꼭'이란 말을 쓸 자격이 있다.

오직 모를 뿐!

미국에서 불교를 널리 알린 숭산 스님이 내세우는 가르침 가운데 하나가 '오직 모를 뿐!' 이다. 개념과 논리로 닿을 수 없는 세계가 있음을 알 때 비로소 알고 모르는 게 분명해지고, 모르는 것을 모르는 것으로 분명히 지킬 때 일상생활을 힘있게 할 수 있다.

히브리 성서에서는 "하나님을 보는 사람은 죽는다."고 했다. 볼 수 없는 것을 보려하고 알 수 없는 것을 알려하면 죽는다. 모르는 것을 지킬 때만 아는 것을 알 수 있다.

아, 하나님! 볼 수 없고 알 수 없고 생각할 수도 없는 님. 오늘도 님이 살아 계심을 알 수 있는 은총을 베풀어주시고, 누구에게선가, 어디선가, 임이 계신 흔적을 보는 기적을 허락하소서.

모름을 지켜라

모름을 지킬 때 삶에 들어가서 일과 사람에 맞게 옳게 행동할 수 있다. "오직 모를 뿐, 오직 할 뿐"(숭산)이다. 모름을 아는 이만 믿고 복종한다. 회개하고 새로워질 수 있고 남을 사랑할 수 있고 솟아올라 앞으로 나갈 수 있다. 안다는 사람은 앎에 사로잡혀 삶에 행동에 이를 수 없고 사람을 만날 수 없다. 모르는 이만이 살 수 있고 할 수 있고 사람을 만날 수 있고 친할 수 있다. 아는 게 병이고 모르는 게 약이다.

생명의 진실은 감추어 있다. 생명의 임자이신 하나님은 가려져 있다. 이스라엘 역사에서 고난의 나락에서 그 진실이, 하나님의 말씀과 뜻이 드러났다. 참 생명은 십자가에서 드러나고 완성된다. 그리스·로마와 유럽인들은 정복자들이다. 이들의 학문은 지식을 추구하는 것이다. 선악과를 따먹고 이익과 야망에 눈먼 정복자로서 지식을 추구한 학문전통으로 성서를 해석하고 신학을 했으니 올바로 될 리가 없다. 겸허하게 모름을 지킴으로써 성서의 생명과 영성의 세계에 들어갈 수 있다.

모름의 영역

삶과 죽음의 근원과 깊이는 우리가 알 수 없는 전체 생명의 깊은 영역, 하나님의 자리에 닿아 있다. 전체 하나, 절대 하나이신 하나님은 우리의 감각과 이성이 닿을 수 없는 캄캄한 모름의 세계다. 기도하고 탐구하더라도 모르는 것은 모르는 것인 줄 알고 기도도 하고 탐구도 해야 한다. 하나님과 닿지 않은 것이 없으므로 인간과 생물과 만물은 알 수 없는 신비의 차원을 가지고 있다. 그러나 인간의 감성과 이성과 영성을 가지고 탐구하고 드러낼 수 있는 한 탐구하고 드러내려는 노력을 그쳐서는 안 된다. 하나님만 빼고 다 알 수 있고 탐구할 수 있다.

하나님은 모르는 이지만 우리에게 생각을 주고 자신을 알리고 드러내는 분이기도 하다. 감추어져 있으면서 알려지는 분이기도 하다. 하나님은 모름 속에 계시면서 자신을 알리시는 이다. 인간이 감각과 이성으로 확인하고 검증하는 물질적 상대 세계에서는 하나님의 존재를 확인할 수 없고, 얼과 영의 세계에서만 확인하고 체험할 수 있다. 따라서 하나님은 없이 계신 분이다.

전체이신 하나님의 자리는 온갖 시비를 넘어서서 '하나 됨'에 이르는 자리이다. "시시비비 따지는 것은 내가 지은 망령이요...하나님을 믿고 만족하면 일체의 문제가 그치고 만다. 시비의 끄트머리는 철인의 경지에 가야 끝이 나고 알고 모르는 것은 유일신에 가야 넘어서게 된다."[3] 없이 계신 하나님과 통하면 신통하여 천지유무를 통하고, 옳고 그름, 앎과 모름을 넘어서 하나로 통하게 된다. 옳고 그름, 앎과 모름의 일차원적이고 평면적인 논리와 주장을 넘어서 둥글게 하나로 통하는 '가운데'(中)와 '떳떳함'(公)의 세계는 유무상통(有無相通)하는 없이 계신 하나님의 자리에 가야 열린다.

---

3)   유영모, "여오", 다석일지(영인본) 상. 832쪽.

모르는 것은 모르고 아는 것은 안다고 하자

사람들의 감정과 생각은 서로 다르기 마련이고 다를 수밖에 없다. 서로 다른 주장과 의견이 일치되기를 기대하기 어렵다. 그러면 어떻게 해야 할까? 모르는 것을 모른다고 하는 것이 옳은 자세가 아닐까? 주장을 내세우기 전에 내 주장이 무엇이 잘못되었는지, 또 잘못될 수 있는지를 살펴보는 것이 옳다. 그래야 바른 판단과 지식을 얻을 수 있다. 바른 지식과 정보를 알기 위해서는 자기 주장을 내세우는 것보다는 모르는 것을 모른다고 말하는 것이 옳다.

그러나 모른다면서 그저 가만히 있는 것도 옳은 자세는 아니다. 무엇을 모르는지, 그리고 무엇이 잘못된 지식이고 정보인지를 밝혀내려고 애를 써야 한다. 의심이 가고 분명하지 않은 부분을 밝혀야 한다. 언젠가는 정확한 진상이 드러나리라고 생각한다. 모름을 지키고 모름을 탐구할 때 진상이 드러날 것이다. 모름을 지키는 것은 진리와 진실을 왜곡하고 독점하고 왜곡된 자신의 주장을 남에게 강요하는 모든 노력을 거부하는 것이다. 아무도 진리와 진실을 독점하거나 왜곡하지 못하게 하는 것이다. 진실과 진리 자체가 드러나서 스스로 말하기까지 기다리며 우리가 함께 진리와 진상에 이르도록 모든 거짓과 왜곡과 주장을 제거하는 것이다.

모름을 지키는 것은 진리가 드러나게 맘과 생각을 비워두는 것이다. 모든 거짓과 선동을 거부하고 우리가 모르는 진실이 드러나게 겸허히 묻고 배우는 것이다. 모든 폭력과 거짓 주장에 맞서 모르는 것을, 불확실하고 애매한 것을 탐구하고 파헤치는 것이다.

공자는 용감한 제자인 자로에게 "아는 것은 알고 모르는 것은 모른다고 하는 것이 참으로 아는 것이다."고 말했다. 이것이 가장 기본적인 지식인의 자세다. 자기가 아는 것을 분명히 알지도 못하고 모르는 것을 아는 것처럼 행세하면 자신과 남을 큰 혼란에 빠지게 한다.

『장자』에서 왕예는 제자인 설결의 물음에 '모른다'는 말로 일관한다. 사람들이 안다는 것과 모른다는 것이 상대적임을 가르친다. 안다는 것이 잘못 아는 것이면 큰 잘못과 혼돈에 빠진다. 모른다고 하는 것은 무엇을 모르는지 분명히 아는 것이다.

3. 알맞이, 삶의 지혜와 철학

점에 점찍기

중국의 덕산 스님은 본래 금강경에 통달한 학승이었다. 남쪽의 선승들이 글을 무시한다는 말을 듣고 가르쳐 주려고 남쪽으로 가다가 떡 파는 할머니를 만났다. 그 할머니가 말했다. "과거의 마음도 현재의 마음도 미래의 마음도 없다고 했는데 스님은 어느 마음에 점을 찍겠습니까? 답을 주시면 떡을 주고 답을 주지 않으면 떡을 팔지 않겠소." 불교에서는 마음에 점을 찍듯이 가볍게 점심(點心)식사를 했다. 마음에 점을 찍는 것은 깨달음에 이르는 것을 뜻했다. 덕산은 아무리 생각해도 답이 떠오르지 않았다. 그래서 떡을 얻어먹지 못했다.

어떻게 대답해야 떡 장수 할머니에게 덕산이 떡을 얻어먹을 수 있겠는가 하는 물음이 선불교의 중요한 화두가 되었다. 한국의 유명한 선승 만공에게 어느 젊은 스님이 물었다. "어떻게 대답해야 떡 장수 할머니에게 떡을 얻어먹겠습니까?" 만공이 "옛날에 이미 마음에 점을 찍었다."고 대답했다. 질문한 스님이 "그것은 답이 아닙니다."고 하자 만공은 그 자리에서 7일 밤낮을 먹지도 자지도 않고 참선을 한 후 답을 주었다. "점에 점을 찍는다."

점찍을 마음이 없는데 어디 다 찍겠는가? 욕심과 허영으로 부푼 마음을 다 비우고, 세상에 대한 집착과 미련을 다 버리면 마음과 세상이 텅 비게 된다. 아무 것도 없고 있는 것은 오직 찍으려는 점밖에 없다. 찍으려던 점에다 점을 찍어서 찍으려는 점조차 없애버리라는 것이다. 유 영모 선생은 가온 찍기를 말했다. 욕심과 허영으로 부푼 마음, 세상에 대한 집착과 미련을 한 점으로 비워서 그 한 점을 찍음으로써 온갖 매임과 집착에서 벗어나 하나님의 자녀로서 자유로운 삶을 누린다는 것이다. 유영모는 날마다 마음과 세상의 한 가운데 한 점을 찍음으로써 빈탕한데(비고 없는 세계)에서 하나님 품에서 선승들이 추구했던 자유를 누렸다.

알맞이

유영모는 철학을 우리말로 '알맞이'라 하면 좋겠다고 했다. 서양에서는 철학을 '앎에 대한 사랑'(philosophy)이라고 하는데 알맞이는 더 깊고 넓은 뜻을 지닌 것 같다. 알맞이는 '앎을 맞음', '깨달아 앎에 이름'이다. 또 알맞이는 '앎에 맞음', 앎에 맞게, 알맞게 살고 행동하는 것이다.

앎에 맞게 알맹이, 알짬에 맞게 사는 것이 삶의 지혜이고 철학이라는 것이다. 몸에 알맞게 먹고 알맞게 입고 알맞게 자고, 사람과 일에 따라 알맞게 말하고 알맞게 생각하고 알맞게 결정하고 알맞게 대하고 알맞게 행동하는 사람이 철학자이고 사제이다.

알맞이는 가운데 중용(中庸)이다. 속이 뚫리고 비어 가운데가 열려서 진공묘유(眞空妙有)의 세계가 드러나고, 높낮, 잘못, 살죽 가운데로 솟아오르는 길이다. 속이 줄곧 뚫려, 하늘의 거룩한 영과 통하는 이는 사람 사이(人間), 때 사이(時間), 빈 사이(空間), 하늘 땅 사이(天地間)에 가운데 길을 열어간다.

알맞음은 적당히가 아니라 중심, 알짬을 맞추는 중용이다. '알'은 알밤, 알몸처럼 군더더기나 껍질을 벗긴 알짬을 뜻한다. 알맞이는 알짬을 잡아 알짬에 맞추어 사는 것이다. 또 알맞이는 앎에 걸맞음, 앎다움인데 앎다움은 아름다움이다. 알만한 값어치가 있는 것이 아름다운 것이다.

앎은 알짬을 알아 맞춤이고 알만한 값어치가 있는 알짬이 아름다운 것이다. 알맞게 먹고 알맞게 입고 알맞게 자고 알맞게 말하고 알맞게 행동하는 사람은 알맞은 사람, 철학자이고 아름다운 사람이다.

돈오점수와 씨알의 탈바꿈

어떻게 몸 맘 얼이 함께 건강하고 하나로 통할 수 있을까? 몸성히 맘놓아 뜻 태우는 삶을 어떻게 할 수 있나? 우주만물이 썩어짐의 종살이와 허무에서 벗어나려고 신음하고 탄식하며 하나님의 아들들이 나타나기를 고대한다. 우주가 고통 속에서 신음하며 하나님의 아들은 십자가에서 고난 받고 죽는다. 고통을 감수해야 부활생명으로, 하나님의 아들로 태어날 수 있다.

현실의 생명체와 인간은 완전하지 않다. 되고 되어가는 존재다. 미완, 미생, 미결의 존재다. 끊임없이 자기초월과 부정을 통해서 탈바꿈하고 창조와 진화를 이루고 새로운 나를 낳아야 하는 존재다. 씨올이 깨지고 죽어서 새 생명의 창조활동을 하듯이 생명과 정신은 죽고 다시 나야 한다. 끊임없는 자기부정과 초월을 통해서 창조와 진화의 탈바꿈, 되고 되어서 인격과 품성의 됨됨이를 이루어야 한다.

돈오에 이르려면 공부, 점수가 요구된다. 돈오 이후에도 공부가 필요하다. 점수, 돈오, 점수, 돈오가 계속되어야 한다. 함석헌은 불을 크게 일으키려면 장작을 많이 쌓아야 하듯이 경전공부를 통해서 정신의 연료를 많이 쌓아야 한다고 말했다. 그래야 크게 깨닫고 깨달음이 오래가고 힘차게 실천할 수 있다는 것이다. 돈오점수보다는 다석이 말한 가온찍기와 줄곧 뚫림이 더 주체적이고 입체적이다. 가온찍기는 맘의 가운데, 시간의 가운데를 찍어서 자유와 통일에 이름을 뜻한다. 줄곧 뚫림은 가운데가 뚫려서 막힘없이 연락하고 소통함을 뜻한다. 맘과 세상을 한 점으로 찍어서 없음과 빔의 세계 하늘로 들어가고 하늘의 줄곧 뚫림이 이루어져서 몸·맘·얼이 줄곧 뚫리고 위로 하늘과 줄곧 뚫려 있고 옆으로 이웃 만물과 줄곧 뚫려 있게 한다.

11장 전쟁과 평화

1. 희생자의 눈을 들여다보라

<u>미국이 아니라 UN이 세계경찰의 구실을 해야</u>

이라크인 포로들을 미군과 영국군이 학대하는 사진들이 세상에 알려져 충격을 주고 있다. 19세의 앳된 미국 여군이 벌거벗은 이라크 남성의 목에 개 줄을 매어 끌고 다니고, 벌거벗은 남성을 철창에 매달기도 하고 벌거벗은 사람들을 짐짝처럼 쌓아놓기도 했다. 학대하는 이도 학대받는 이도 사람의 품위를 잃었다. 이에 맞서 이라크인들은 미국시민 한 사람의 목을 자르고 그 사진을 공개했다.

이 사건들은 전쟁의 야만적 광기와 부도덕성을 고발한다. 이제 전쟁을 해서는 안 된다는 강력한 경고요 호소라고 생각한다.

세계 초강대국 미국이 세계 최고의 부와 막강한 군사력을 가지고

도 가난한 약소국과의 전쟁에서 이길 수 없다는 것이 이미 베트남 전쟁에서 입증되었다. 세계민족들 사이의 분쟁과 갈등을 전쟁으로 푸는 시기는 지났다. 아무리 약한 나라들도 강한 나라들에 치명적인 공격을 가할 수 있는 힘과 수단을 가지고 있다. 전쟁과 폭력으로 문제를 풀려는 것은 부도덕하고 부당할 뿐 아니라 현실적으로도 효율적이지 못하다는 것을 인식할 필요가 있다. 오만하고 부도덕한 미국의 제국주의적 전쟁정책을 저지하고 민족과 국가들 사이의 갈등과 분규를 평화적으로 풀 수 있는 힘과 지혜를 모아가야 할 때가 되었다.

이제 미국은 세계경찰국가를 자처하는 오만과 착각에서 벗어나야 한다. 누구도 미국에게 세계경찰국가의 사명을 맡기지 않았다. 이제 세계의 갈등과 분규를 풀고 평화를 실현하는 세계경찰의 일을 UN에게 맡겨야 한다. UN이 전쟁을 억제하고 평화를 실현할 수 있는 힘과 수단을 갖도록 해야 한다. 민족과 국가의 주권과 전통을 존중하면서도 세계인류의 평화와 공존을 위해 UN의 권한과 힘이 훨씬 더 강화되어야 한다. 앞으로 민족국가의 장벽은 갈수록 낮아지고 인류사회의 소통과 협력은 갈수록 진전될 것이다.

전쟁은 미친 짓이다.

벌거벗은 이라크 남성의 목에 줄을 매어 끌고 다니며 웃고 있는 어린 미국 여군은 착한 모범생이었다고 한다. 젊은 여군이 어떻게 저런 잔인하고 뻔뻔한 행동을 할 수 있었을까? 전쟁은 서로 죽이고 죽는 위기상황을 조성한다. 불안하고 폭력적인 전쟁 상황에서 적군에 대해서 잔인하고 비인간적인 행동을 하게 되는 것이 아닐까? 미군 상층부는 포로들에게서 정보를 얻기 위해 고문을 허용하고 조장했다고 한다. 학대하는 자도 학대 받는 자도 이성과 양심을 버리고 인간이기를 포기한 셈이다.

아무리 전쟁 상황이고 교도소라고 해도 상부의 명령을 따르는 군인이라 해도 자신의 영혼을 들여다볼 여유가 있었다면 차마 반인륜적인 파렴치한 행동을 하지는 못했을 것이다. 자기를 영혼을 지닌 사람으로 보지 못했고 상대를 인격을 지닌 사람으로 보지 못한 것이다. 하나님을 믿는 사람이라면 자신과 포로 사이에 이어주는 생명의 줄이 있음을 느낄 수 있었을 것이다. 서로를 느낄 수 있다면 차마 그런 짓은 못했을 것이다.

전쟁은 사람을 미치게 한다. 아니 전쟁 자체가 미친 짓이다. 맑은 정신으로는 전쟁을 못한다. 무엇인가에 미친 다음에야 미친 짓인 전쟁을 할 수 있다. 전쟁은 탐욕에서 나온다. 부요하고 안락한 삶을 유지하고 끊임없이 확대하려는 욕심이 없으면 전쟁을 할 필요가 없을 것이다. 가난한 삶에 자족하면서 서로 나누며 사는 사람들은 전쟁을 할 필요가 없을 것이다. 말하자면 사람들은 돈에 미쳐서 전쟁을 한다. 또한 사람들은 제 힘에 미쳐서 전쟁을 한다. 집단적인 국가의 권력과 영광에 미쳐서 전쟁을 한다. 미치면 사람이 보이지 않고 자신도 사람인 것을 잊게 된다. 그래서 전쟁을 하면 평소에 얌전하고 착실하던 사람도 잔인해지고 난폭해진다. 군대귀신에 걸려서 자기도 해치고 남도 해치게 된다.

전쟁은 타부다!

서구열강의 정복전쟁으로 추진된 전지구적 세계화는 역설적으로 "전쟁을 해서도 안 되고 할 수도 없는 상황"에로 인류를 몰아가고 있다. 통신혁명으로 긴밀히 연결·소통되고 한 울타리 안에 어우러져 살게 된 인간들이 폭력과 전쟁으로 문제를 해결한다는 것은 시대착오적이고 자살적인 행위이다. 세계화되고 서로 연결된 세상에서는 미워도 고와도 함께 사는 길을 찾을 수밖에 없다. 전쟁을 해서는 안 되는 시대가 왔다.

사람의 송곳니가 뭉툭해지고 손톱·발톱이 퇴화된 것은 사람 사이의 문제를 싸움으로 풀지 말고 말로 풀고 손잡고 도우며 사는 쪽으로 인간생명진화의 방향이 결정된 것이다. 아직도 주먹질을 하고 전쟁을 하는 것은 퇴화된 송곳니와 발톱의 진화 쪽으로 거슬러 가는 것이다.

미국이 이라크 침략전쟁을 일으켰다. 이라크가 많은 문제를 안고 있고, 사담 훗세인이 흉측한 독재자라고 해서 미국에게 이라크를 침략할 권리와 정당성이 주어지는 것은 아니다. 앞으로 반전평화운동은 미국 안과 밖에서 더욱 크게 일어날 것이다.

미국의 지도력과 영향력은 적어도 도덕적, 정신적 측면에서 급격히 축소될 것이다. 이제 정치문제도 전쟁문제도 국가권력관계와 전략적 차원에서만 논할 수 없고 시민과 민중의 자리에서 논의되고 평가되어야 한다. 세계정치무대에서도 NGO들과 시민과 민중의 견해와 활동이 중요한 구실을 할 것이다.

희생자의 눈을 들여다보라

전쟁의 미친 바람에서 깨어나려면 먼저 사람을 보아야 한다. 내가 죽이려는, 마구 짓밟는 사람이 사람임을 먼저 보아야 한다. 사람에게 차마 할 수 없는 일을 함부로 하는 것은 그 사람을 사람으로 보지 않기 때문이다. 눈을 뜨고 전쟁포로를 희생자를 똑바로 보자. 전쟁의 폭력에 짓밟힌 희생자들의 신음소리와 절규를 들어보자. 전쟁 희생자들의 몸과 맘의 밑바닥에서 솟구치는 신음 소리와 절규는 내 몸과 맘을 진동시킬 것이다. 다리가 잘린 어린 이의 신음소리, 다리 잘린 자식을 부둥켜 안고 우는 어머니의 절규를 듣노라면 내 속에서도 신음 소리가 절규가 들려올 것이다. 그 소리를 듣고도 총을 쏘고 칼을 휘두르면 사람이 아니다. 성령의 감동을 거스리는 그런 사람은 구원받을 길이 없다.

그 여군이 벌거벗은 이라크군 포로의 눈을 보았더라면 그 포로의 목에 개 줄을 묶어 끌고 다니지는 못했을 것이다. 그 사람의 눈을 보면서 그 사람에게 만행을 저지르지는 못한다. 희생자의 눈을 들여다보면 거기 무엇이 보이는가? 두려움과 부끄러움에 떠는 영혼이 보일 것이다. 가만히 그 눈동자를 들여다보면 그 눈동자에 어린 제 모습이 비칠 것이다. 희생자의 눈동자에 어린 제 모습을 보면서 희생자를 짓밟고 학대할 수 있을까? 희생자 속에서 나를 보고 내 속에서 희생자를 보자는 게 성서의 가르침이다. 이사야 53장 고난의 종의 노래가 우리에게 들려주는 가르침이 그렇고 십자가에 달린 그리스도의 가르침이 그렇다. 희생자의 눈에서 그리스도의 모습을 보고, 희생자의 소리에서 그리스도의 소리를 들으면 저도 모르게 손에서 총과 칼을 내려놓게 될 것이고, 포로에게 저지르던 부끄러운 짓을 하지 못하게 될 것이다.

상대의 눈을 보고는 상대에게 나쁜 짓을 못한다. 춘원 이광수와 도산 안창호 사이에 재미난 이야기가 있다. 이광수는 천재로 알려졌고 손에 책을 놓지 않는 노력파였다. 이광수가 안창호를 존경하면서도 고리타분한 도덕군자로 여겼다. 어느 날 춘원은 주요한에게 도산을 놀려주겠다고 장담했다. 도산 선생에게 "저도 선생님처럼 독립운동을 하고 싶은데 제게는 큰 약점이 있습니다. 여자를 너무 좋아하거든요." 라고 말하면 틀림없이 "여자를 밝히면서 어떻게 나라를 위해 일하겠느냐?"고 야단을 칠 것이라고 했다. 실제로 도산을 찾아가서 "선생님 저도 독립운동을 하고 싶은데, 제게는 큰 약점이 있습니다. 저는 여자를 너무 좋아합니다."고 말했다. 그러자 도산이 "남자가 여자를 좋아하는 게 무슨 흠인가? 그런데 말이야 자네 여자를 대할 때는 언제나 눈을 봐야 하네." 하고 말했다. 여자를 좋아하더라도 눈을 보고 대하면 여자를 농락하거나 짓밟지는 못한다. 여자를 책임적이고 인격적으로 대하게 된다. 도산의 말에 마음이 찔린 춘원은 꼼짝없이 도산에게 잡혀서 중국대륙을 누비며 도산을 따라 독립운동을 했다.

기독교인은 사람을 대할 때 늘 눈을 보아야 한다. 그 사람의 옷을 보지도 말고, 돈을 보지도 말고 지위와 세력을 보지도 말고, 국적과 인종과 계급을 보지 말고, 눈만을 보고 대할 수 있어야 한다. 눈은 마음의 창이다. 눈에서 사람의 심리와 심상(心相)을 보려고 해서도 안 된다. 사람의 눈에서 사람의 영혼, 하나님이 새겨주신 하나님의 형상을 보아야 한다. 상대의 눈에서 하나님의 형상이 떠오르면 내 속에서도 하나님의 형상이 떠오를 것이다. 서로의 눈에서 하나님의 형상을 보면 전쟁과 폭력의 미친 바람에서 깨어날 것이다.

십자가에 달린 그리스도의 눈을 보고, 전쟁의 광기에 희생된 인간들의 눈을 보는 사람은 더 이상 미국의 오만한 독선과 군사력을 두려워하지 않고 평화의 길로 나갈 수 있다. 나는 강대국의 대통령이나 군사정책전문가들에게서 세계평화가 시작된다고 생각하지 않는다. 오히려 전쟁과 폭력에 희생당한 이들의 고통과 신음, 절규에서 상생과 공존의 평화세계가 열리고, 희생자들의 눈과 그 눈을 보는 수많은 눈길들에서 평화의 길이 열린다고 믿는다. 십자가에 달린 평화의 임금 예수는 오늘도 전쟁과 폭력의 희생자들의 삶 속에서 오늘도 우리를 평화의 세계로 부르고 계시다.

눈을 보라

며칠 전에 뜰에 나갔는데 아직 새싹도 움트지 않고 꽃나무 가지에 봉오리도 벙글지 않았다. 어제 보니 붉은 동백꽃봉오리가 벌어지고 나뭇가지에 움이 돋았다. "너는 속에서 다 되어 가지고 나오는구나." 벙그는 꽃봉오리는 햇빛을 그리는 나무의 붉은 마음이고 움돋는 새순은 겨울잠에서 깨어난 나무의 눈이다. 이 꽃봉오리와 새순을 미워할 사람이 있을까?

이라크의 어린이들이 폭탄에 맞아 신음하며 몸부림친다. 고통당하는 어린이의 눈을 들여다보라. 거기 무엇이 비치는가? 고난받는 아이의 눈 속에 어리는 '나'의 모습을 보면서 그 아이에게 총을 쏘고 칼질을 할 사람이 있을까?

평화가 싹트는 자리

전쟁의 미친 바람이 그치면 승리한 군인도 보지 말고, 뻔뻔한 정치가의 소리도 듣지 말자. 전쟁으로 짓밟히고 고통 당하고 희생당한 사람들의 얼굴을 보자. 그들의 눈빛을 들여다보자. 두 다리를 잃은 딸을 안고 우는 아버지의 일그러진 얼굴을 보자. 남편과 아들을 잃은 젊은 여인의 슬픈 소리를 듣자. 하나님의 말씀은 정복자의 입에서 나오지 않고, 희생당해 죽어 가는 이들의 소리에서 나올 것이다. 21세기 평화의 시대는 군인들과 정치가들에 의해 열리지 않는다. 전쟁으로 짓밟힌 생명의 몸부림 속에서, 상처받은 영혼의 한 맺힌 소리에서 평화는 싹틀 것이다. 십자가에서 하늘나라의 문이 열렸듯이.

2. 지천태(地天泰): 자기 비움과 평화로운 공생

평화(平和)

평화란 말은 묘하다. '和'는 벼 禾와 입 口니 '입에 밥이 들어간다'는 말이고 平은 '고르다'는 뜻이니 평화는 입에 밥이 고르게 들어가는 것이다. 입에 밥이 고루 들어가면 평화는 이루어질 것이다.

어떤 사람들은 몸이 필요한 것보다 지나치게 많이 먹고 어떤 사람들이 몸이 필요한 것보다 훨씬 적게 먹는다. 너무 많이 먹어도 너무 적게 먹어도 몸과 마음의 평화가 깨진다. 그러면 몸과 마음에 질병이 생기고 사회도 불안해진다.

적게 먹고 검소하고 겸허하게 사는 길이 평화의 지름길이다. 사랑과 정의는 단순하고 소박한 삶에서 나온다. 삶이 화려하고 복잡할수록 인정은 메마르고 남과 더불어 설 수 있는 자리는 좁아진다. 생활이 단순할수록 몸과 마음에 힘이 생긴다.

착한 마음이 평화운동의 기초이다

6.25 전쟁 때 함석헌 선생이 피난 열차에서 피난민들이 음식을 혼자 먹는 법이 없고 주위 사람과 함께 나누어 먹는 것을 보고 "한국인은 저 착한 마음으로 세계에 크게 공헌할 것"이라고 말했다고 한다. 한국인들이라고 못된 짓을 하는 못된 인간이 없다고 어찌 말할 수 있겠는가? 그러나 한국인은 대체로 인정이 많고 친절한 편이다.

한국인의 착한 마음은 신화에서도 드러난다. 다른 나라의 신화들이 피로 얼룩진 정복전쟁으로 얼룩져 있는 것과는 대조적으로 한국의 신화들은 평화적이다. 단군신화에서도 홍익인간의 평화적 이념과 인간지향과 천신합일의 평화로운 교감과 결합이 드러난다. 고구려와 신라와 백제의 신화에서도 빛과 알이 만나서 사람이 되고 왕이 되었다고 말한다.

고구려가 강대했으나 정복전쟁을 일삼지 않았다. 이름들에도 평화의 정신이 담겨 있다. 언어도 교감과 소통, 상대를 존중하고 모시는 언어이다. 착한 마음이 평화의 기초다.

셋과 하나: 생명과 평화의 원리

'셋과 하나'의 묘합을 말하는 삼일(三一)사상은 한국인의 심성과 삶 속에 깊이 새겨져 있다. 한국의 전통음악은 흔히 세 박자로 되어 있고 사회자가 방망이를 두드릴 때도 세 번 두드리며 내기를 해도 세 번 한다. 유영모는 셋은 '선다'는 말에서 나왔다고 한다. 세 발만 있으면 만물은 어디서나 잘 선다. 셋이 모이면 하나로 설 수 있다는 것이다.

하나는 나뉨 없는 절대, 큰 것, 시작하는 원점이며, 모든 것을 아우르는 하늘이다. 셋은 함께 잘 서는 것이다. 둘은 나뉨이고 맞섬[맞둘]의 상대세계다. 셋은 홀로 있는 주체로서의 나도 아니고 나와 너가 마주 선 상대세계도 아니고 나와 너와 그가 하나로 돌아가는 묘합의 평화세계다. 하나를 잡아 셋을 포함한다는 것은 배제와 소외, 대결과 갈등, 지배와 정복의 원리가 아니라 통일과 귀일, 협력과 연대, 공생과 상생의 원리, 대종합의 평화세계를 위한 원리이다. 모든 것을 하나로 아우르는 포용의 원리이다.

'셋과 하나'의 묘합은 생명의 원리이며 평화의 원리이다. 하나 속에 셋이 있고 셋이 하나로 통한다는 삼일사상 속에 공생과 상생의 비밀이 숨겨 있다. 인간관계에서는 흔히 '나'와 '너'가 결탁하여 '그'를 배제하거나 소외시킨다. '나와 너와 그', 셋이 하나로 되는 때 평화가 이루어지고 공동체적 삶은 완성된다. 셋이 하나되는 것이 평화의 틀이다. 둘이 하나를 배제해서도 안 되고 하나가 둘을 지배해서도 안 된다. 셋이 하나로 되는 세계는 평화와 상생의 세계다.

지천태(地天泰): 자기 비움과 평화로운 공생

성서에 따르면 하나님은 흙으로 사람의 몸을 빚고 하나님의 생명 기운(숨)을 코에 불어넣음으로써 인간을 창조했다. 하나님의 생명기운, 하늘의 기운을 흙으로 빚은 사람의 몸 속에 넣는다는 것은 하늘(天)이 흙(地) 속에 들어온 것을 뜻한다. 주역에서 하늘이 겸손하게 땅 아래로 오면 태평해진다고 한다. 하늘이 땅 위에 높이 있으면 위험하고 흉해진다. 그러나 땅이 앞에, 위에 오고 하늘이 땅 뒤에 땅 아래 오면 태평해진다는 것이다.(地天泰)

평화세계(하늘나라)를 이루기 위해 하나님(天)이 사람의 몸(地)을 입고 땅 바닥으로 내려왔다는 기독교의 가르침은 주역의 지천태가 시사하는 생명·평화세계의 진리와 통한다고 할 수 있다. 몸으로 하늘바람을 숨쉬는 숨에는 기독교적 인간창조의 깊은 의미가 담겨 있고 주역에서 말하는 지천태의 신비가 숨겨 있다.

주역에서 겸괘(謙卦)는 늘 길하고 이롭다. 강하고 높은 이가 자기를 낮추고 비울 때 생명이 융성해지고 풍성해진다. 강해진 음이 스스로 줄어들 때 생명이 생겨나고 생명활동이 이루어지며, 강해진 양이 스스로 줄어들 때 생명이 살아 움직이기 시작한다. 자기를 비우고 줄임으로써 생명이 발생하고 활동한다는 주역의 사고는 '타자'에 대한 예의와 배려를 담고 있으며, 공생과 상생의 관념을 반영한다.

세계평화와 씨올

스티븐 호킹은 중력의 법칙에 의해 우주가 우연히 생겨난 것이며 우주가 창조되는 데 신은 필요없다고 주장했다. 중력의 법칙은 필연적인 것인데 어떻게 우연히 생겨났다고 하는 지도 알 수 없다. 물리학의 법칙은 무엇을 창조할 수 있는 게 아니라는 반론도 있고 자기 생각이 옳다고 생각하는 사람이 얼마나 무서울 수 있는지를 보여준다고 비난하는 사람도 있다. 물리학자가 물질에 관한 논의를 넘어서 생명, 정신, 신에 관한 말을 할 때 어떻게 잘못될 수 있는지 보여주는 것 같다. 호킹이 물리학이나 천문학에서는 재주가 있는 사람이겠지만 정신과 종교에 관해서는 무식하고 유치한 것을 알 수 있다. 중력의 법칙으로는 생명과 정신과 신의 깊이와 높이를 알 수 없다.

하나님을 마치 우주의 어디에 앉아 있는 흰 수염 가진 노인으로 여기는 그런 신화적인 신이라면 그런 신은 없다고 해도 좋고 없다고 하는 것이 정직한 진실일 것이다. 성경에서 하나님이 우주와 세상을 창조했다는 말이 사람이 어떤 물건을 제작하듯이 만들었다는 말이 아니다. 신의 창조는 모든 존재와 생명의 깊이와 높이, 존재 이유와 목적, 방향과 보람을 드러내는 말이다. 물질의 화학적 작용에서 아메바 같은 작은 미생물에서 오늘의 인간과 문명이 나왔다면 물질과 생명과 정신에 목적과 방향, 의미와 보람이 없다고 할 수 있는가? 다석은 신이 없다고 하는 것은 우주가 없다는 말과 같으니 어리석은 말이라고 하였다. 우주의 존재의 깊이와 전체 하나 됨을 느낄 수 있다면 우주의 존재에서 뜻을 느낄 수 있다면 하나, 하나이신 님이 있다고 할 수 있다.

생물학적 진화론을 내세우며 신이 없다고 공언하는 도킨슨, 유전공학과 생명공학의 원리로 종교와 철학, 미학과 윤리 도덕, 역사와 사회, 자연과학의 모든 지식을 통합하겠다는 에드워드 윌슨 같은 사람들도 도대체 인문학, 종교 철학에 무지한 자들이다. 이들이 생각하는 신이나 종교 철학은 매우 유치한 것임이 틀림없다.

지난 5천 년 동안 인류는 국가와 민족의 문제를 가지고 씨름해왔다. 전쟁과 폭력, 지배와 정복, 신분차별과 계급, 교조적 독선과 주장을 넘어서 상생과 평화의 세계를 향해 나가고 있는 오늘의 역사에 비추어 볼 때 인류 역사가 아무 뜻이 없고 목적과 방향과 보람이 없다고 할 수 있을까? 중력의 법칙에 의해 우주가 우연히 생겨났고 역사가 우연히 진행되다가 우연히 끝난다고 할 수 있을까? 적어도 우리자신의 몸과 맘과 얼을 더듬어 보면 뜻이 있고 보람이 있고 목적과 방향을 느낄 수 있다. 우리가 함께 갈 길이 있고 목적이 있다면 그 길과 목적이 나오고 또 향해서 가는 자리가 하나님이 계신 자리일 것이다. 인류의 생명과 정신이 실현되고 완성되는 길과 목적이 세계평화이다. 사람은 잠시 살다가 가는 것이지만 생명과 인류의 긴 역사속에서 뜻과 사명과 보람을 가진 존재이다. 뜻과 사명과 보람을 이루려고 안간힘을 쓰는 동안에 사람은 사람답게 되고 아름답게 삶을 마칠 수 있다.

세계화를 위한 준비와 우리의 사명

오늘 우리는 농경정착 사회를 이룩한 이후 1만 년 인류 역사에서 처음으로 민주의 보편적 가치를 확립하고 동서문명이 한통을 치며 과학기술과 고도산업사회, 교통과 통신의 발달로 세계가 하나의 생활권으로 통합되는 시대를 살고 있다. 이제까지 인류의 조상들이 꿈꾸지 못했던, 어쩌면 어렴풋이 꿈꾸어오던 세계를 살고 있다. 동서문명이 크게 합류하고 민주의 가치와 정신이 세계적으로 확산되고 자동차, 기차, 비행기, 컴퓨터와 인터넷으로 교통과 통신이 세계를 하나로 통하게 하고 묶어주는 일이 지난 몇 십 년 사이에 일어났다.

우리는 참으로 비상한 때 참으로 새롭고 놀라운 시대를 살고 있다. 이 새로운 시대, 세계가 하나로 되는 위대한 시대는 우리에게 큰 사명과 비전을 주고 있다. 과거의 낡은 생각과 관습과 생활방식에서 벗어나 세계평화시대에 걸맞는 정신과 사상과 생활양식을 확립하고 제시할 필요와 사명을 지니고 있다. 이것은 밖에서 남이 해 줄 수 있는 일이 아니고 자신의 생명과 정신의 내부에서부터 스스로 깨닫고 일어나 실행해야 할 일이다.

이제는 각자가 씨올임을 자각하고 씨올로서 씨올답게 사는 길을 함께 가야 한다. "너는 씨올이다. 5천년 역사가 네 안에 있다."는 말을 들으면 '내'가 씨올임을 자각하고 선언하고 씨올답게 나라의 주인으로서 세계평화의 주체로서 새 시대를 열어야 한다. 아직도 정치업자와 종교 사기꾼의 거짓말에 속아 종살이를 하는 불쌍한 씨올들이 많이 있다. 이런 거짓말과 올가미를 벗어버리고 스스로 씨올로서 당당히 서야 한다. 지금은 세계의 씨올이 일어설 때이다. 국가와 민족, 지역과 종교의 벽을 넘어서 서로 손잡고 세계평화와 통일의 길을 열고 그 길로 나아갈 때이다.

견성이라는 것이 어려운 것이지만 단순하고 분명한 것이다. 쥐가 고양이 밥그릇을 깨트렸을 때 쥐가 어떻게 해야 하는 것인지를 아는 것이 견성한 것이다. 쥐가 겁을 잔뜩 먹고 몸과 맘이 얼어붙어서 정신을 잃고 바들바들 떨고 있으면 고양이 밥 밖에 될 게 없다. 하늘이 무너지고 세상이 꺼져도, 고양이 밥그릇이 깨졌어도 "나는 나다"라는 생각, 하늘은 하늘이고 땅은 땅이라는 의연한 생각을 가져야 한다. '나'를 잃지 않고, '나'를 꼭 붙잡고 있어야 살 수 있다. 정신 줄을 놓으면 끝이다. 어떤 위기 상황에서도 "나는 나"라는 생각을 놓지 않으면 살 수 있다. 그러나 그것만으로는 부족하다. 정신을 차리고서 가만히 멍청히 있으면 고양이에게 잡아먹힐 수밖에 없다. 정신을 차렸다면 즉시 움직이고 행동해야 한다. 체면 차릴 것 없이 달아나야 한다. 아니면 고양이 수염이라도 잡아 뽑고 눈이라도 빼어야 내가 살 수 있다.

삶에는 보편적이고 궁극적인 진리가 있고 구체적이고 행동적인 진리가 있다. 두 가지가 다 필요하다. 어려움에 빠진 사람을 도울 때도 마찬가지다. 그 사람을 존중하고 사랑하는 마음은 일반적 보편적인 진리의 마음가짐이다. 결코 사람을 무시하거나 학대해서는 안 된다. 그러나 그것만으로는 부족하다. 어려움에 빠진 사람을 구체적으로 도와야 한다. 주어진 상황에서 꼭 필요한 것을 필요한 방식으로

도와야 한다. 사랑과 존경으로 사람을 도와야 하지만 그것만 아니라 구체적으로 그 사람의 자리에서 그 사람을 위하는 방식으로 도울 수 있어야 한다. 여여의 진리와 즉여의 진리가 이 경우에도 적용된다.

여여의 진리든 즉여의 진리든 진리에 이르려면 몸과 맘의 죄와 욕심을 회개하여 새 눈을 얻어야 한다. 불교에서는 금욕하고 고행하고 고된 수련을 거쳐서 깨달음에 이르러야 삶의 진실을 볼 수 있다. 기독교에서 십자가는 순간의 진실을 드러내는 자리다. 하나님이 지금 여기의 진실이다. 하나님을 보면, 하나님을 만나면 내 꼬라지 남의 속 사정 다 드러나고 알 수 있다. 내 꼴이나 남 속사정이 문제가 안 되는 자리에 이를 수 있다. 십자가는 하나님을 드러내는 자리다. 도덕적으로 실천적으로 말하면 지금 여기의 진실은 사랑과 정의이다. 사랑하는 것, 정의를 이루는 것이 지금 여기서 우리가 해야 할 진실이다. 사랑과 정의가 나와 너와 우리의 생명을 제대로 실현하고 옹글게 완성한다. 내가 지금 사랑하는가? 내가 지금 정의로운가? 내가 지금 사랑을 필요로 하는 사람을 진실하고 바르게 돕고 있는가? 그 사람의 심정과 처지에서 생각하고 결단하고 행동하는가?

지금 여기에서 나의 진실은 하나님께로 솟아올라 가는 것이다. 이 순간 진실하게 살기 위해서 내 생명, 목숨, 생각과 맘, 영혼과 얼이 하나님을 향해 솟아올라 가고 앞으로 나가는 것이다. 하나님께로 가는 길은 사랑과 정의밖에 없다. 내가 사랑과 정의를 향해 솟아올라 앞으로 나가는 것밖에 진실은 없다.

3. '큰 평화 바다'(太平洋) 시대와 동북아시아의 꿈

영세 중립국: 평화의 나라

우리 나라는 영세중립국을 선언했으면 좋겠다. 큰 평화 바다 태평양(太平洋)을 끼고 살면서 오랜 세월 평화를 목말라 해 온 겨레이니 세계평화를 선언하고 평화의 나라로 태어났으면 좋겠다.

자연과 하나로 녹아드는 생활문화, 예술문화, 종교문화를 이루고, 남을 배려하고 남과 하나되는 말 틀(언어구조)을 지니고 있으니, 우리는 평화민족이다. 월드컵 축구를 통해 온 겨레가 하나로 녹아드는 것을 보면 우리는 평화민족이다.

중국과 일본과 몽고, 미국과 소련의 군대에 짓밟히고, 남북의 분단과 전쟁으로 핏물에 잠겼던 땅이니 이 땅에서 세계평화의 싹이 움텄으면 좋겠다. 미국도 소련도, 중국도 일본도 의지하지 말고 남과 북이 손잡고 영세 중립국 평화의 나라를 선언했으면 좋겠다.

'큰 평화 바다'(太平洋) 시대와 동북아시아의 꿈

유럽 사람들이 산업기술, 군대, 기독교를 앞세워 아프리카와 아메리카와 인도를 거쳐 동북아시아까지 세력을 뻗쳐왔다. 서양 사람들이 지중해와 대서양을 넘나들다가 드디어 '큰 평화 바다'(太平洋)를 건너 동북아시아에 이르렀다.

지난 5백년의 인류사는 서세동점(西勢東點)의 역사였다. 서구세력의 팽창과 정복의 역사요, 동양의 수치와 고난의 역사였다. 산업화와 근대화의 물결 속에서 동양의 정신과 영성을 새롭게 발견하는 시대였다. '큰 평화 바다'에서 동서의 정신과 문명이 만나는 지구화 시대였다.

21세기는 '큰 평화 바다' 시대이다. 이 시대를 이끌 정신과 삶의 원리는 서로 다름을 하나로 끌어안는 '두루 어우러져 하나로 됨'(圓融合一), '더불어 삶'(共生)과 '서로 살림'(相生)이다. 권력투쟁과 계급투쟁을 통해 늘 새롭게 사회를 형성해온 서구사회의 정신과 사상은 갈등과 대립을 전제한다. 또한 동양과 제3세계를 희생시키고 세계에 군림한 서구사회의 정복자적 정치문화에서는 서로 다른 인종과 계층, 민족과 국가를 크게 하나로 아우르는 '큰 평화 바다의 지구생명공동체'에 대한 꿈을 제시하기 어렵다.

동북아시아의 세 나라 중국과 한국과 일본은 서구세력의 지배와 도전에 맞서 근대화와 민주화를 경험했을 뿐 아니라 동양의 풍부한 종교문화적 영성을 간직하고 있다. 이 세 나라는 서로 다른 종교들, 유교, 불교, 도교, 기독교가 공존하는 나라이기도 하다. 동북아시아 세 나라의 종교철학원리는 자연과의 합일, 일치와 동화에 있다. 이 세 나라는 정치경제적으로나 영적으로 '큰 평화 바다의 꿈'을 제시하고 새로운 길을 열 수 있다.

중국, 한국, 일본 세 나라가 서로 손을 잡고 '큰 평화 바다' 시대의 꿈을 펼쳐야 한다. 이 세 나라가 손을 잡을 때 동북아시아가 우뚝 서 세계를 이끌 수 있다. 세 나라가 손잡지 않으면 남북 통일도 어렵다. 그럼 누가 세 나라의 손을 잡게 할 수 있을까? 일본은 대동아공영권을 내세우며 아시아를 침략하고 짓밟았기 때문에 나설 자격이 없다. 중국은 중화주의와 대국주의의 오랜 전통을 가졌고 너무나 큰 나라이기 때문에 나서기 어렵다. 중국과 일본 사이에서 한국은 오랜 세월 짓밟히고 고통 당하면서도 평화에 대한 열망을 키워왔기 때문에 나설 수 있다.

한국은 '한'나라, '크게 하나됨'을 추구하는 나라가 아닌가? '큰 평화 바다'를 끌어안고 있는 한반도의 한겨레가 앞장서서 '큰 평화 바다'에 이르는 길을 열어가야 하지 않을까? '하나 되려는' 마음이 너무 간절하기 때문에 한국인은 하나됨을 느끼지 못하면 쉽게 갈라지고 쪼개지는 경향도 있다. 그러나 망국병이라 일컫는 지역감정도 뒤집어 보면 그 밑바닥에 '하나됨'을 향한 꿈이 숨어 있지 않던가!

한국종교문화의 원리는 '하나를 잡아 셋을 포함하고'(執一含三), '셋이 어우러져 큰 하나로 돌아감'(會三歸一)으로 표현된다. 하나님은 수천 수 만년 동안 우리 민족의 마음과 삶 속에 이 원리를 새기고 익혀주셨다. 하나님은 한겨레에게 '큰 평화 바다 시대'를 여는 사명을 주시려고 세 나라 가운데 한국에서만 예수의 십자가를 힘있게 세우셨다. 예수는 십자가에서 자신의 몸을 깨뜨려 온 인류를 위해 화해의 길을 열었다. 예수와 함께 오늘 우리가 '큰 평화 바다'에 이르는 문을 열어야 한다.

남북한 군대를 감축하여 세계평화봉사단을 만들자

오늘 세계가 전쟁으로 시끄러운 것은 평화시대를 열기 위한 몸부림이다. 인류가 지구에서 생존하려면 평화와 공존의 시대를 열어야 한다. 북한과 남한 사이에 험한 길이 남아 있지만 한겨레가 살려면 평화통일국가를 이루어야 한다.

한겨레는 끊임없는 전쟁 속에서 시련을 겪은 고난의 민족이며 일제식민통치와 6.25전쟁과 군사정권을 통해 전쟁과 폭력의 아픔을 어느 민족보다 철저히 깊게 체험했다. 지금도 남한과 북한에는 100만 명이 훨씬 넘는 군대가 있다.

남한과 북한 사이에 육로 관광이 이루어지고 경제협력도 본격적으로 이루어지려고 한다. 이제 한반도와 동북아시아와 전세계에 평화시대를 열 사명이 한겨레에게 주어진 것 아닐까? 전쟁의 아픔을 남다르게 경험한 한겨레가 스스로 살기 위해서 평화세계의 문을 열어가다 보면 온 누리에 평화시대를 열 수 있을 것이다.

평화시대를 열려면 먼저 군대를 감축해야 한다. 감축하는 군대를 세계평화봉사단으로 바꾸면 어떤가? 북한군 10만, 남한군 10만, 남북한 20만의 젊은이로 세계평화봉사단을 만들자! 새로 징집된 군인들에게 군사교육을 시키지 말고 평화와 섬김, 생명사랑과 살림의 정신과 이념을 가르쳐서 세계평화를 일구는 일꾼이 되게 하자.

12장

인공지능과 인간의 차이

12장 인공지능과 인간의 차이

1. 인공지능과 인간의 차이

인공지능과 인간의 차이

인공지능은 컴퓨터를 발전시킨 것이고 컴퓨터는 말 그대로 계산기계다. 서양인들은 수와 계산 그 자체의 원리를 연구하여 계산기와 인공지능을 발전시켰다. 수와 계산은 이성적 관념의 세계에 속한다. 그것은 물질세계도 아니고 생명세계도 아니다. 그것은 물질과 생명 사이에 있는 그림자 세계다. 수와 도형은 생명이 물질을 이해하고 이용하기 위해 만든 도구, 방편이다.

생명은 물질에 대해서도 초월적이지만 수와 도형에 대해서도 초월적이다. 생명의 본성은 계산할 수 없다. 수와 도형은 물질의 세계에 이르지 못하지만 물질세계에 대하여 초월적이며 물질세계를 규정하고 파악할 수 있다. 물질의 세계는 계산할 수 있고 비교, 측정할 수 있다. 그러나 이성과 이성의 산물인 수와 도형은 생명과 물질을 창조 혁신할 수 없다. 산수와 도형은 생명을 이해하지도 설명하지 못하지만 물질을 규정하고 이해하고 설명할 수 있다.

인간의 생명은

물질 안에서 물질의 제약과 속박을 초월한 것이다. 생명은 스스로 하는 자유로운 주체, 모든 부분과 요소가 하나로 통일된 전체, 새로운 변화와 고양을 가져오는 창조적 진화를 본성으로 가지고 있다. 생명의 본성은 스스로 하는 주체 '나', 통일적 전체, 창조적 진화 세 가지다. 주체인 나는 전체의 통일이 이루어지는 중심과 초점이며 창조적 진화의 주체이고 대상이다. '나'는 생명의 주체이고 전체이며 창조적 진화의 중심과 주체다. 생명과 인간은 자기의 창조자이며 피조물이다. 또한 환경에 의해서 형성되는 존재이면서 환경을 형성하는 주체다.

물질의 속박과 제약을 초월한 생명의 본성인 주체 '나', 하나로 통일된 전체, 질적 차이를 가져오는 창조적 진화는 가르고 쪼갤 수 없는 것이며 물질에 대하여 무한히 초월적인 것이다. 이것은 감각적 지각과 이성적 인식의 대상이 될 수 없다. 감각과 이성은 언제나 대상의 부분과 표면을 지각하고 인식할 뿐 주체의 깊이와 전체의 통일을 지각하거나 인식할 수 없다. 생명의 주체인 '나'는 물질과 이성에 대하여 무한히 초월적이다.

생명은 물질 안에서 물질의 제약과 속박을 초월한 것이다. 생명
은 스스로 하는 자유로운 주체, 모든 부분과 요소가 하나로 통일된
전체, 새로운 변화와 고양을 가져오는 창조적 진화를 본성으로 가지
고 있다. 생명의 본성은 스스로 하는 주체 '나', 통일적 전체, 창조적
진화 세 가지다. 주체인 나는 전체의 통일이 이루어지는 중심과 초점
이며 창조적 진화의 주체이고 대상이다. '나'는 생명의 주체이고 전체
이며 창조적 진화의 중심과 주체다. 생명과 인간은 자기의 창조자이
며 피조물이다. 또한 환경에 의해서 형성되는 존재이면서 환경을 형
성하는 주체다.

인간의 생명은 주체, 전체, 창조적 진화, 나는 계산할 수 없는 것이
다. 생명의 본질과 특성은 기쁨이라고 했는데 기쁨은 계산할 수 없
다. 자발적 주체성, 통일적 전체성, 질적 차이와 변화를 가져오는 창조
적 진화는 계산할 수 없다. 생명의 주체인 나는 계산할 수 없다.

인공지능은

계산기인 컴퓨터를 발전시킨 것이다. 인공지능은 알고리즘, 계산
식으로 운영되는 정보처리장치다. 기계적 계산적이므로 욕망과 감정,
의지와 뜻은 없다. 살고 죽는 일도 고통도 흙이나 나무가 있을 수 없
다. 인공지능은 정보, 데이터를 복사할 수 있지만 생명과 자아, 감정

과 욕망과 의식을 복사하지는 못한다.

인공지능은 기계이므로 분해하고 분리되고 해체하고 다시 조립하고 조합할 수 있다. 그러나 인간의 뇌는 인간 몸 전체의 일부이고 전체에 속해 있다. 몸의 운동신경이 발달하여 뇌가 되고 진화해 간 것이다. 몸은 맘 안에 있고 맘은 몸 안에 있다. 몸과 맘이 뗄 수 없고 뇌는 몸 전체에서 뗄 수 없다. 따라서 뇌에서 복사하고 옮길 수 있는 것은 데이터 정보일 뿐이고 인간의 맘, 자아, 의식을 복사할 수는 없다. 나의 뇌를 떼어서 남에게 이식하면 내가 이식된 것이 아니다. 나는 나의 몸 전체, 맘 전체와 뗄 수 없이 결합되어 있다.

인공지능은 동일한 조건과 상태에서는 언제나 동일한 지각과 판단을 할 것이다. 사람은 동일한 조건과 상태에서라도 질적으로 다른 감각과 판단을 할 수 있다. 인공지능은 들꽃 하나를 볼 때 동일한 정량적 지각과 판단을 할 것이다. 그러나 사람은 사람에 따라 때에 따라 사람의 주관적 의식과 상태에 따라 질적으로 다른 지각과 판단을 할 것이다. 원효는 밤에 해골 물을 마시고 나서 큰 깨달음을 얻었다. 인공지능은 해골 물을 먹지도 않겠지만 해골에 담긴 물을 보아도 늘 같은 지각과 판단을 할 것이다. 인간은 사물에서 감각과 생각을 넘어서 깨달음을 얻고 인공지능은 언제나 정보와 데이터만을 얻는다.

나와 세상을 창조적으로 변화시키는 것은 생명의 참된 주체인 얼이다. 통계 자료, 지식 정보는 자료(데이터)일 뿐 몸을 변화시킬 수 없다.

감정도 일시적으로 흥분시키고 격동과 감동을 가져올 수 있지만 오래 지속되기 어렵다. 감정도 체화에 이르지 못한다. 이성이 지어내는 이론과 사상은 일시적이지는 않지만 몸의 질적 창조적 변화를 가져오지 못한다. 이성은 이해하고 설명할 수 있으나 창조, 혁신, 변화를 일으키지 못한다. 이론과 이성은 이해하고 설명할 수 있으나 몸을 변화하는 체화에 이르지 못한다. 100년의 시대와 공간의 차이를 넘어서 나의 몸을 변화시킬 수 있는 것은 얼이다.

인공지능과 생명

과학기술의 도전과 영성적 깨달음

오늘 인류가 이룩한 과학기술 자체가 인간의 높은 영성과 깨달음을 요구한다. 원자기술과 무기는 인류를 파멸에 빠트릴 수 있고, 나노공학은 새로운 물질을 생성하고 물질의 성격과 존재를 변화시킬 수 있게 되었다. 또한 생명공학과 유전공학은 생명체의 구조와 성격을 변화시키고 새 생명체를 만들어 낼 수 있다. 인간이 거의 창조자의 자리까지 이르게 되었다. 이런 엄청난 기술을 잘못 사용하면 돌이킬 수 없는 파멸에 이를 수 있다. 인간의 유전자를 조작할 때, 어떤 인간이 태어날 지 알 수 없다. 체세포와 생식세포를 조작하여 새로운 생명체와 인간을 만들어 낼 때 어떤 결과를 가져올 지 알 수 없다. 나노공학에 의해 물질의 구조를 바꾸어 신물질을 만들어낼 때 그것이 인간과 자연생태계에 어떤 혼란과 변화를 일으킬 지 알 수 없다. 우리는 오늘 새로운 과학기술에 의해서 이제까지 경험하지 못한 모르는 세계로 들어가고 있다.

따라서 오늘 인류가 높은 분별력과 깊은 영성을 갖지 않으면 과학기술을 바르게 사용할 수 없다. 과학기술을 잘못 사용해서 초래되는 결과에 대해서 인류는 무한책임을 져야 한다. 다른 누구에게 책임을 돌릴 수 없다. 인류가 과학기술을 잘못 사용한 결과는 인류뿐 아니라 자연생태계를 파멸에 빠트리기 때문이다.

오늘 인류는 자본과 기술의 종이 되어 파멸할 것인가 아니면 자본과 기술의 주인이 되어 물질과 생명과 영성을 실현하고 완성하는 새로운 세계문명을 형성할 것인가 선택하지 않으면 안 된다. 인류가 지금 가진 기술이 탐욕이나 야심과 결탁되면 걷잡을 수 없는 파멸과 혼란을 가져온다. 그러나 높은 분별력과 깊은 영성을 가지고 새로운 과학기술을 잘 쓴다면 자연

과 물질의 신비한 영역에서 아름답고 풍성한 결과를 이끌어낼 수 있다. 다석이 말한 대로 우주의 곳간에서 신비하고 풍성한 물질과 생명의 힘을 자유롭게 쓸 수 있다.

인공지능은 인간이 될 수 있는가?

인공지능에 대한 두려움과 기대가 엇갈린다. 계산기인 컴퓨터를 고도로 발전시킨 인공지능은 계산능력에서, 자료를 분석 처리하는 능력에서 인간을 능가한다. 많은 영역과 분야에서 인간의 노동을 인공지능이 대체할 것으로 여겨진다. 인공지능은 인간의 감정을 흉내

내어 표현하고 인간처럼 말하고 인간과 대화 소통할 수 있게 되었다. 인공지능이 고도로 발달하여 특이점을 지나면 인공지능은 스스로 판단하고 결정하고 통제 관리를 하게 되면 인간을 지배하고 통제할 수도 있다고 한다.

인간과 인공지능의 차이는 무엇인가? 인공지능이 생명과 감정을 갖게 되고 인간이 될 수 있을까? 인공지능 전문가들과 철학자들의 견해도 엇갈리는 것 같다. 인공지능이 생명과 감정을 지니게 될 수 있을까? 인공지능은 사람이 될 수 있을까? 컴퓨터와 인공지능은 수학적 계산식 알고리즘으로 운영되는 계산기에 지나지 않는다. 수학적 계산식과 계산기가 생명과 감정을 가질 수 없고 인간이 될 수는 더욱 없다. 다만 생명과 감정을 가진 것처럼, 마치 사람인 것처럼 작동할 수 있을 뿐이다.

2. 생각에 대한 생명 철학적 이해

정보(데이터)와 생각의 차이

인간의 감각적 지각과 이성적 생각에는 정보, 데이터만 있는 것이 아니다. 인간의 지각과 생각은 인간 생명 전체가 참여한 것이다. 또한 사물 전체가 환경, 우주 전체가 참여한 것이다. 감각의 지각행위와 이성의 사유행위에는 생명의 주체와 전체, 몸, 맘, 얼, 욕망과 감정, 감성과 지성과 영성이 총체적으로 참여한다. 그러나 감각은 감각기능의 좁은 틀 안에서 감각내용을 지각하여 감각 자료로 남긴다. 이성도 이성의 좁은 틀과 기능 안에서 사유행위[생각]를 추상화 관념화하여 인식하고 기억한다.

본래 지각행위와 사유행위 속에는 생명의 주체와 전체가 총체적으로 참여하여 이루어낸 깊고 풍부한 지각과 사유의 내용이 담겨 있다. 과학과 이성철학은 인간의 지각과 생각 속에 담긴 깊고 풍부한 생명의 체험과 깨달음을 축소하고 추상화한다. 감각의 지각자료(데이터)와 이성의 관념적 지식은 생명적 요소와 특성이 제거된 것이다.

수학적 진리와 생명적 진리의 차이

수학적 진리는 계산적 추론적 평면적, 분석적이다. 생명적 진리는 심층적 영감적 다차원적 종합적이다. 생명철학은 감각과 이성의 틀과 제약에서 벗어나 생의 주체와 전체의 자리에서 얼과 혼의 자리에서 지각과 생각의 내용을 보다 깊고 넓게, 입체적이고 심층적으로 본다. 인간의 생명과 생각 속에는 물질적 신체로부터 얼과 혼에 이르는 인간 생명의 다층적인 존재론적 인식론적 차원들이 중첩되어 있다.

이성적 생각과 생명적 생각의 차이

뇌의 이성적 생각은 생의 본능적 욕망과 감정, 의지를 실현하기 위해 생겨난 것이며 생의 의지와 목적을 실현하기 위한 심부름꾼이고 도구다. 몸, 맘, 얼의 생각은 생명의 의지와 목적을 실현하고 완성하는 직접적 행위다. 머리의 이성적 생각은 생명 전체의 생각의 작은 부분이다. 이성적 생각은 계산적 추론적 개념·논리적 생각이다. 머리의 생각은 개념적 논리적이며 추론과 유추다. 생명의 생각은 감성적 상상과 영성적인 영감이다. 생명의 공감과 공명이 생각이다.

생의 본성과 목적을 드러내고 실현하는 생명철학은 이성의 인식과 사유에 의존하는 서구 이성철학과 다르다. 데카르트는 사유의 세계와 존재의 세계를 분리하고 사유는 존재에 영향을 미치지 않는다고 했다. 그러나 생명은 물질의 제약과 속박을 초월하면서도 물질 안에서 물질과 뗄 수 없이 결합되어 있다. 생명체 안에서 물질과 의식을 서로 영향을 주고받는다. 몸의 활동과 맘의 생각이 서로 영향을 주고받는다.

오늘날 과학자들도 생각이 몸에 삶에 영향을 준다는 것을 인정한다. 생각하면 뇌의 회로가 새로 생성되기도 하면서 바뀐다. 생각은 뇌의 회로를 바꿀 뿐 아니라 생활 습관과 버릇을 바꾼다. 생각은 단순한 관념과 논리가 아니라 생과 생의 현실을 주체적이고 창조적으로 형성하고 변화시킨다.

생명은 물질과 정신의 통합이다. 생명의 바깥은 물질적 신체이고 안은 감정과 의식, 생각이다. 감정과 의식, 생각의 주체와 뿌리는 생명이다. 감정과 의식, 생각에는 생명의 신체적 차원과 정신적 차원이 함께 반영되어 있다. 물질적 신체와 의식적 정신이 통합된 생명 전체가 생각의 주체이며 생각에 참여한다.

육체의 대이성

　　머리와 맘뿐 아니라 내장기관들과 손·발도 생각에 참여한다. 생명의 세 차원 몸, 맘, 얼이 총체적으로 그리고 주체적으로 생각에 참여한다. 몸의 생각이 머리의 생각보다 더 깊고 크게 본다. 니체는 머리의 생각보다 육체의 생각이 더 깊고 크다면서 '육체의 대이성'을 말했다.

　　10억년 동안 생의 힘과 지혜가 축적된 몸과 맘과 얼에서 생각이 나온다. 유영모는 몸에서 생각을 캐낸다고 하였다. 우리의 몸과 맘에 엄청난 생명에너지가 잠겨 있다.

생각은 하늘(하나님)과의 소통과 연락

　　생명은 하늘을 품고 하늘을 그리워하는 것이다. 생명의 근본행위인 생각은 신(하늘)과의 연락과 소통이라고 했으며 생각하는 곳에 신이 있다고 하였다. 생각하는 것은 내가 나로 되는 것이고 내가 나를 살리고 키우고 높이는 것이며 신께로 나아가는 것이다. 생각은 물질과 정신, 인간과 신 사이의 소통과 연락이다.

　　참된 생각은 주체의 깊이와 자유에 이르는 것이고 거기서 전체의 하나 됨에로 나아가는 것이다. 생각은 위로 하늘과 줄곧 뚫리고 옆으로 이웃 만물과 줄곧 뚫리게 하는 것이다. 거짓되고 잘못된 생각은 존재와 생명의 부분과 거죽에 달라붙어 말라죽게 하는 것이다. 거죽에 달라붙는 거짓 생각은 주체의 깊이와 자유에 이르는 길을 막고 전체의 하나 됨을 깨트리는 생각이다. 참된 생각은 나를 살리고 위로 높이지만 거짓 생각은 나를 죽이고 아래로 떨어지게 한다.

참된 생각은 솟아올라 나아가게 하지만 거짓 생각은 과거에 매이고 현재에 달라붙게 한다. 생각한다는 것은 거짓 생각을 버리고 참된 생각으로 나아가는 것이며 낡은 과거를 청산하고 현재를 비판하고 새로운 미래로 나아가는 것이고 땅의 물질에 대한 집착과 매임에서 벗어나 하늘로 솟아올라 앞으로 나아가는 것이다. 그것이 기도이고 명상이며 공부이고 예배다. 거짓 생각은 악마와 죽음에 이르는 것이고 참 생각은 하나님과 영원한 생명에 이르는 것이다.

참된 생각은 생명을 깨닫고 이해하며 살리고 높이는 것이다. 참된 생각은 모든 것을 하나의 점으로 줄이고 그 점을 찍어버림으로써 하늘의 빔과 없음에 이르는 것이다. 참된 생각은 하늘의 빔과 없음에서 위로 하늘과 줄곧 뚫리고 옆으로 이웃 만물과 줄곧 뚫리게 하는 것이다. 참된 생각은 몸과 맘속에서 땅의 기운과 하늘의 기운이 연락하고 소통하게 하는 것이다. 몸과 맘속에서 하늘의 기운과 땅의 기운이 잘 통하고 뚫리면 발바닥에서 머리끝까지 입에서 꽁무니까지 기운과 생각이 막힘없이 잘 뚫린다. 기운과 생각, 의식과 감정이 얼크러짐 없이 잘 뚫리고 통하며 나와 하늘, 나와 이웃 만물이 잘 뚫리고 잘 소통한다. 생각은 뚫리고 통하게 하는 것이다.

3. 생각은 기계의 주인이 되자는 것

사람의 생각이 싹튼 자리

왜 사람은 생각하는 존재가 되었을까? 원시 인류발달사에 관한 텔레비전 프로그램(National Geographic)을 보다가 놀라운 이야기를 들었다. 남의 상처와 질병을 보살피고 돌보게 됨으로써 사람의 수명은 크게 늘어났고, 남을 헤아리고 보살피느라고 생각하게 되었다는 것이다. 자기만을 생각하면 깊이 생각할 필요가 없다. 그러나 남을 위해서 남을 생각하려면 깊이 생각하지 않으면 안 된다. 남의 아픔, 고난을 헤아리고 질병을 치유하려면 생각할 수밖에 없다.

적을 공격할 수 있는 무기가 몸에 없는 사람은 생각하고 말로 지혜를 나누고 서로 힘을 모아서 적을 막고 위기를 극복해 왔다. 말로 소통하고 서로 도움으로써 인류는 오늘의 문명을 쌓았다. 사람이 잔인하고 이기적인 듯이 보여도 몸의 속에 역사의 바닥에는 서로 살림의 힘과 지혜가 숨어 있지 않을까?

남을 헤아리고 보살피는데서 생각이 싹텄다면, 생각의 뿌리는 더불어 삶이고 생각의 꽃과 열매는 서로 살림이다. 생각은 평화를 낳자는 것이다.

생각의 기원과 뿌리

사람이 다른 사람의 질병과 상처를 돌보고 보살피면서 다른 동물들보다 수명이 늘고 번성하게 되었다고 한다. 제 목숨을 살리려는 것은 본능이다. 저만 살리고 애쓸수록 본능에 빠져든다. 그러나 남의 생명을 살리는 일은 본능으로 할 수 없다. 그것은 남을 생각하지 않고는 할 수 없는 일이다. 남의 질병과 상처를 돌보기 위해 사람은 비로소 생각하기 시작했다고 한다.

생각의 기원과 뿌리가 남에 대한 배려와 보살핌에 있다는 것을 아는 것은 중요하다. 오늘날에는 남을 해치고 제 욕심을 채우는데 생각을 집중하는 것 같다. 맨 처음에 생각이 남의 생명을 살리고 돌보는 일에서 시작했다면 생각은 평화로운 생명세계를 이루는 힘과 지혜의 근원이다. 생각하고 대화함으로써 서로 살리는 평화세계를 지어가자.

인간의 생각은 기계의 주인이 되자는 것

사람은 생각하는 존재, 이성적 존재(homo sapiens)라 하여 다른 동물과 구별한다. 생각은 구체적인 사물과 대상에 대한 지각과 감각으로 이루어지는 의식과는 구별된다. 다른 동물들의 의식과 지능은 본능적 욕망과 그 대상에 매여 있다. 구체적인 상황, 물질과 대상에 직접 즉자적으로 대응한다면 생각할 필요가 없다. 심리적 본능, 물질적 대상, 기계는 주어진 법칙과 틀을 따라 움직인다. 생각은 본능적으로 기계적으로 움직이지 않고 모르는 것, 새로운 것을 알려고 헤아리며 애쓰는 것이다. 모르는 것이 있어서 생각하게 된다.

생각은 자기의 욕망과 집착에서 벗어날 때 가능해진다. 본능적 욕망에 매이면 꾀(지능)는 늘어도 생각은 할 수 없다. 다른 동물들도 생존본능에 봉사하는 지능을 가지고 있다. 인간의 지능은 생각함으로써 발달했지만 본능적 욕구에 충실하다. 생각은 자기의 욕망과 집착으로부터 그리고 다른 물질들의 속박으로부터 자유로운 정신과 영혼을 가능하게 한다. 인간의 이성적 생각은 본능과 영성 사이에 있다.

기계가 발달하면 인간의 지능을 능가하는 지능을 갖게 될 것이다. 계산능력이나 추리능력에서 인간을 능가할 수 있다. 그러나 기계가 아무리 발달해도 영혼을 갖지는 못할 것이다. 하나님을 그리워하고 예배하는 존재가 될 수는 없다. 기계는 아무리 해도 자동적인 것이지 자발적 헌신성을 가진 것은 아니다.

인간의 생명도 본능의 차원에 머물러 있으면 자연법칙과 인과관계에 매인다. 본능의 차원에서는 생명도 기계적이다. 인간의 생명이 정신과 영에 이르면 기계적인 것, 법칙적인 것이 아니라 자유롭고 주체적인 것이 된다. 물질과 물질의 법칙에서 벗어난 자유로운 나가 된다.

생각은 스스로 하는 '나'의 행위이며 '나'가 되는 것이다. 생각함으로써 참된 '나'가 된다. 1970년대 중반 함석헌 선생으로부터 몇 사람이 둘러 앉아 말씀을 들을 기회가 있었다. 당시 미국에서는 마리화나가 유행했고 사람들 가운데는 마리화나가 중독성도 약하고 마리화나를 하면 수 십 년 명상 수행을 하고 큰 깨달음을 얻어서 얻은 마음의 평안, 해탈의 경지에 이를 수 있다고 주장했다. 함석헌은 이 이야기를 하면서 다음과 같은 말을 하였다. "사람이 종교와 철학에 힘쓰고 사람이 되려고 하는 것은 기계의 종이 되지 말고 기계의 주인이 되자는 것인데 약물에 의존하는 것은 결국 기계에 의존하는 것이고 그러면 사람 구실을 하지 못한다. 사람이 사람 되어서 사람 구실을 한다는 것은 '내'가 '나'가 되는 것이다. 그런데 내가 하는 것이 무엇인가? 숨 쉬고 밥 먹는 것도 몸이 본능적으로 몸의 기관들이 하는 것이지 내가 하는 것이라고 할 수 없다. 지식이나 정보, 감정이나 의식조차도 밖에서 온 것이지 꼭 내 지식, 내 감정, 내 의식이라고 할 수 없다. 정말 내가 하는 것, 내 것이라고 할 수 있는 것은 지금 이 순간에 생각하는 것뿐이다."

내가 주체적으로 하는 것, 남이 대신할 수 없는 것은 생각뿐이다. 숨 쉬는 것도 밥 먹고 소화흡수 배설하는 것도 다 몸이 하는 것이다. 감정도 밖에서 촉발되어 일어나는 것이고 지식과 의식, 정보도 책이나 언론매체에서 남의 말이나 글에서 얻은 것이다. 생각만이 내가 하는 것이고 내가 나로 되는 것이다. 다석의 표현으로 하면 '내가 나를 낳는 것'이다.

나를 찾는 교육

인공지능과 생명공학, 뇌신경학이 발달하면서 인공지능과 뇌신경 과학자들이 한결같이 지식 중심의 교육에서 '나'를 찾는 창의적인 교육으로 나아가야 한다고 말하고 있다. 그러나 내가 누구인지 나를 찾는 교육을 어떻게 해야 하는지 말하는 사람은 찾아보기 어렵다.

20세기의 과학들이 인간에 대해서 알려주는 것은 우주역사와 생명진화역사와 인류역사가 인간의 몸과 맘에 새겨져 있다는 것이다. '내' 속에 우주와 생명진화와 인류의 역사가 압축되어 있다고 할 수 있다. 그렇다면 '나'는 얼마나 존귀하고 신비하며 놀라운 존재인가!

그런데 이상하게도 많은 사람들이 '나'에 대해서 생각하거나 탐구하는 것을 어려워하고 낯설어 한다. 돈과 기계의 지배가 너무 강력해서 나를 생각하고 찾을 맘의 여유와 깊이를 잃은 것일까? 가끔 어둡고 쓸쓸한 생각이 든다. 돈과 기계의 지배 아래 있는 세상의 어둠이 너무 깊다고 여겨지기도 한다.

이성과 영성의 통합, 사유와 영감의 통전, 하는 생각, 나는 생각

오늘날 몸의 생각과 인식을 잃어버렸다. 인간의 지성에 의해 본능적 욕망이 과장되고 왜곡되었다. 인간의 욕망은 자연스러움을 잃었다. 인간의 식욕이나 성욕은 몸의 필요를 벗어나 크게 과장되어 있다. 또 지성은 생각을 관념화시킴으로써 사랑과 삶에서 생각을 분리시켰다. 몸의 대 이성이 회복되고 완성되려면 이성과 영성의 통합이 이루어져야 할 것이다. 인간의 지성에 의해 과장되고 왜곡된 본능적 물질적 욕구에서 이성이 벗어나 영성과 통합이 될 때 몸과 이성과 영성의 대통합에 이를 것이다.

함석헌선생이 돌아가시기 전에 서울대 병원에 계실 때 내게 말씀하셨다. "큰 공부를 하시오. 사람에게 본능과 이성과 영성이 있는데 본능과 이성을 넘어서 영성을 아우르는 공부가 큰 공부입니다." 영성과 통합된 사유, 생각은 종합적이고 입체적인 사유이며, 생각과 실천이 결합된 사유이다. 오늘날 학문이 개념과 논리에 충실한 논문을 쓰는 것에 머물러 있고 실천과 유리되어 추상적 난해함과 관념적 유희에 빠지는 경향이 있다. 본래 동양에서는 학문과 삶, 실천이 통합되어 있다. 소크라테스와 플라톤의 경우에도 지행합일, 사유와 실천의 통일이 이루어졌다. 근대과학철학과 함께 사유와 실천이 분리되고 학문이 관념과 논리의 세계에 빠져들었다. 오늘 인문학의 위기는 사유와 실천의 분리에서 왔다. 오늘의 학문에서 생각과 실천, 생각과 삶이 유리되었기 때문에 대중으로부터 유리되고 외면당한다.

유영모와 함석헌은 사유와 실천이 통합되고 영성적 사유를 추구했다는 점에서 귀감이 된다. 최근에 김 상봉 교수가 남미에서 "함석헌의 인간관"에 대해서 발표를 했는데 오스트리아 철학교수가 "어떻게 이런 사람의 글이 아직까지 번역되지 않았느냐?"고 하면서 함석헌을 "20세기의 소크라테스"라면서 놀라워했다고 한다. 사유와 실천이 통합되었고, 표현이 소박하면서 깊이가 있고, 정해진 대답을 제시하지 않고 도전적인 질문을 통해서 삶의 결단과 실천을 통해 진실에 이르게 한다는 점에서 함석헌과 소크라테스가 일치한다고 하였다. 그러나 소크라테스가 노예제 사회에서 귀족 자녀들에게 대화와 토론을 통해 철학을 가르친 것과는 달리 함석헌은 식민지백성으로서 민주적이고 해방적인 철학과 실천을 추구했으며, 동서정신문화를 통합하는 사상과 철학을 형성했다.

함석헌은 "생각을 하면 생각이 나고 생각이 나면 생각을 하게 된다."고 했다. 추리하는 과학적 이성적 생각과 영감으로서의 생각을 통합한 것이다. 믿음과 생각, 이성과 영성이 통합된다. 다석 유영모도 추리하다 보면 신통하고 신통하면 변화를 알게 되고 하나에 이른다. 이 것이 궁신지화이다. 학문이 기도이고 기도가 학문이다. 믿음은 "밀고 (推理) 올라가서 밑이 터져 우(하나님)로 올라가는 것이다."고 했다.

다석은 생각이 하나님과 통하는 것이라고 했다. 생각은 신과 통하는 것 신통하는 것이다. 논리적인 추리가 영성적 신통에 이른다. 생각하면 신통하게 되고 세상의 변화를 알게 된다. 신이지래 궁신지화 (神以知來, 窮神知化) 신이 오면 앎이 오고 신을 탐구하여 사물과 세상의 변화를 알면 자기 욕심을 알게 되어, 자기가 억지 쓰는 것을 알게 되어 자유와 평등에 이른다. 근본의 하나에 이르기 위해 우는 것이 기도이고 궁신지화이다.

생각은 내 존재를 새롭게 하고 변화시키는 것 생성시키는 것이다. 생각은 신에게서 오는 것이다. 신의 말씀, 영, 사랑에서 오는 것이다. 사랑에서 생각이 불타오른다고 했다. 생각은 하나님께 자신을 불태워 드리는 향기로운 제사라고 했다.

생각은 이기적 자아의 존재를 불사르는 존재의 끝을 불태우는 향기로운 제사이다. 본능적 이기적 자아가 영적, 신적 자아, 신의 자녀로 변화하는 과정이며 불꽃이다. 생각함으로써 신의 자녀, 영적인 나가 생겨난다. 생각은 단순히 이성의 인식작용이 아니라 욕망(탐진치), 지식(관념), 생사(生死)에서 벗어나 영적 자유, 어른 성숙에 이르는 것, 자기정화이다. 생각은 말씀을 닦는 것이고 말씀을 닦는 것은 정신을 닦는 것이다.

생각은 라디오 방송처럼 우주와 세상에 전파된다. 생각만으로도 세상에 영향을 끼친다. 생각의 파장, 영의 파장이 있다고 보았다. 개인뿐 아니라 전체가 생각의 주체이다. 생각도 함께 하는 것이다. 어느 시대에 위대한 영성을 지닌 사상가들이 많이 나오는 것은 그 시대 전체가 함께 생각하기 때문일 것이다.

생각하는 백성이라야 산다

함석헌, "생각하는 백성이라야 산다." "죽어서도 생각은 계속된다." "하는 생각, 나는 생각"

생각함으로써 씨울이 알이 든다. 생각함으로써 나의 생명이 본성이 완성된다. 죽어서도 생각은 계속해야 한다. 생각이 죽음을 넘는 일이다.

함석헌은 감정보다 이성을 큰 것으로 보았다. 감정은 일시적이고 부분적이지만 이성은 전체적이고 항구적이다. 이성은 영성과 결합되어야 제 구실을 한다.

생각은 생명의 씨알을 싹트게 하고 자라게 하는 일이다. 생명의 씨앗, 얼의 씨앗, 하나님의 씨앗이 사람의 속에 있다. 이 씨앗이 싹트고 자라면 새로운 소리, 제소리가 나온다.

사람은 서로 만나고 관계하고 사귀는 사회 존재이고 역사 속에서 삶과 정신을 이어가는 역사의 존재다. 사람은 사명과 보람을 하늘에서 받은 존재다. 하늘의 명(命), 뜻을 찾고 이루는 존재다. 사회와 역사 속에서 서로 부딪치고 싸우면서도 하늘의 뜻과 사명을 찾고 이루려 한다. 하늘의 뜻을 찾고 이루는 것이 사람이 사람 되는 것이고 역사와 사회가 완성되는 것이다.

하늘의 명과 뜻을 알려면 생각해야 한다. 하나님이 우주만물과 인간을 말씀으로 지었다고 했으니 말씀이 우주만물과 인생의 본체다. 말씀을 알려면 생각해야 한다. 하늘의 명과 뜻을 알려면 생각해야 한다. 특히 역사의 큰 고난을 겪고 나서는 생각하고 역사의 뜻을 깨달아야 한다. 역사와 사회에서 이루어지는 인간의 삶은 하늘의 말씀과 뜻을 찾으면서도 몸의 본능과 욕망에 휘둘린다. 하늘의 영과 땅의 물질세계가 인간의 삶에서 충돌하고 모순과 갈등을 일으킨다.

함석헌은 같은 민족 동포끼리 서로 죽이는 6·25전쟁을 겪고서 뜻을 깨닫지 못하면 당나귀가 되고 뜻을 깨달으면 얼의 사람이 된다고 했다. 역사의 모순과 갈등은 생각함으로써만 풀 수 있다. 사람이 역사의 주체이고 사람은 생각하는 존재이기 때문이다. 생각함으로써 역사의 과거와 현재와 미래가 하나로 뚫려야 한다. 생각은 뚫는 것이다. 생각으로 뚫어야 사람다운 사람이 되고 사람다운 사람이 되어야 모순과 갈등에서 벗어나 새 역사를 지을 수 있다. 같은 민족 같은 동포끼리 수백만 명을 서로 죽이는 짓을 저지르는 것이 사람이 할 짓이 아니다. 생명을 타고난 존재가 할 일이 아니다. 사람이 못된 것이고 사람답지 못한 짓을 저지른 것이다. 잘못된 애국주의, 잘못된 이념에 사로잡혀 종노릇하느라고 서로 형제를 죽인 것이다. 종노릇에서 벗어나려면 생각해야 하고 생각하면 나다운, 주체적인 사람이 될 수 있다.

예수가 "사람을 낚는 어부가 되라."고 했는데 다른 사람을 낚으려면 먼저 자기 자신을 낚아야 한다. 함석헌은 새벽의 고요함 속에서 깊은 명상의 바다에서 생명의 바다에서 생각을 낚았다. 적연부동 감이수통(寂然不動 感而遂通) 마음을 고요히 하고 움직이지 않으면 느껴서 통하는 게 있다. 마음의 바다, 태고 때부터 내려온 원시 생명의 바다에서 싱싱한 펄떡거리는 생선과 같은 생각을 낚으면 그것이 '참 나'라고 했다. '나'를 낚으면 참 기쁘다고 한다. 생각으로 생각을 낚는 것이다. 이렇게 낚은 나는 민족의 생명의 바다, 민중의 생명의 바다, 인류 정신의 깊은 바다, 우주의 생명바다에서 영원히 사는 나이다. 고정된 실체도 가면과 같은 것도 아니다. 그것은 살아있는 생명, 영혼이며 하나님과 하나로 통한 것이고 하나님의 얼굴이다. 이런 생각을 낚으면 몸과 맘이 살아난다.

영성과 통한 생각은 뚫린 생각이다. 하늘과 땅, 몸과 정신, 동서고금, 과거, 현재, 미래가 다 뚫린다. 사람은 뚫려야 한다. 사람의 몸은 식도로부터 항문까지 뚫려 있다. 그 중간 어디가 막히면 몸에 이상이 생겨 신체가 제 기능을 다하지 못한다. 마찬가지로 사람의 생각도 머리에서 발끝까지 확 뚫려 있어야 한다. 어디가 막혀 있어서는 안 된다. 그런 사람을 우리는 '꼭 막힌 사람'이라고 하지 않는가. 이렇게 속이 확 뚫린 사람은 아름다운 소리를 내는 통소 같은 사람이다.(함석헌의 강연에서)

몸이 두루 뚫리고 통하듯이 마음과 생각도 두루 뚫리고 통해야 한다. 함석헌은 생각과 실천, 정신과 몸이 하나로 뚫리는 삶을 추구했다. 동서고금의 사상과 정신이 하나로 뚫리고 나와 너와 그가 하나로 통하며, 우리와 원수의 마음이 하나로 통하는 자리에 이르려 했다.

하나로 뚫리고 통하면 아름다운 소리가 난다.

세계화 시대에 세계평화, 비폭력 평화의 새 시대가 온다. 기존의 국가문명은 돈과 칼, 물질의 지배를 받고 이성은 물질의 지배에 종속되었다. 이제 이성의 해방이 이루어져야 한다. 이성이 해방되어 제 구실을 하려면 영성과 통합되어야 한다. 이성은 본래 객관적 보편적 우주적 진리를 탐구하자는 것인데 돈과 칼, 물욕에 종속되어 제 구실을 못했다. 이성이 제 구실을 다 하고 영성에 봉사하면 비폭력 평화의 시대를 당겨 올 수 있다. 그러기 위해서 생각하는 정신 쪽으로 방향을 크고 힘차게 틀어야 한다.

씨올, 정신과 기계의 싸움

씨올은 스스로 하는 생명의 자발성과 주체성을 나타낸다. 생명과 정신은 스스로 하는 주체인 '나'를 지닌 것이다. '나'는 존재와 활동의 이유와 까닭을 자기 안에 지닌다. '내'가 나의 까닭이다. 이 '나'를 영혼이라고도 한다. 물질이나 기계는 존재와 활동의 동인이 밖에 있다. 밖의 힘으로만 존재하고 움직인다. 자동차는 밖에서 힘이 주어지지 않으면 움직이지 않는다. 자연과학을 포함해서 흔히 과학은 외적인 원인과 결과를 따지는 학문이다.

생명진화와 인류역사의 목적은 생명과 정신의 속 힘이 물질과 기계의 겉 힘을 부리는데 있다. 생명과 정신이 물질과 기계의 주인 노릇을 하는 것이 인간의 사명이고 목적이다. 돈이나 권력, 본능적 욕망과 탐욕, 물질과 기계가 주인 노릇을 하는가, 생명과 정신이 주인노릇을 하는가에 따라 인간의 미래는 결정된다. 돈과 폭력, 물질과 기계가 아무리 거대하고 풍요롭다고 해도 생명의 속 힘이 고갈되고 영혼이 물질의 힘에 굴복하고 종살이를 하게 되면 불의와 폭력, 파멸과 죽음의 지옥이 있을 뿐이다. 생명과 정신의 주체인 영혼이 물질과 기계의 문명을 움직이고 이끌 수 있다면 상생과 공존, 정의와 평화의 천국이 다가올 것이다.

일찍이 장자는 이런 진리를 깨닫고 있었다. 장자에 나오는 이야기다. 어느 노인이 넓은 밭에 물을 주고 있었다. 깊은 우물에서 물을 길어 올려서 큰 통에 담아서 무거운 물통을 지고 메마른 밭에 물을 주었다. 날은 덥고 땅은 말라서 노인이 하는 일이 너무 힘들고 성과도 없는 것 같았다. 지나가던 사람이 그것을 보고 말했다. "영감님, 내가 아는 방법을 쓰면 힘들이지 않고도 한 나절이면 이 밭에 물을 다 줄 수 있습니다. 그렇게 해 보시겠습니까?" 노인이 "그게 어떻게 하는 거요?"하고 물었다. "도르레를 달고 밖에서 도르레 줄에 바퀴를 달아 돌리면 우물의 물이 뿜어나오듯 밭으로 쏟아져 나올 것입니다." 노인이 가만히 그 말을 듣더니 말했다. "결국 기계를 이용하자는 것인데 기계를 써서 기계에 의지하면 속의 하얀 마음이 없어집니다. 사람에게 하얀 마음이 없어지면 못쓰게 됩니다. 나는 그런 짓은 하지 않겠습니다."

장자에 나오는 노인처럼 과학기술과 기계를 외면하고 살 지는 못할 것이다. 그러나 노인의 걱정은 옳다. 기계의 힘, 물질의 겉 힘에 매이지 않는 영혼인 '나'를 잃으면 인류문명은 속에서부터 무너지고 만다.

마리화나와 마음의 평화

1970년대 중반에 젊은이 몇 사람과 함께 함석헌 선생님의 말씀을 들을 기회가 있었다. 당시 미국에서 히피운동이 활발했고 마리화나가 유행했다. 어떤 미국사람이 함석헌 선생님께 말했다. 마리화나는 몸에 그다지 해롭지도 않고 중독증세도 약하지만 손쉽게 '마음의 평화'를 안겨 준다는 것이다. 구도자들이 수십 년 동안 명상 수행을 통해 도달한 '마음의 평화'를 마리화나로 쉽게 얻을 수 있다는 것이다. 이에 대해서 함 선생님은 인생의 목적이 물질과 기계의 종살이에서 벗어나 주인노릇을 하자는 것인데 약물에 의존하는 것은 기계에 의존하는 것이고 기계의 종살이를 하게 되는 것 아니냐고 했다. 그러면서 사람이 참으로 스스로 하는 것이 무엇인가 물었다. 밥 먹고 숨쉬는 것도 몸의 기관들이 본능적으로 하는 것이고 지식과 정보, 감정과 의식도 밖에서 들어오거나 자극을 받아 생긴 것이다. 이런 것들은 순수하게 내가 하는 내 것이라고 할 수 없다고 했다. 그리고는 참으로 지금 내가 하는 것은 '생각하는 것'뿐이라고 했다. 지금 생각하는 것만은 남이 대신할 수 없고 내가 스스로 하는 것이고 또 스스로 해야 하는 것이라는 말이다. 생각함으로써 나는 내가 될 수 있고 내가 나로 됨으로써 길이 살 수 있다.

4. 인공지능 시대, 공적 일자리와 철밥통

인공지능 시대, 공적 일자리와 철밥통

　제한된 재정을 효율적으로 쓰는 것은 중요한 과제다. 공공 일자리를 많이 만들어내는 것이 바람직한 지 논란을 벌일 수 있다. 그러나 인공지능이 모든 분야의 일자리를 차지할 것으로 예상되는 때 사회의 일자리 문제에 대해서 근본적인 성찰과 새로운 발상이 요구된다. 기업과 시장 중심의 사고로는 인공지능이 주도하는 4차 산업혁명 시대에 대처할 수 없다. 공공 일자리 만드는 것이 철 밥통 일 자리를 만들어 나라 경제 거덜 나게 하는 것이라는 주장은 낡은 경제 패러다임에서 나온 것으로 여겨진다.

　앞으로 공공 일자리와 민간 일자리를 획기적으로 많이 만들어내야 한다. 정부가 아무리 많이 일자리를 만들어내도 인공지능에 의해서 사라지는 일자리 수를 채우지 못 할 것이다. 4차 산업혁명 이후 사회에서는 공공 일자리든 민간 일자리든 철 밥통 일자리가 획기적으로 늘어나야 한다. 사람이 자유롭게 일자리를 선택하지만 사람을 함부로 해고하지 못하는 시대가 와야 하고 올 것으로 기대한다.

　인공지능과 로봇이 할 수 있는 일은 인공지능과 로봇에게 맡기고 사람이 할 수 있고 사람이 해야 할 일자리를 획기적으로 만들어야 한다. 그렇지 않으면 인간과 공동체는 생존하기 어려울 것이다. 경제 가치와 일자리에 대한 생각이 근본적으로 새로워져야 한다. 자동차나 비행기를 만드는 것보다 사람을 낳고 기르는 일이 훨씬 값지고 고

귀한 일로 평가되고 대접 받아야 한다.

일자리 혁명

20대 절반 이상이 실업자이고, 45세면 퇴직당한다고 이태백이니, 사오정이라는 말이 유행한다. 갈수록 자동화되고 경쟁력과 효율성만 추구하면 실업자가 늘 수밖에 없다. 지금 인력의 10%만 있으면 세계적인 대기업들을 효과적으로 경영할 수 있다는 말도 나온다. 이대로 가면 인구의 대부분이 실업자로 내몰리고 만다. 그러면 경제도 문화도 건전하게 발전할 수 없다. 함께 참여하는 더불어 사는 사회가 되려면 모든 사람이 일자리를 가지고 자기 일을 통해서 자아를 실현하고 사회에 봉사할 수 있어야 한다.

경쟁력과 이윤만을 추구하는 사회는 소수 엘리트만 요구하고 대다수는 배제한다. 함께 일하는 참여사회가 되려면 사회문화의 원리와 구조를 혁신하는 혁명이 일어나야 한다. 그 동안 인류사에서 일어난 농업혁명, 공업혁명, 정보혁명은 소수 엘리트에게 힘과 소유를 집중시켰다. 앞으로 남은 혁명은 생태학적 혁명이다. 생명세계를 보살피고 더불어 사는 사회를 이루기 위해 사회제도와 구조, 가치관과 행태가 근본적으로 바뀌어야 한다.

상품과 기계를 생산하는 일만이 아니라 자연생태계를 돌보고 보살피는 일, 노인, 장애인, 어린이 등 사회의 약자들을 살리고 힘 있게 하는 복지사업이 국가와 사회의 중요한 일이 되어야 한다. 공장과 기업, 관청에서 일하는 사람은 소수가 되고 다수는 자연생태계를 보살피고, 정의롭고 평화로우며, 자유로운 공동체를 완성하는 일에 참여하여야 한다. 생명을 살리고 공동체를 완성하는 일이 더 가치 있고 명예로운 일로 평가되어야 한다. 그래야 함께 참여하는 사회가 된다.

죽음과 심판: 죽음, 생의 심판과 신생

13장 죽음과 심판: 죽음, 생의 심판과 신생

1. 죽음과 신생의 연습과 훈련

죽음, 생의 심판과 신생

우주 물질세계는 열역학 제2 법칙에 따라 혼돈과 무질서, 소멸과 파괴로 결정되어 있다. 생명은 그 법칙을 거슬러 올라가는 것이다. 생명이 우주 물질세계를 거슬러 올라가는 방식은 끊임없이 자기를 부정하고 초월하여 새로운 차원 변화를 일으키는 것이다. 생명은 죽음을 통해서 진화하고 신생 부활에 이른다. 생명 진화의 진리는 개체의 죽음을 통해서 진화와 고양에 이른다는 것이다. 육체로는 죽고 영으로는 다시 살아야 한다. 몸도 맘도 얼과 혼도 거듭 죽고 거듭 살아나야 한다.

인간은 죽음의 운명을 진 육체를 가진 존재다. 물질적 육체와 정신을 가진 인간은 물질적 결정론(숙명론)과 정신적 자유론을 안고 사는 존재다. 자연 물질원리는 '물은 내려가고 불은 올라간다'(水降火昇)는 것인데 생명 원리는 '물은 올라가고 불은 내려온다'(水昇火降)는 것이다. 생명은 물질적 결정론을 거슬러 정신적 자유를 실현해간다. 물질 육체적 생명의 죽음이 생을 깊고 높고 크고 아름답게 한다.

생명은 삶과 죽음의 끝없는 되풀이 속에 있다. 살고 죽고, 죽고 사는 인생이다. 생명 속에 죽음이 죽음 속에 생명이 있다. 그러므로 인간은 육체로는 죽어도 정신으로는 죽지 않는 존재다. 살아서 육체의 죽음을 경험한 사람은 죽어도 죽지 않는다. 히틀러 암살계획에 가담했던 천재 신학자 디트리히 본회퍼는 사형집행을 위해서 간수가 불러냈을 때 감방 동료들에게 말했다. "이것은 내 생의 끝이 아니라 또 다른 시작이다." 교도소의 늙은 의사에 따르면 본회퍼는 교수형을 당하기 전에 방에서 옷을 벗고 홀로 기도하였다. 늙은 의사가 말했다. "나는 이제껏 그처럼 경건하게 깊은 기도를 드리는 사람을 보지 못했다. 기도를 드린 그는 확신에 찬 걸음으로 뚜벅뚜벅 당당하게 교수대에 올라가서 생을 마쳤다." 훗날 세계교회는 그를 순교자로 성인으로 선언하였다.

안중근 윤봉길 유관순 전태일의 죽음을 보라. 그들은 모두 신선처럼 죽음을 자유롭고 기쁘게 맞이했고 개선장군처럼 당당하게 죽음의 문을 통과하였다. 안창호 이승훈 조만식 유영모 함석헌 김교신은 기쁘게 사랑으로 죽음을 맞이한 이들이다. 죽음으로써 그들의 진리와 뜻은 더욱 높이 힘차게 살아났다.

죽음은 새 생명의 시작이고 출구이며 길이다. 죽음은 낡은 생을 깨끗이 끝내고 새로 시작하는 것이다. 죽음은 한없이 깊고 심오하며 장엄한 것이다. 새 생명, 부활에 이르는 죽음은 무와 공보다 깊고 높은 것이다. 죽음을 통해야만 생의 진화와 진보, 성숙과 고양, 초월과 신생에 이른다. 이 우주에 죽음이 있기 때문에, 물질 우주와 육체 생명을 넘어서 장엄하고 거룩하고 아름다움의 세계를 열 수 있다.

죽음과 신생의 연습과 훈련

키케로와 다석은 철학은 죽음의 연습이라고 했다. 생명은 생사의 굴레 속에 있다. 삶 속에 죽음이 있고 죽음 속에 삶이 있다. 삶 속에서 죽음을 날마다 체험하고 연습하며 날마다 죽고 다시 사는 연습과 훈련을 해야 한다. 참회와 자기 심판을 통해 스스로 사형 언도를 내리고 스스로 자신을 처형하고 스스로 다시 살아나야 한다. 생명은 물질 안에서 물질을 초월한 것이니 모든 생명체는 물질과 정신의 통합이다. 생명이 물질 안에 있는 한, 일이 있고 고통과 꿈틀거림이 있다. 자유롭고 힘찬 삶을 살려면 물질 육체적 생명의 탈바꿈이 있어야한다. 물질을 초월한 차원의 생명에서는 기쁨과 신명이 있으니 일없이 한가하고 기쁘다.

그러나 길은 멀고 짐은 무거운 것이 인생길이다. 몸을 가진 한 우주의 불편과 고통을 함께 겪고 민중의 두려움과 아픔을 함께 겪으며 가야 한다. 십자가의 짐을 벗는 것은 죽음을 통해서다. 죽고 다시 사는 일도 되풀이된다. 살고 죽고, 죽고 사는 일을 되풀이해야 한다. 천지인 합일에 이르러 하늘의 일 없음, 기쁨과 신명을 누리면서 생명 진화의 무거운 짐, 천명과 사명의 짐, 십자가의 짐을 져야 한다.

새싹들이 죽음을 이기는 비결을 알려다오

새싹들아

굳은 땅을 비집고 나온 새싹들아 너희 꿈이 얼마나 간절하고 순결하면 얼굴이 그렇게 깨끗하고 아름다우냐? 마른 나무껍질을 트고 나온 꽃들아 너희 마음이 얼마나 고우면 얼굴이 그렇게 눈부시게 예쁘냐?

나도 죽으면 허망한 나의 삶 속에서 아름다운 생명의 싹이 돋아날까? 마른 나뭇가지 같은 나의 생각과 말속에서 고운 꽃이 피어날까?

긴 겨울 동안 죽음의 단련을 거치고 살아난 생명의 싹들아 죽음을 이기는 비밀을 알려다오

2. 나는 죽을 께

나는 죽을 께

초기 개신교의 대표적 부흥사, 길선주, 주기철, 이용도는 모두 깊고 순수한 복음적 영성을 추구했고 한국적 영성을 피워낸 주체적이고 창조적인 영성운동가들이었다. 이들은 모두 일제에 저항했고 순교를 각오했으며, 청빈과 헌신의 영성을 지녔다. 3.1독립운동의 민족대표 33인 가운데 한 사람이었던 길선주는 강단에서 죽기를 소원했

고 주기철은 신사참배를 거부하다 순교당한 의인이었고, 이용도는
독립운동을 하다 부흥사가 되었는데 청빈과 죽음을 지향하는 신비
의 영성을 추구했다. 이들은 십자가의 고난과 죽음을 지향하는 영성,
민족과 의를 추구한 민족지도자들이었다.

그 가운데 이용도는 천하고(賤), 가난하고(貧), 낮은(卑) 삶을 추구했
고 늘 누구에게나 배우는 겸허한 학도가 되려 했고 십자가의 예수를
따라 고난과 죽음의 길로 갔다. 죽음을 일의 수단, 방법, 원리로 삼았
다는 이용도의 말은 오늘 한국교회를 찌르는 가시다.

"兄[형]아! 나는 나의 일에 대하여 아무 手段[수단]도 방법도 없는
것을 알아다오.

무슨 깊은 철학적 원리를 나에게 묻지 말아다오.

죽음! 이것만이 나의 수단이오 방법이오 원리라고나 할까! 그리
하여 날마다 죽음을 무릅쓰고 그냥 무식하게 돌진하려는 것뿐이다.

어느 날이든지 나의 빛 없는 죽음! 그것이 나의 완성일 것이다. 형
아! 나는 理[이치, 논리]없이 光[빛]없이 죽으려 한다. 뒤에 理있이 光
있이 싸울 사자가 나오기를 바라면서.

나는 無理[무리]하게 죽을 께 형은 有理[유리]하게 살아 주지 않
으려나!

나는 法[법]없이 條理[조리]없는 운동에 祭物[제물]이 되거든 형
은 法[법]적으로 條理[조리]있게 일하여다구!

이를 위하야 나는 먼저 떨어져 죽는 작은 밀알 한 알갱이가 되려
하노라"

죽음을 존귀하게

예전에는 살고 죽는 것이 자연스러웠다. 마을에서 동네 일가친척 어른이 죽으면 함께 슬퍼하고 두렵고 경외하는 마음을 품었다. 아기가 태어나는 것이 기쁘고 신비한 일이듯이 죽음도 슬프고 신성한 것이었다. 어렸을 때 집안에 송아지가 태어나는 밤에 온 집안 식구들과 이웃 친척들이 불을 밝혀 놓고 설레이며 기다리던 때 어쩐지 엄숙하고 신성하기까지 하던 분위기를 느낄 수 있었다. 동생들이 태어나던 때도 엄숙하고 설레이던 마음을 집에서 느낄 수 있었다. 태어나는 일이나 죽는 일이나 삶의 중요한 일부였고 삶을 존귀하고 깊게 만드는 일이었다.

퇴계나 율곡이 죽음을 맞는 모습도 의연하고 자연스럽다. 그들의 죽음은 그들의 삶의 연장이었고 삶을 뚜렷하고 빛나게 하는 광채였다. 모든 일의 마무리가 뚜렷해야 하듯이, 죽음도 뚜렷해야 한다. 요즈음도 죽음을 앞두고 스스로 곡기를 끊어 죽음을 맞는 이들도 있다. 삶과 죽음의 법을 아는 이들이다. 그런데 요즈음 대부분의 사람들이 죽음을 비참하고 추하게 맞는다. 기독교인 가운데도 죽으면 천국에 간다는 확신이 없어서인지 씩씩하고 의연하게 죽음을 맞지 못한다. 병원에서 온갖 기계장치와 약물로써 부자연스럽게 목숨을 연장하기 때문에 마지막 가는 길이 너무 초라하고 비참하다.

교회와 학교에서 죽는 법에 대해 가르쳐야 한다. 죽을 때는 하나님과 사람 앞에 용서를 구하고 마음속에 맺힌 것을 다 풀어놓고 화해와 용서를 선언하고 남은 자들을 축복하고 떠나야 한다. 남겨놓은 일과 재산과 자기 몸에 대해서는 바르고 분명한 안내를 주고 남은 이들에게 맡겨야 한다. 숨이 꺼지면 일과 재산과 몸에 대해서는 관여할 수 없기 때문이다. 먼저 세상을 떠나는 이로서 마지막 한마디 말씀을 남기는 것도 잊지 말아야 한다.

나의 주검

며칠 전에 시체의 부패과정을 텔레비전에서 보았다. 얼굴, 입안, 배가 썩어가고 구더기가 들끓는 모습은 끔찍하고 참혹했다. 나도 죽으면 저렇게 될 것을 생각하며 아내와 함께 열심히 보았다.

아무리 예쁜 사람도, 아무리 소중한 사람도, 이 내 몸도 결국 저렇게 썩고 마는구나. 구더기 밥이 되고 마는구나. 사람이 좀 착하고 진실하게 살려면 내 몸이 구더기 밥이 될 것을 알고 썩어 문드러질 것을 생각하자.

이 몸이 그렇게 허망하게 부서지고 사라지는데 게으른 생각, 허망한 욕심에 몸을 맡길 것 무엇이냐? 몸이 부서지고 썩은 다음에 사리는 나오지 않아도 좋다. 썩은 몸에서 악취가 나도 좋다. 내 인생이 끝났을 때, 내 인생을 기억하는 사람들에게 따뜻하고 시원한 생명바람 한 자락 불었으면 좋겠다.

내가 죽으면

티끌처럼 작고 하루살이처럼 허무한 인생이 어떻게 영생을 꿈꾸

고 영원하신 님과 더불어 살

생각을 할 수 있을까? 티끌 속에 온 우주가 들어 비추듯, 나를 버리고 비우면 영원한 생명의 임이 나의 빈 속을 채워주실 것이다.

오직 믿음과 사랑으로 임을 모셔야 한다. 하늘을 우러르는 마음으로 하늘의 바람을 그리워하는 마음으로 생명의 임을 모시려 한다.

임의 말씀의 날개를 타고 님의 은총의 날개를 타고 허무와 죽음의 바다를 넘어 절대 초월의 세계, 영원한 생명의 나라에 이르리라.

3. 죽음을 넘어서: 영생

죽음을 넘어서: 영생

자연과학자들은 우주 물질의 정보, 데이터는 결코 소멸하지 않는다고 한다. 어떤 형태로든 어떤 방식으로든 저장되고 남아 있다는 것이다. 생명과 정신의 정보, 데이터도 소멸하지 않고 어떤 형태로든 어떤 방식으로든 저장되고 남아 있는 것이 아닐까? 물질의 중력, 전자기파가 작용하고 영향을 미치는 것처럼 생각과 정신, 얼과 혼의 파동도 작용하고 영향을 미치는 것 아닐까? 지금 내가 생각하고 간절히 염원하는 뜻과 바람은 사회에 우주에 작용하고 전파되는 것이 아닐까? 물질처럼 집적 영향을 미치지 않지만, 생각과 뜻도 어떤 형태로든지 영향과 작용을 미친다.

역사는 생의 심판마당이다. 예수는 심판의 날에 알곡은 모아 곳간에 거두고 쭉정이는 꺼지지 않는 불로 태울 것이라고 하였다. 생을 힘껏 살고 나서 죽으면 생명의 알곡은 영원한 생의 곡간에 보존되고 생명의 껍데기는 거짓된 생은 영원한 불로 태워진다. 생의 고난과 죽음, 신생과 혁신으로 이루어지는 역사는 이런 심판이 이루어지는 마당이다.

<u>씨알사상은 무한과 영원에 대해서 어떻게 정리를 하고 있는가?</u>

씨알사상은 물질적 신체의 삶이 끝없이 지속되는 것을 무한과 영원이라고 생각하지 않는다. 물질과 신체는 생성, 소멸하고 끊임없이 변하는 것이므로 영원 무한할 수 없다. 시간의 끝없는 지속이 무한과 영원이 아니라는 말이다. 생명의 껍데기는 소멸하고 알맹이는 영원히 남는다. 물질, 육체 그리고 물질과 육체에 매인 욕망과 감정, 편견과 독단은 껍데기이고 사랑과 자비, 믿음과 희망, 협동과 협력, 나눔과 사귐은 알맹이다. 생명의 근원과 목적인 하나님, 하늘이 생명의 알맹이, 깊이다. 하나님이 영원한 생명이다. 하나님을 드러내고 표현하고 실현하는 모든 일, 생각, 감정이 모두 소멸하거나 죽지 않는 생명의 알맹이다.

지금 여기의 순간 속에서 질적으로 다른 새로운 생명의 차원이 열림으로써, 물질적 신체의 삶이 정신적이고 영적인 삶으로 바뀜으로써 우리는 영원 무한한 삶으로 들어갈 수 있다. 물질적인 욕심과 집착, 사나운 감정과 편견에서 벗어나 참되고 착하고 아름다운 생각과 말, 감정과 뜻, 행동과 사귐에 이르면 영원 무한한 삶에 이를 수 있다. 물질과 신체에 토대를 둔 개체의 삶은 잠시 여기서 살다가 죽겠지만 참되고 착하고 아름다운 삶과 행동과 사귐은 인간의 생명을 영원 무한으로 이끌 수 있다.

씨알사상은 시간의 수직적 차원을 강조하고 시간과 '나'(생명)의 일치를 말한다. 지금 여기서 살아 있는 '나'의 몸과 맘이 우주와 시간(때)의 중심이다. 우주에서 나의 몸과 맘보다 더 깊고 높은 자리가 없고 무한한 과거와 무궁한 미래가 나의 몸과 맘속에서 만나고 있다. 나의 몸과 맘에서 현재가 생성되고 무궁한 미래가 열린다. 영원 무한한 생명의 미래가 지금 여기의 내 몸과 맘에서 싹트고 있다.

영원 무한한 생명은 얼 생명이다. 지금 여기서 내 몸과 맘을 한 점으로 찍는 가온찍기를 통해서 하늘의 '빈탕한데'에 이르러 영원 무한의 차원이 열리게 해야 한다. 지금, 이 순간의 한 점에서 무(無)와 공(空)을 통해서 열리는 무한과 영원은 연대기적인 양적 시간과 다르다. 내 몸과 맘의 생명이 얼 생명으로 고양되고 승화함으로써 질적으로 새로운 시간, 소멸하거나 죽지 않는 영원 무한의 시간이 열린다.

껍데기 삶은 덧없고 지나가 버리고 소멸하는 것이다. 사사로운 욕심과 감정과 주장에 매인 삶은 껍데기 삶이고 덧없는 것이다. 영원하고 무한한 삶은 알맹이 삶이다. 진실하고 사랑과 정의에 가득한 삶은 진실(眞實)한 알맹이 삶이다. 사랑과 정의를 드러내는 만큼 내 삶은 진실한 알맹이 삶이고 영원하고 무한한 삶이다. 사람들이 알아주거나 알아주지 않거나 그렇다.

모든 생명체는 잠시 살다 죽는다. 수십억 년 생명 진화의 역사에 비추어보면 한 생명체의 일생은 한순간에 지나지 않는 것처럼 짧게 느껴진다. 그러나 그들의 삶 속에서 그들의 소리와 몸짓과 행태에서 물질과 본능을 넘어선 착하고 아름답고 진실한 감정과 생각과 뜻을 드러낸다면 그들은 영원하고 무한한 생명에 참여하는 것이다. 우리가 한순간의 웃음과 표정에서 손짓과 몸짓에서 말과 행동에서 영원무한한 생명의 근원인 하나님을 드러낸다면 영원하고 무한한 삶을 사는 것이다.

씨알과 생명진화: 죽음이란 무엇인가?

생명의 진화가 일어나기 전에 생명은 원핵세포의 형태로 다시 말해 세균의 형태로 존재했다. 세균들은 몸집이 커지면 스스로 쪼개지는 방식으로 번식했다. 세포분열의 방식으로 번식했기 때문에 원리적으로는 죽음을 경험하지 않을 수 있었다. 몸을 쪼개는 방식으로는 진화가 일어나지 않았다. 아무리 쪼개져도 동일한 세균이 되었다. 아주 낮은 차원의 생명체였던 세균들의 번식방법은 물질적인 성질과 원리를 따른 것이다. 물질은 겉과 속이 다르지 않다. 물질은 아무리 쪼개도 똑 같은 물질이다. 쪼개서 수가 늘어난다고 해도 쪼개는 방식으로는 물질의 본질적 변화가 없다. 오랜 세월 세포분열의 방식으로 번식하던 생명세계에서 죽음의 위기를 겪으면서 진핵세포와 다세포 생물이 생겨났다. 진핵세포와 다세포 생물은 자신의 몸을 쪼개는 방식으로 번식할 수 없었기 때문에 씨알을 통해서 번식하게 되었다. 씨알을 통해서 번식하면서 개체의 생명체들은 죽음을 감수하게 되었다. 죽음을 감수하면서 씨알을 통해서 번식함으로써 생명의 진화가 본격적으로 일어나게 되었다. 그래서 생물학자들은 생명진화과정에서 죽음이 발명되었다고 한다. 죽음을 통해서 생명은 더욱 깊어지고 풍성해지는 방향으로 진화한 것이다. 죽음을 통해서 생명이 더욱 깊고 높아지는 방향으로 진화했다는 점에서 죽음은 생명진화의 필수적인 계기이고 방법이다. 씨알은 죽음을 통한 생명진화의 신비와 깊이를 드러내는 실재이며 상징이다. 만일 죽음이 없었다면 생명은 세균과 곰팡이 수준을 벗어나지 못했을 것이다. 죽음을 통한 생명진화가 없었다면 아름다운 꽃과 과일, 새들과 포유류, 인간들은 존재하지 않았을 것이다.

자연의 모든 생명체들에게 그리고 인간들에게 죽음은 당연하고 자연스러운 것이다. 생명진화의 목적은 물질적 육체적 생명을 연장하는데 있지 않고 깊고 풍성하고 다양한 생명에 이르는데 있었다. 죽음을 통하지 않고는 생명의 깊이와 풍부함에 이르지 못했을 것이다. 수 십 억 년 생명진화 과정에서 모든 생명체들은 죽고 낳는 과정을 끊임없이 되풀이 하면서 생명의 진화와 고양을 이루어 왔다. 생명은 죽음을 넘어 영원히 사는 길을 걸어왔다. 모든 생물학적 죽음에는 새롭고 높은 생명을 낳으려는 염원과 기대가 담겨 있다. 생명의 죽음은 그 자체가 목적이 될 수 없다. 생명을 혐오하거나 절망하기 때문에, 삶에 대해서 좌절하고 체념하기 때문에 죽는 것은 진정한 생명의 죽음이 아니다. 죽음을 통해서 생명의 값과 뜻이 드러나고 삶의 아름다움과 존귀함이 확인되어야 한다. 새 생명을 낳기 위한 거룩한 열망과 자기희생이 죽음 속에 담겨 있다. 씨알은 죽음을 통한 생명진화의 신비와 지혜를 보여준다. 깨지고 죽음으로써 더 크고 풍성한 생명을 낳는 씨알은 전체 생명의 진화와 고양을 위해서 자기를 희생하는 생명의 진리를 보여주고 물질적이고 육체적인 생명을 극복하고 초월하여 정신적이고 영적인 생명에 이르려는 염원과 희망을 나타낸다.

죽음을 통한 인간의 성숙과 부활

죽음을 각오하지 않은 삶은 진실할 수 없고 죽음을 두려워하고 죽음의 불안에 떠는 한 의젓하고 자유로울 수 없다. 살고 죽는 일에 대한 준비와 각오를 하지 않는 한 어린이처럼 미성숙한 삶을 벗어날 수 없다. 생사를 하나님께 맡기고 믿음으로 살아야 어른으로 살 수 있다. 18세기 유럽의 계몽주의자들은 성숙과 미성숙의 기준을 논리적으로 이치에 따라 이성적으로 생각하는 데서 찾았다. 민주화 과학기술산업화 세계화를 동시에 경험하는 21세기의 인간에게 성숙과 미성숙의 기준은 생사의 두려움과 불안에서 벗어나는 데 있다.

돈과 기계가 지배하는 오늘 인간은 더욱 미성숙해졌다. 농촌마을 공동체서 자연생명의 질서와 순환에 맞추어 살던 때에는 가족과 마을공동체의 품에서 자연스럽게 태어나고 자연스럽게 죽을 수 있었다. 그 시절의 사람들이 현대인들보다 더 성숙했을 것으로 여겨진다. 퇴계나 율곡 같은 선비들도 죽음에 대한 다짐과 각오를 하고 살았기에 의젓하고 평화롭게 죽음을 맞을 수 있었다. 오늘 인간은 병원에서 기계장치에 매여서 또는 독방에서 홀로 비참하게 죽는다.

인공지능으로 대표되는 오늘의 산업기술문명은 산술계산과 기하학에 과학적 근거를 두고 있다. 컴퓨터와 인공지능은 기본적으로 산술계산기다. 산술계산과 기하학적 도형의 수학적 세계는 수와 논리와 도형이 지배하는 순수 관념의 세계다. 이런 수학적 원리와 방법으로 물질적 우주세계, 돈과 기계의 세계를 설명할 수 있지만 생명과 정신의 세계를 온전히 설명하고 표현할 수 없다. 산술계산의 세계는 낳을 수도 없고 죽을 수도 없다. 그것은 생명과 감정과 영혼이 없는 세계다. 인공지능은 십자가의 죽음과 부활을 이해할 수도 없고 인정할 수도 없다. 그것은 결코 스스로 깨지고 죽음으로써 더욱 크고 높은 생명을 낳는 씨알의 진리와 길을 알지 못하고 생명진화와 인류역사에 대한 하나님의 뜻과 계획을 깨닫지 못한다. 인공지능의 산술적 효율성을 추구하는 기계적 인간들은 세월호의 참사를 통해 생명진화와 인류역사의 길과 진리를 가리키는 하나님의 손가락을 보지 못할 것이다. 십자가의 죽음과 부활, 씨알의 죽음과 신생의 진리를 삶 속에서 깨닫고 실천하는 사람만이 인공지능을 비롯한 기계문명의 성숙한 주인과 주체로 살 수 있고 기계와 돈을 넘어서 생명과 영의 높고 깊은 세계를 열어갈 수 있다.

죽음을 넘어 사는 삶

내가 언젠가 죽는다는 것을 알면 좀더 착해지고 지혜롭고 정성스럽게 살 수 있을 것이다. 자신의 죽음을 생각하는 이 착하고 지혜로운 이다. 인생은 죽음을 향해 나가는 것이다. 죽을 줄 알면서 죽음에 매이지 않고 죽음에 굴복하지 않고 힘껏 사는 사람은 생명의 나라에 속한 이다. 그런 이는 나도 너도 그도 살고 살리는 삶을 산다.

죽어도 좋다는 말은 용기 있는 말이기도 하지만 삶을 쉽게 포기하는 말일 수도 있다. 죽을 수도 있다는 것을 알지만 죽는 순간까지 죽음을 넘어서 살려는 의지와 태도가 중요하다. 죽어도 산다는 생각이 중요하다. 죽을 수 없는 생명, 살거나 죽거나 살아도 살고 죽어도 산다는 자세로 살아야 한다.

하나님을 믿는 사람은 죽음에 맡겨 살지 않고 죽음 속에서도 하나님의 생명을 믿고 붙잡고 산다. 죽음을 넘어 산다는 것은 내가 죽어도 하나님은 살아계심을 믿고 사는 것이다. 내가 죽더라도 '그이'는 살아나고 내 뜻은 못 펴도 '그의 뜻'은 펴게 하자.

민족을 깨워 일으킨 스승들의 은혜와 가르침

14장 민족을 깨워 일으킨 스승들의 은혜와 가르침

1. 호소하며 민족을 깨워 일으킨 스승 안창호

안창호는 나이 20에 평양 쾌재정에서 열린 관민공동회에서 그리고 서울 종로 만민공동회에서 민족을 깨워 일으키기 위해 연설함으로써 수많은 청중을 감동시켰다. 그의 연설을 듣고 수많은 청중이 하나로 되고 이 연설을 통해 안창호와 청중이 하나로 되었다. 젊은 나이에 안창호는 민족을 깨워 주체로 일으키고 민족을 하나로 만드는 민족의 교사로 나섰고 연설을 통해 수많은 민중과 하나 되는 체험을 하였다. 민족의 교사로서 민족과 하나 되는 체험을 함으로써 안창호는 민족 전체의 마음을 제 마음으로 삼고 민족을 깨워 하나로 만드는 교사의 심정으로 평생을 살았다.

민족 전체의 마음으로 살았기 때문에 안창호는 지극히 겸허하고 지극 정성을 다해서 가르쳤다. 한신대 학장, 건국대 총장, 한국 유네

스코 사무총장을 지낸 정대위 박사가 평양에서 중학교를 졸업하고 몇 친구와 식당에서 이야기를 나누었다. 한 친구는 큰 정치가가 되어서 나라를 바로 세우겠다고 하였고 한 친구는 큰 기업가가 되어서 풍요로운 나라를 만들겠다고 하였다. 정대위 소년은 목사가 되어서 민족의 정신을 깨우겠다고 하였다. 마침 그 식당에서 그 이야기를 들은 안창호 선생이 정대위를 따로 불러 "미래의 목사님, 부디 훌륭한 목사님이 되어서 이 민족의 정신을 깨워 주시오."라고 말하였다. 후에 정대위는 정치권으로부터 정치하라는 권유를 많이 받았지만 안창호의 각별한 당부를 잊지 못하여 차마 정치권으로 들어가지 못했다고 하였다.

헌신적인 심정과 희생적인 자세로 민족을 이끈 지도자

임시정부를 중심으로 독립운동을 할 때 독립운동가들 사이에 이념과 지역과 당파가 갈려서 통합이 되지 않았다. 안창호는 미국에서 동포들을 조직하고 흥사단을 만들어 많은 재정의 뒷받침을 받을 수 있었고 많은 젊은이들을 독립운동에 참여시킬 수 있었다. 그러나 높은 직위를 사양하고 민족운동의 대동단결을 위해 희생하고 헌신하였다.

안창호가 지방열이 강한 야심가라고 비난 하는 사람들까지 안창호는 아우르며 통합하려고 애썼다. 수적으로 2/3이상의 세력을 대표했던 안창호는 소수 반대파를 끌어안아 통합된 민족대표기구를 만들기 위해서 "토혈을 하면서도 주야없이 그야말로 망식분주(忘食奔走)

하는 것이었다."[1] 안창호는 갈라지고 다투는 자녀들을 끌어안으려는 어머니처럼 희생적이고 헌신적인 심정과 자세로 일관했다. 그가 자신을 희생하고 버리면서까지 민족의 통합과 단결을 위해 헌신한 것도 민족 교사로서의 정신과 자세가 투철했음을 말해 준다.

안창호는 민족 전체의 심정으로 공평무사한 자세로 돈과 지위와 이성(異性)에 초연하게 참 인격을 가지고 민족과 인류 전체를 깨워 일으키기 위해 헌신했다. 안창호를 존경하다 사랑하게 된 젊은 여성이 밤에 그의 침실로 들어왔다. 그러자 안창호는 천연한 목소리로 "OOO아, 무엇을 찾는 것이냐? 책상에 성냥과 초가 있으니 불을 켜고 찾아보아라."고 했다. 그래서 여인은 초에 불을 켜고 잠시 있다가 나갔다는 것이다. 후에 안창호는 그 젊은 여인을 만나서 그 열정을 민족에게 바치라고 권했고 여인도 그렇게 다짐했다고 한다.[2] 그는 돈에는 매우 엄격하게 검소했고 조직과 단체의 자리나 지위에는 언제나 남을 앞세웠다.

함께 일하며 가르치다

그는 무실(務實) 역행(力行) 충의(忠義) 용감(勇敢)을 인격수련의 표어로 내세웠는데 자신이 먼저 실천하였다. 미국 이주 생활 초기에 그는 농장노동자, 공사판노동자, 청소부로 일하며 교민들을 교육하고 조직하는 일에 앞장섰다. 그는 늘 절대 정직과 힘찬 실천력을 강조했는

---

1)   「김철수 회고록」, 『역사비평』 1989년 여름호 358쪽.
2)   안병욱, 안창호, 김구·이광수 외, 안창호 평전. 창포도 2007. 44~46쪽.

데 누구보다 자신이 절대 정직과 실천에 앞장섰다. 모든 일은 내가 해야 하고 나부터 해야 한다고 생각한 안창호는 참 인격, 건전한 인격을 수련하기에 힘썼고 자아혁신을 추구했다. 그리고 흥사단 단원들에게 모든 일은 내게서 시작되고 내가 무한책임을 져야 한다는 것을 일깨워 주었다.[3] 죽을 때 그는 죽음은 두렵지 않다고 했으며 사람들에게 "낙심 마라!"는 말을 남겼다.[4] 사람들은 안창호가 화내는 것을 보지 못했다고 한다. 어려운 역경을 수없이 겪었지만 안창호는 늘 훈훈하고 따뜻한 맘으로 빙그레 웃었다고 한다.[5] 안창호의 빙그레 웃는 얼굴이 민족의 교사인 안창호의 마음과 뜻을 드러낸다.

민주적인 지도자, 기꺼이 남의 아래서 심부름꾼으로

여행길에서 장리욱은 도산의 참 모습을 볼 수 있었다. 근엄하고 엄정한 도산이 여행길에서 보여주는 소탈하고 천진한 모습은 도산의 정신과 인품의 진면목을 드러낸다. 젊은 처제가 운전하는 차를 타고 장리욱과 함께 여행하면서 도산은 차를 세우고 몸소 캔디를 사오곤 했다. 장리욱이나 처제를 시키지 않고 캔디를 직접 사오는 도산의 행동이 참으로 도산다워 보인다. 조선의 양반 선비들은 남에게 심부름시키는 것을 당연하고 마땅한 것으로 알았다. 양반 관리들은 남을 부려먹을 권리가 있다고 생각했다. 도산은 일하지 않고 남을 부려 먹

---

3) 같은 책. 273쪽 이하 참조.
4) 같은 책. 30~32쪽.
5) 같은 책. 37~39쪽. 이광수, 도산 안창호. 248쪽 이하 참조.

으며 살았던 양반 관리들 때문에 나라가 망했다고 보았다. 민주정신에 투철했던 도산은 자신이 할 수 있는 일은 무엇이나 스스로 하려 했고 기꺼이 남의 아래서 심부름을 하려고 했다.

캔디를 좋아하는 도산의 밝고 명랑하고 천진한 모습도 좋거니와 권위를 버리고 몸을 가볍게 하여 캔디를 직접 사오는 가볍고 겸허한 도산의 행동도 친근해 보인다. 게다가 말없이 그냥 가지 않고 "장군이 또 캔디 생각이 날거야. 엘리스, 너도 그렇지?"하며 동의를 구하며 캔디를 사러가는 도산의 모습은 격의나 형식을 깨버린 친밀하고 소탈하며 다정하고 세심한 도산의 인품과 삶을 보여준다.[6] 이처럼 작은 일상생활에서도 도산은 다른 사람과 교감하고 소통하는 삶의 모습을 보여주었다. 도산의 이런 작은 행동거지에서 겸허하고 소탈하면서 하늘처럼 크고 자유로운 도산의 품격과 향기를 맛볼 수 있다. 도산은 언제나 친구와 동지들을 인격적 주체로 존중하고 그들과 함께 느끼고 함께 생각하고 함께 행동하며 더불어 살려고 했다. 교감하고 소통하는 도산의 이런 자세와 태도는 자신을 자유롭고 편하게 했을 뿐 아니라 더불어 있는 사람들을 편하고 자유롭게 했다. 그래서 도산에게서는 언제나 사람들을 끌어당기는 힘이 있었고 많은 사람들이 기꺼이 도산을 따르고 도산을 위해 헌신하였다. 도산이 상해에서 청년들과 여성들 그리고 교민들의 강력한 지지와 사랑과 존경을 한 몸에 받을 수 있었던 것도 안으로는 한없이 근엄하고 엄정하면서도 밖으

---

6)   장리욱, 『나의 회고록』 96~7쪽.

로는 권위와 격식을 버리고 겸허하고 소탈하고 자유롭게 말하고 행동했기 때문이다. 한국근현대의 인물 가운데 도산처럼 이렇게 권위와 격식을 깨버리고 자유롭고 소탈하게 그리고 서로 소통하고 교감하며 말하고 행동한 사람은 찾아보기 어려울 것이다. 상해 임시정부를 운영할 때 도산의 이러한 민주적 지도력은 큰 힘을 발휘하였다.

2. 변기통을 닦으며 민중을 섬겼던 이승훈

이승훈은 어려서 부모를 잃고 10세 이전에 조부모마저 여의었다. 그래서 유기점 주인의 방 사환이 되었다. 방을 청소하고 요강을 비우고 주인의 잔심부름을 했다. 얼마나 성실하고 부지런했던지 주인이 "저 아이는 내가 일을 시킬 수 없는 아이다. 일을 시키려 하면 벌써 일을 했거나 일을 하고 있다."고 했다. 어려서부터 심부름하며 섬기는 일이 이승훈의 몸과 마음에 배었다. 학교 교육을 할 때나 나라 일을 할 때나 좋은 일에는 남을 앞세우고, 궂은일에는 자신이 앞장섰다. 삼일독립선언서에 민족대표의 이름을 쓸 때 손병희의 이름을 먼저 쓰느냐 이승훈의 이름을 먼저 쓰느냐의 문제로 다투느라고 일이 얽히는 것을 이승훈이 보고는 "순서는 무슨 순서. 그거 죽는 순서야! 손병희부터 써."해서 일이 쉽게 풀렸다.

성공한 큰 기업가로서 오산학교를 세우고 운영할 때 몸소 학교의 마당을 쓸고 변소 청소를 했다. 건물을 지을 때는 나무와 돌을 앞장서서 날랐다. 삼일독립운동을 주도하고 감옥에 들어가서는 사형언도를 받을 위험이 있는데도 죽을 자리 찾았다며 어깨춤을 덩실덩실 추었다. 그리고는 감방에서 이승훈은 "오늘부터 변기통 청소는 내가 한다!"고 선언했다. 그러자 감방에 있는 사람들이 "아이고 선생님, 선생님께서 어찌 그런 일을 하시겠습니까?"하고 말렸다. 당시는 화장실이 따로 없고 감방마다 변기통이 있어서 10명쯤 되는 사람들이 밤새 소변과 대변을 거기다 보아야 했다. 그 변기통을 비우고 청소하는 일은 보통 일이 아니었다. 특히 겨울철에 찬물로 변기통을 씻는 일은 더욱 귀찮고 힘든 일이었다. 변기통 청소는 누구나 하기 싫은 일이기 때문에 감방에서 가장 힘이 없고 빽이 없는 사람이 했다. 민족의 큰 지도자 이승훈이 감옥에 있었던 3년 반 동안 혼자서 변기통 청소를 맡아 하였다. 처음에는 이승훈의 변기통 청소를 말리던 사람들도 나중에는 변기통 청소는 이승훈이 당연히 할 일로 알고 말리지도 않았다고 한다.

오산학교의 설립자요 이사장인 이승훈은 말년에도 학교의 험한 일을 몸소 하였다. 평안북도 정주군의 오산은 압록강에 가까운 지역이라 겨울에는 몹시 추웠다. 당시 변소는 재래식이라 겨울이면 얼음 똥이 산처럼 쌓여 올라왔다. 누기만 하고 치우는 사람이 없어서 위로 차올라오는 얼음 똥 산을 보고 이승훈이 손도끼를 가져와서 까기 시작했다. 한 손으로 수염을 잡고 한 손으로 도끼를 들고 얼음 똥을 까다보니까 그 조각들이 튀어서 입으로 코로 들어갔다. 퉤퉤 침을 뱉어가며 얼음 똥을 까고 있었다. 당시 총무 과장이었던 조형균 장로가 지나가다 변소에서 나는 소리를 듣고 가서 보고는 깜짝 놀라서 "아이고 선생님 이게 어쩐 일이십니까?"하고 말리고 직원들을 부르고는 이승훈을 모시고 내려왔다. 이승훈이 퉤퉤 침을 뱉자 조형균이 "선생님, 맛이 구수하시겠습니다."라고 말했다. 그러자 이승훈은 "맛이 괜찮네."라고 대꾸 했다. 후에 이승훈은 학생들에게 "내가 오산에서 한 일이라고는 똥 먹은 일밖에 없다."고 자랑했다.[7] 이승훈은 몸으로 섬기며 민중을 깨우친 참 스승이었다.

늘 자기를 낮추고 버릴 수 있었던 이승훈은 나이가 들수록 싱싱하고 아름답게 살았다. 그를 보기만 해도 큰 가르침을 얻었다. 이승훈이 죽기 한 해 전인 1929년에 소나기의 작가 황순원은 오산중학교에 입학하여 한 학기를 지냈다. 15세 소년 황순원은 이승훈을 보고 "남자라는 것은 저렇게 늙을수록 아름다워질 수도 있는 것이로구나." 하고 느낀다. 건강이 나빠진 황순원은 가족이 있는 평양으로 전학했기에 오산중학교에서는 겨우 한 학기 공부했을 뿐이다. 그러나 그 때 만난 이승훈은 황순원에게 평생 마음의 별이 되었다. 이승훈은 몸으로 맘으로 가르친 스승이었다.

섬기는 지도자 남강 이승훈

3.1독립운동을 주도했던 개신교 민족지도자 남강 이승훈은 섬김의 본을 보인 지도자였다. 30 년 전 어느 날 저녁에 천안 모산 고을에서 나는 함석헌 선생에게서 이승훈에 관해 들었다. 70대 중반의 노인이었던 함 선생은 자신의 스승 이승훈을 기억하면서 감격에 겨워

---

7)   김기석, ≪남강 이승훈≫ (한국학술정보㈜, 2005), 174·188쪽

목이 메었다. "도대체 이승훈이 어떤 인물이기에 함 선생님이 저렇게 존경하는가?"하고 나는 몹시 궁금했다.

남강은 누구인가? 그는 여덟 살에 부모를 여의고 유기점에서 사환으로 뼈가 굵었다. 주인이 "저 아이는 내가 일을 시킬 수 없는 아이다. 일을 시키려하면 이미 일을 했거나 일을 하고 있다."고 할 만큼, 섬기는 일이 몸에 뱄다. 민족사학 오산학교를 설립하고도 자신은 무식하다면서 지역 유지를 교장으로 내세웠다. 나이 서른이 안 된 함석헌이 학생들을 모아놓고 성경공부를 하는 자리에 60대 중반의 원로이신 남강이 참석하여 제자인 함석헌의 말에 귀를 기울여 들었다. "참좋은 말을 한다."면서 남강은 다른 교사들과 학생들에게도 함석헌의 성경 공부 반에 가서 들으라고 권했다. 제자의 말을 잘 듣는 스승, 제자에게 힘을 주는 스승이었다.

남강은 남을 앞세우는 지도자였다. 3.1운동을 준비하는 과정에서 천도교의 손병희 이름을 먼저 쓸 건가, 남강의 이름을 먼저 쓸 건가 하는 문제로 개신교와 천도교 사이에 다툼이 생겨 일이 진전되지 않았다. 밤늦게 돌아온 남강이 "순서는 무슨 순서, 그거 죽는 순서야! 손병희 먼저 써!"해서 일이 쉬워졌다고 한다. 3.1운동을 벌여 놓고 형무소에 들어가서 "이제 죽을 자리 찾았다."면서 신이 나서 어깨춤을 덩실덩실 추었다고 한다. 감방에서 노인네가 젊은이들 제쳐놓고 변소청소는 끝까지 혼자 맡아 했다. 법정에서 판사가 묻는 물음에 남강은 거침없이 대답했다. "왜 독립운동을 했느냐?" "하나님이 시켜서 했다." "앞으로도 하겠느냐?" "계속하겠다." "조선이 독립될 것이라고 생각하느냐?" "하나님이 살아계신 한 반드시 독립될 것이다."

남강이 죽기 몇 해 전에 제자들이 민족정신을 기리기 위해서 오산학교에 남강의 동상을 세웠다. 동상 제막식을 하기 전날 남강은 학생들을 불러놓고 이렇게 말했다; "사람들이 내 동상을 세운다지만 내가 오산학교에서 한 일은 똥 먹은 것밖에 없다. 한 겨울이면 변소에 똥이 가득 차서 얼어붙는데 똥을 눌 줄만 알지 치우는 이는 없더라. 그래서 내가 도끼를 들고 가서 똥 무더기를 깠는데 까다 보면 그게 튀어서 입으로도 들어갔다. 그래 퉤퉤 뱉으면서 깠다."

남강은 남을 앞세우고 섬겼던 참 스승이었다. 남 싫어하는 일을 먼저 하고, 남에게 힘을 주었던 참으로 섬기는 지도자의 귀감이었다. 섬김으로써 다스리는 예수의 정신과 삶을 이 땅에서 가장 잘 체현한 인물이 남강 이승훈이었다고 생각한다.

교회도 정치도 섬기는 지도자를 기다린다. 힘없는 이들을 살리고 힘주는 이, 어둠 속에 사는 이들을 환하게 하고, 낮은 자리에 있는 이들을 높이는 이가 새 시대, 새 문명의 지도자다. 남을 앞세우고 섬기는 지도자가 지역감정과 낡은 이념 대립으로 찢긴 나라를 하나로 결합시킬 것이요, 갈라지고 흩어진 교회를 결집하여 창조적인 선교의 힘을 이끌어 낼 것이다.

3. 스승의 모범 조만식

젊어서는 술 마시고 쌈질도 하며 거칠게 지냈다. 그러나 기독교 신앙을 받아들인 다음에는 검소하고 엄정한 삶을 살았다. 그는 일본에 가서 메이지 대학교에서 법학부를 졸업하였다. 그가 9년 동안 오산학교 교장을 하면서 보수를 받지 않았으나 지극정성을 다하여 가르쳤다. 그가 가르치는 동안 학생들에 대한 스승의 권위와 영향은 거의 절대적이었다. 이제까지 이처럼 스승을 전적으로 신뢰하고 존중하는 학생들, 헌신적이고 희생적으로 학생들을 사랑으로 가르친 스승은 찾아보기 어려울 것이다. 모범적이고 완벽한 사제관계를 형성하고 보여주었다고 한다.

조만식은 늘 짧은 두루마기와 검소한 한복을 입고 다녔다. 오산학교 교사 가운데 한 사람은 비싸고 좋은 양복을 입고 멋을 내고 다녔다. 어느 날 조회 시간에 학생들과 교사들 앞에서 그가 선언하였다. "조만식 교장 선생님은 저처럼 검소하게 차려 입고 지내시는데 나는 이제까지 비싼 양복을 입고 멋을 내고 지냈다. 이제 나도 이런 옷을 벗어버리고 조만식 교장 선생님처럼 검소한 차림으로 살겠다."

오산학교에서 조만식에게 배운 민족시인 김소월은 조만식에 대해서 이렇게 읊었다. "평양서 나신 인격의 그 당신님 조만식. 덕 없는 나를 미워하시고 재조 있던 나를 사랑하셨다. 오산 계시던 조만식 십년 봄 만에 오늘 아침 생각난다. 근년 첨 꿈 없이 자고 일어나며. 자그만 키와 여윈 몸매는 달은 쇠끝 같은 지조가 뛰어날 듯, 타듯 하는 눈동자만이 유난히 빛난다. 민족을 위하여는 더도 모르시는 열정의 그 님."[8]

3·1운동으로 감옥에 갇혔을 때 몸이 아파 누워 있었다. 그 때 간

---

8)   박영호 『진리의 사람 다석 류영모』 (上) 두레 2001. 211~212쪽.

수가 와서 "저기 누워 있는 놈, 일어나서 변기통 치워라."고 명령했다. 아픈 몸으로 변기통을 들고 가다가 문앞에서 엎고 말았다. 똥이 감방과 복도에 다 쏟아졌다. 그러자 조만식은 손으로 끝까지 정성을 다해서 그 똥을 쓸어 담았다고 한다. 그 모습을 보고 다른 사람들이 그를 존경하게 되었다.

일제의 경제침략에 맞서 물산장려운동을 이끌었던 조만식은 '한국의 간디'로 불리며 신뢰와 존경을 받았다. 해방 후 북한에서가장 신망이 높은 지도자였다. 소련군과 공산당이 그를 찾아와서 협력할 것을 강요하면서 끊임없이 협박하고 회유하였다. 그들이 찾아와서 최고 지위를 보장하겠다며 설득할 때마다 그는 가만히 경청하고 있다가는 마지막에는 "아니!"라는 한 마디로 거절하기를 수 십 차례나 되풀이 하였다. 평소에 인자하고 부드러운 선생님이었던 그가 온갖 정치적 협박과 유혹을 물리치고 "아니"라는 말로 거절한 것은 그가 강인하면서 고결한 독립정신을 지녔다는 것을 나타낸다. 함석헌의 시 '그 사람을 가졌는가.'에서 "온 세상의 찬성보다도 '아니'하고 가만히 머리 흔들 그 한 얼굴 생각에 알뜰한 유혹을 물리치게 되는 그 사람을 그대는 가졌는가." 하는 대목은 조만식을 염두에 둔 구절이다. 그는 안창호, 이승훈과 마찬가지로 고결하면서 겸허하고 지극정성을 다하는 독립정신을 가지고 산 인물이다.

4. 산처럼 높고 장엄한 정신의 철학자, 스승 유영모

1905년 을사늑약이 이루어진 해 그는 나라를 잃은 대신 기독교 신앙 하나님을 만났다. 몸이 약한 그는 나이 20세 때 오산학교 교사로 있으면서 중국인 한의사에게서 체조를 배웠고 매일 아침 체조와 냉수마찰을 하였다. 평생 체조와 냉수마찰을 했는데 겨울에는 냉수마찰을 한 자리에 얼음이 쌓여 올라갔다.

두 살 아래 동생 영묵이 갑자기 죽자 신앙에 대한 깊은 성찰을 통해 정통 교리 신앙에서 벗어나 동양고전과 성경을 함께 연구하며 보편적인 생명철학에 이르렀다. 새벽 3~4시에 깨어 무릎 꿇고 앉아 묵상하며 경전공부를 하고 일지를 썼다. 53세경에는 산에서 천지인합일 체험을 하고 한국정신과 사상에 대한 연구에 몰입했으며, 성생활을 중단하고 해혼을 했으며 날마다 죽고 다시 산다는 뜻으로 칠성판을 가져다 놓고 그 위에서 잤다. 그는 하루에 한끼만 먹었다. 아침은 하나님께 드리고 점심은 이웃에게 드리고 저녁만 몸과 맘을 살리는 약으로 먹었다. 그는 일하고 사람 만나는 시간을 빼고는 무릎 꿇고 앉아서 명상하고 진리를 탐구했다.

1975년경 퀘이커 신자들과 함께 세검정에 사시던 다석을 친견할 수 있었다. 입술은 빨갛고 볼은 복숭아처럼 붉었고 머리털은 눈처럼 하얗다. 신선을 보는 듯 했다. 그는 말했다. "있을 것이 있을 곳에 있는 것이 참이고 선이고 아름다운 것이다." 밥알이 밥그릇에 있으면 깨끗하지만 얼굴에 묻으면 더럽고 똥이 똥통에 있으면 괜찮지만 옷에 묻으면 더럽다고 했다. "생명은 스스로 하는 것이다. 밭이 하는 것

을 손이 돕지 말고 손이 하는 것을 발이 도우면 안 된다."고 말하고는
"이렇게 하는 거다."하면서 꿇어앉은 무릎 하나를 펴더니 다리 하나
로만 벌떡 일어섰다.

20대 때 일본 유학을 갔으나 부국강병과 입신양명을 추구하는
교육이념이 진리에 부합하지 않는다고 보아서 대학공부를 중단하고
농사짓기 위해 귀국하였다. 대학공부를 하는 것은 남보다 출세하여
부귀와 권세를 누리는 것인데 그것은 하나님과 민중이 미워하는 것
이라고 여겼다. 스스로 땀 흘려 일해서 먹고 남는 것은 사랑으로 이
웃에게 나누어주는 것이 진리를 따르는 삶이라고 여겨서 농부의 삶
을 높이 여겼다. 그는 햇빛에 그은 농부의 얼굴이 노자가 말한 진인
의 경지인 화광동진(和光同塵)이라고 했다.

그는 종로에서 낳서 40대중반까지 종로서 살았으나 허름한 차림
을 하고 천으로 된 가방에 성경을 넣고 걸어서 다녔다. 그는 여간해
서는 차를 타지 않고 걸어 다녔다. 길에서 만난 노인들이 다석을 보
고 "시골에서 언제 올라왔느냐?"고 묻곤 했다. 다석은 자신을 방금
농촌에서 올라온 촌 사람으로 대접해 준 것을 최고의 영광스러운 대
접이라고 하였다. 그는 노동복을 입고는 다닐 수 있으나 부유한 옷차
림을 하고는 다닐 수 없다고 했다.

다석 유영모는 산골에서 학문연구와 정신수련에 몰두하였다. 정
치사회적으로 저명한 인사들이 자주 찾아왔으나 그는 언제나 무심하
게 대했다. 그러나 제자인 함석헌이 북한에서 내려온다는 소식을 들
은 그는 제자를 맞을 준비에 온갖 정성을 다 하였다. 해방 후 평안북

도 교육부장을 지냈던 함석헌은 신의주학생사건의 배후인물로 몰려 소련군에게 체포되어 죽을 고비를 넘기고 겨우 석방되었다가 1947년 4월에 월남하게 되었던 것이다. 함석헌이 내려오기 여러 날 전부터 유영모는 집 안팎을 깨끗하게 청소하였다. 이 때 따님 월상 씨가 굴뚝 청소를 하러 지붕에 올라갔다가 떨어져 다리가 부러졌다. 도산이 주위 환경을 깨끗하고 아름답게 했던 것처럼 유영모는 죽기까지 빗자루가 닳아 없어질 정도로 마당을 깨끗이 쓸었고, 주위 환경뿐 아니라 몸과 맘을 깨끗하고 아름답게 하였다.[9] 도산이 제자에게 정성을 다했던 것처럼 이승훈도, 유영모도 제자에게 정성을 다 하였다.

유승국은 대학원생 시절에 일주일에 하루는 다석을 찾아서 하루 종일 함께 앉아 있으면서 가르침을 받았다. 침묵하며 말이 없을 때도 있고 말을 해줄 때도 있었다고 한다. 유승극이 늦게 결혼을 했을 때 다석이 이천까지 방문하여 축하했다. 그 때 철학계의 거물인 박종홍을 비롯하여 많은 철학교수들이 있는 자리에서 다석에게 한 말씀 하라고 하니까 "신랑 신부 두 사람 오늘 먹은 맘을 오! 늘 잊지 마시오."라고 말하였다. 늙어서 유승국은 이런 말씀을 어찌 잊을 수 있겠느냐고 감동하여 말했다.

유승국에 의하면 다석은 땅에 발을 딛고 살았으나 맘은 하늘에 주소를 두고 산 하늘의 사람이었다고 하였다. 누가 죽어도 슬프다 좋다 감정 표현 없이 그저 "그이도 잘 가셨지."하였다. 다석의 정신과 사상은 너무 깊고 높아서 이해할 수 없고 이해했다고 해도 설명할 수

---

9) '깨끗'에 대한 다석의 생각에 대해서는 박재순, '5장 밥철학과 깨끗한 삶'《다석 유영모-동서사상을 아우른 생명철학자》(서울, 홍성사, 2017) 참조.

없다고 하였다. 유승국은 말년에 매일 아침 다석의 사진에서 명상하는 것으로 일과를 시작하였다.

다석은 철학을 죽음연습이라고 했고 죽음으로써 참된 삶을 살수 있다고 했다. 제 뜻과 주장으로 사는 제나가 죽어야 얼나가 산다고 하였다. 삶은 얇은 것이고 죽음은 깊은 것이라고 했다. 삶은 죽음의 깊은 바닷가에 닿아 있는 것이고 죽음에 잇대어 사는 것이다. 그는 죽음을 영원한 삶을 향한 찬란한 육리(陸離)라고 했으며 신랑이 신방에 들어갈 것을 기다리듯이 죽음을 기다렸다. 그는 말년에 2~3년간 기억을 잃었는데도 무릎 꿇고 앉아서 '아바디 하나님!'을 부르며 지냈다.

5. 스승을 존경하고 제자들을 사랑한 스승 함석헌 이야기

1) 스승들을 이어 산 제자의 모범

나라가 망하고 식민지가 되는 고통스러운 역사의 한 가운데서, 동서 문명이 만나고 민주적이고 세계보편적인 정신과 역사가 새롭게 시작되는 문명사적 변혁의 중심에서 그의 스승들인 안창호, 이승훈, 조만식, 유영모는 위대한 스승의 정신과 모범을 보여주었다. 오산중학교의 정신과 이념을 형성한 안창호, 이승훈, 조만식, 유영모는 진실과 정직, 지극한 정성과 겸허한 섬김의 모범을 보였다. 이들은 일제의 불의에 맞서 불굴의 저항과 독립의 정신을 곧게 지키는 의로운 사람들이면서 사욕과 사심을 버리고 겸허하게 사랑과 정성으로 섬기는 민주적이고 공동체적인 인물들이었다.

함석헌은 늘 자신의 스승들로서 '도산, 남강, 고당, 다석'을 내세웠다. 함석헌은 그의 스승들의 삶과 정신을 이어서 살았다. 그는 70년대 '씨올의 소리'를 내며 민주화운동을 하다가 외롭고 힘들 때면 망우리 도산의 묘를 찾곤 했다. 도산의 묘 앞에서 오래 앉아 있다 보면 망우리(忘憂里)란 이름 그대로 근심과 걱정을 잊게 되었다고 한다.[10]

2) 스승을 그리워하는 영원한 학생

함석헌은 제자를 사랑하는 스승이고, 스승을 그리워하는 영원한 학생이었다. 그는 제자인 안병무, 김용준을 안형, 김형이라 부르며 제자를 벗으로 여겼다. 그는 늙어서도 병든 어린 제자를 생각하고는 눈물을 흘리는 따뜻한 스승이었다. 그가 70대 중반의 늙은 나이에도 스승인 유영모를 생각하며 "제게 좋은 선생님이 계셨지요. 다석 유영모 선생님!"하며 깊은 존경과 그리움을 드러냈다. 스승인 이승훈에 대해 말할 때는 스스로 감격하여 좋다는 말도 없이 그저 "아! 남강 이승훈 선생님"하면서 목소리가 젖어들었다. 늙어서도 이렇게 스승을 존경하고 그리워하는 함석헌은 영원한 젊은 학생이다. 함석헌은 가르치는 스승의 참된 모습과 배우는 학생의 참된 자세를 보여주는 본보기다.

---

10)   함석헌 '안창호를 내놔라' 《씨올의 소리》 1973년 12월호. 6쪽.

함석헌은 제자들에게 스승은 각자의 마음 속에 있는 것이라고 가르치면서도 자신은 평생 스승을 그리워하고 존경하였다. 함석헌이 이승훈과 유영모의 제자로서 삶과 정신을 이으려고 얼마나 애썼는지 함석헌의 글과 말에서 확인할 수 있다. 1950년대 후반에 쓴 글에서 함석헌은 자신과 유영모의 생일이 3월 13일로 같은 것이 신비한 인연이 있는 듯 여겨진다면서 "말씀 드리기도 송구하지만 부족하고 미미하게나마 멀리서 선생님을 따르려고 애쓴다."고 하였다.

1970년대 중반에 함선생을 모시고 젊은이 10 여명과 함께 천안지역의 모산 구화고등공민학교에서 며칠 밤낮을 함께 지내는 수련회를 가졌다. 낮에는 맹사성의 고택을 방문하기도 했다. 밤에 뜰에 나오셔서 말씀하시는 가운데 이승훈과 유영모 두 스승에 대한 말씀을 하셨다. "제게 좋으신 선생님이 계셨지요. 다석 유영모 선생님!"하며 스승에 대한 절절한 그리움과 고마움, 깊은 존경을 담아 말씀하셨다. 그리고는 이승훈에 대해서는 좋다는 말도 없이 그저 "아! 남강 이승훈 선생님" 하면서 스스로 감격하여 목이 메고 목소리가 젖어 드셨다. 70대 중반의 함석헌이 두 스승을 얼마나 그리워하고 받들며 살았는지 알 수 있었다.

1980년 이른 바 민주화의 봄 때 함석헌은 YMCA 강당에서 강연을 했다. 유영모가 서울 YMCA에서 35년 동안 연경반 강의를 했던 것을 기억했기 때문이었는지 강연 도중에 함석헌은 "나의 30대에 선생님, 단 한 분으로 살아 계시는 우리 유영모 선생님"하면서 스승을 그리워하고 존경하였다.[11] 다음해 2월 3일 유영모가 세상을 뜬 다음에 강연할 때에도 함석헌은 "우리 선생님…우리 은사", "아주 생각에 사상에 큰 독특성, 오리지낼리티(originality)가 굉장하신 분"이라며 유영모에 대한 존경과 그리움을 나타냈다.[12] 당시 강연장에 있던 사람들 가운데 유영모를 아는 이가 거의 없었을 것이다. 80이 넘은 노인이 스승을 그리워하는 절절하고 사무친 마음을 가지고 살았던 것을 알 수 있다.

이처럼 70~80이 넘도록 스승을 그리워하고 존경하는 마음을 가지고 살면 평생 공부하는 젊은 학생으로 살 수 있다. 그의 삶과 마음속에 스승이 뚜렷이 살아 있었기 때문에 함석헌은 늙지 않는 젊은이로 늘 새롭게 배우는 겸허한 자세를 잃지 않고 살 수 있었다. 스승을 그리워하고 섬기며 살았기 때문에 역사 속에 스승을 살려냈을 뿐 아니라 자신도 힘 있고 아름답게 살 수 있었다.

3) 제자들을 사랑한 스승

얼굴을 가리고 맞은 스승

스승을 그리워하고 존경한 함석헌은 제자를 사랑했다. 일제 때 함석헌은 30대의 젊은 나이로 오산학교에서 가르쳤다. 한때 학생들

---

11) 함석헌, "80년대의 민족통일의 꿈을 그려 본다", 함석헌전집 12권 48쪽.
12) 함석헌, "민중과 새 역사의 지평", 씨올의 소리 1989년 6월호. 96쪽. 이 글은 1983년 2월의 강연 내용이다.

사이에 한참 사회주의 바람이 불었다. 민족해방과 사회혁명이 안 되는 까닭은 민족주의 교사들의 타협적이고 온건한 태도 때문이라며 민족주의 교사들을 타도하는 운동이 일어났다. 학생들이 떼로 모여서 교사들을 때리기 시작했다. 함석헌은 교무실에서 학생들이 때리러 오자 얼굴을 감싸고 엎드렸다. 학생들이 함석헌에게 "왜 얼굴을 가리는 거요?"하고 물었다. 함석헌은 학생들에게 "나도 사람인데 너희 얼굴을 보고 맞으면 나중에 너희 얼굴을 내가 어찌 보겠느냐? 이대로 맞겠다."고 하였다. 그래서 학생들이 때리지 못하고 돌아갔다고 한다. 학생들에게 맞으면서도 학생들을 배려하는 마음, 이런 마음이 어머니 같은 교사의 마음이다.

제자들을 사랑한 겸손한 스승

스승을 그리며 살았던 함석헌은 제자들에게는 한없이 겸손했다. 21세 아래인 안병무, 26세 아래인 김용준을 "안형, 김형"이라고 불렀다. 함선생을 가까이 한 사람마다 함선생으로부터 극진한 사랑과 남다른 관심을 받았다고 생각한다. 나는 1973년 가을부터에 함선생의 성경강의와 노자, 장자 강의를 열심히 들었다. 1974년 가을부터 1975년 봄까지 1년 동안은 철학과 신학을 공부하는 학생들과 함께 함선생으로부터 힌두교 경전 '바가바드 기타'를 배웠다. 그러다가 1976년에 나는 서울대 병원에서 척추수술을 크게 받았다. 몹시 고통스러운 상태로 50일쯤 입원해 있는 동안에 함선생이 자주 찾아주셨다. 수술 받는 날 아침에는 8시 전에 오셔서 힘을 주셨다. 그 날 원효로 댁의 마당에서 시드는 나무를 보시며 "저 나무가 재순이 같다."하시면서 우셨다고 한다. 가난하고 병든 학생을 가엾게 여기고 눈물을 흘리신 함석헌 선생을 생각하면 지금도 송구스러운 마음으로 몸이 뜨거워진다.

함석헌 선생이 돌아가시기 전에 병원에 입원해 계실 때 찾아뵈었더니 이렇게 말씀하셨다. "큰 공부를 하시오. 사람에게는 본능과 지성과 영성이 있는데 이 셋을 아우르는 공부가 큰 공부요." 하늘에 중심을 두고 하늘, 땅, 사람이 하나로 되게 하고, 몸, 맘, 얼이 서로 통하고 울리어 온전케 하는 것이 씨올정신이고 사상이다. 몸과 맘과 얼이 울리고 통하는 큰 공부를 했기 때문에 함석헌은 스승들을 한없이 그리워하고 섬겼고, 지극히 겸허하면서 극진한 사랑으로 제자들을 섬기며 가르쳤다.

4) 믿음과 사랑으로 산 일평생

30대 후반에 한 달 사이에 어린 자식 둘이 홍역으로 죽었을 때도 그는 신앙을 더 깊고 더 새롭고 크게 확장할 뿐이었다. 교사였던 그는 인생과 역사를 인간에 대한 하나님의 교육과정으로 이해했다. 40대 초반에 감옥에 갇혔을 때 그의 고난과 시련을 그는 자신을 깨우쳐 사람 되게 하려는 하나님 아버지의 지극한 사랑으로 받아들이고 감사하였다. 감옥에서 콩밥을 먹으면서 콩밥이 자신의 살과 피가 되는 과정에서 하나님의 창조의 손길을 느꼈다. 어떤 시련과 고난 속에서도 그는 하나님의 사랑을 체험하고 더 깊은 신앙을 갖게 되었다.

도산, 남강, 다석의 삶과 사상을 이어 살았던 함석헌도 만나는 사람에게 지극정성을 다 하였다. 해방이 되고 6·25전쟁이 나서 가족이 먹고 살기 어려울 때도 함석헌은 마산 결핵요양소를 자주 찾아 죽어가는 결핵 환자들을 위로하고 격려했으며 강연료와 원고료가 생기면 결핵요양소로 보냈다. 6·25전쟁으로 사람들이 죽어가고 서로 죽이고 죽음을 당할 때 그의 신앙은 더 깊고 큰 진리의 세계로 나아갔다. 그의 신앙과 사상은 교리와 이론에 머물지 않고 생명과 정신, 얼과 혼속에서 체험하고 확증되고 심화 확장되었다. 환난과 시련을 신의 뜻으로, 깨우치는 발길질로 알고 살았다.

말년에 집에 화재가 나서 그의 방과 책들이 다 타버렸다. 그에게는 큰일이고 괴로운 일이지만 이것도 하나님이 발길로 그를 차서 정신 차리고 바로 살게 하시는 것이라고 생각했다. 그는 악이 흉악을 부려주는 것이 고맙다고도 했다. "내가 누구인지 내가 하나님의 아들임을 일깨워주니까 고맙다."고 한 것이다.

늙은 나이에도 어디서나 그 누구나 강의를 해달라고 요청하면 함석헌은 거절하지 않고 달려갔다. 70대 중반에 아내가 파킨슨병으로 몸져누웠을 때는 그가 여러 해 동안 아내의 오줌·똥을 손수 받아냈다.[13]

---

13) 함석헌 '吾有三樂'《씨ᄋᆞᆯ의 소리》1976년 6월.

6. 눈물로 가르친 스승 김교신 이야기

함석헌의 죽마고우. 해방의 소식을 듣고 함석헌이 가장 먼저 생각한 김교신.

키 180cm의 장신에도 힘이 장사였고 잘 생겼다. 머리를 치장하는 유행을 싫어하여 머리를 박박 깎았다. 의협심이 뛰어나고 의분에 넘쳤으며 자기에게는 매우 엄격하고 모든 일에 근면하고 정성을 다했으나 남에게는 자애로웠다.

눈물로 가르친 김교신

김교신은 함석헌과 함께 월간지 '성서조선'을 발간하면서 중고등학교 교사로 교육활동에 전념하였다. 그는 대쪽 같은 성격과 강인한 체력을 가졌으면서도 뜨거운 눈물을 흘리는 정열의 사람이었다. 그는 불의를 용납하지 않는 사람이었다. 그가 감독하는 시험 시간에 부정행위는 상상할 수도 없는 일이었다. 그는 학생들을 믿고 시험감독 시간에 앞에서 책을 보고 있었다. 그런데 한 학생이 부정한 방식으로 답안지를 쓰고 있었다. 갑자기 시험지 위로 물이 뚝뚝 떨어졌다. 올려다보니 김교신 선생이 부정을 저지르는 제자를 보면서 뒤에서 울고 있었던 것이다. 스승의 우는 얼굴을 본 학생은 사죄하고 다시는 부정행위를 하지 않았다고 한다.

김교신이 양정고보에서 가르칠 때 손기정의 마라톤 코치가 되었다. 당시 손기정은 시골에서 온 가난한 학생이었다. 그가 마라톤 훈련을 하면서 코치인 김교신에게 자기가 달릴 때 선생님의 얼굴을 보면서 달리게 해달라고 부탁하였다. 존경하는 선생님의 얼굴을 보면 더욱 힘이 나서 잘 달릴 수 있을 것 같다는 것이었다. 김교신은 "내 얼굴이 무슨 도움이 되겠느냐"면서도 차를 타고 앞에 가면서 손기정에게 얼굴을 보여주었다. 가난한 소년 손기정이 온 힘을 다해서 달리는 모습을 본 김교신은 혼신을 다해 달리는 제자가 안쓰러워서 눈물을 줄줄 흘렸다. 눈물을 흘리는 스승의 얼굴을 보고 손기정은 더욱 큰 힘을 내서 잘 달릴 수 있었다고 한다.

어느 날 김교신은 제자와 함께 산길을 가다가 바위틈에 앉아서 대성통곡을 하였다. 나라 잃은 슬픔, 인생과 자아에서 오는 슬픔 때문에 그렇게 울었는지 모른다. 한참 대성통곡을 한 김교신은 다시 길을 가면서 제자에게 "자네도 나처럼 한번 어린애처럼 크게 울어보게. 그러면 위로를 받을 것이네."고 하였다.

돌이켜 보면 신통한 일을 이룬 것이 없다. 고난과 재난을 겪을 때마다 환난을 겪을 때마다 하나님의 발길에 채여서 내 삶의 길을 가게 되었다. 얼마 전에 집에 화재가 나서 내 방과 책들이 다 타버렸다. 내게는 큰일이고 괴로운 일이지만 이것도 하나님이 발길로 나를 차서 정신 차리고 바로 살게 하시는 것이라고 생각한다. 악이 흉악을 부려주는 것이 고맙다고도 했다. 내가 누구인지 내가 하나님의 아들임을 일깨워주니까 고맙다고 한 것이다.

함석헌은 유영모로부터 모든 것이 하나님의 말씀이라는 말을 들었다. 시편에 천지만물이 하나님의 뜻을 드러내고 하나님의 말씀을 전한다고 하였다. 함석헌은 이 말을 진지하게 받아들였다. 모든 사물, 일, 관계가 하나님의 말씀이다! 그렇다면 만물과 온갖 일들이 내게 절대적 의미를 가지고 다가온다. 내가 살고 죽는 일이 된다.

인생과 역사를 인간에 대한 하나님의 교육과정으로 이해했다. 40대 초반에 감옥에 갇혔을 때 그의 고난과 시련을 그는 자신을 깨우쳐 사람 되게 하려는 하나님 아버지의 지극한 사랑으로 받아들이고 감사하였다. 감옥에서 콩밥을 먹으면서 콩밥이 자신의 살과 피가 되는 과정에서 하나님의 창조의 손길을 느꼈다. 어떤 시련과 고난 속에서도 그는 하나님의 사랑을 체험하고 더 깊은 신앙을 갖게 되었다.

성서조선 사건으로 1년간 옥고를 치른 김교신은 흥남질소비료공장의 후생계장으로 일하게 되었다. 거친 노동자들을 돌보고 이끄는 자리였으므로 노동자들과 가까이 지내려 했으나 노동자들은 점잖은 서생을 상대하려고 하지 않았다. 그래서 김교신은 가장 힘센 우두머리로 보이는 사람에게 팔씨름을 제안했다. 그 노동자는 서생 김교신을 우습게 여겼으나 김교신이 팔씨름을 해서 이겼다. 그 후 노동자들과 친밀하게 지냈다. 발진티프스에 걸린 노동자들을 돌보다가 감염되어 김교신은 해방을 몇 달 앞두고 죽었다.

김교신과 함석헌은 둘도 없는 친구였다. 나이도 같고 생각도 기개도 통했다. 김교신의 안내로 함석헌은 우치무라 간조에게서 무교회 신앙과 성경을 배웠다. 함석헌을 인정하고 알아준 것은 김교신이었다. 김교신이 주관한 '성서조선'에 함석헌이 글을 많이 쓰면서 김교신은 함석헌을 깊이 이해하고 존중하게 되었다. 함석헌이 30대 후반에 어린 자식 둘을 홍역으로 잃고 나서도 더 깊은 신앙으로 들어가는 것을 보고 그의 인격과 신앙을 높이 평가했다. 함석헌도 해방의 소식을 들었을 때 가장 먼저 생각나는 사람이 김교신이었다고 하였다.

15장

서로 살리는 섬김의 정치

15장 서로 살리는 섬김의 정치

1. 나라 세우기

나라 세우기

박정희가 쿠데타를 일으키고 나라를 장악하기 위해 한 일 가운데 두 가지가 눈여겨 볼만하다. 첫째 서울대 농대 교수이며 덴마크 농민 재건 운동을 연구한 유달영을 재건국민운동 본부장으로 세워 농민과 시민들의 의식을 개혁하고 농민과 시민의 조직을 만들어갔다. 이것은 큰 성과를 거두었다. 둘째 철학자 박종홍으로 하여금 한국국민을 움직이는 정신과 이념을 형성하게 하고 한국 정신문화원을 만들었다. 박정희는 나라를 장악하고 이끌기 위해 무엇이 필요한지 정확히 알았던 것이다. 정보장교로 뼈가 굵었으니, 싸워서 이기는 전술과 상황을 장악하는 전략을 본능적으로 알았다.

지난 10여 년 동안 이 나라는 민주화운동을 했다는 대통령들이 나라를 이끌었다. 김영삼, 김대중, 노무현, 이 세 대통령은 자신의 정부를 이름도 그럴 듯하게 문민정부, 국민정부, 국민 참여정부라고 했다. 동학 농민전쟁 때부터 따지면 100여 년, 해방 후부터 따지면 60여 년 이 나라는 치열한 민주화 투쟁을 거쳐 왔다. 어렵고 힘든 과정을 거쳐 민주정부가 들어섰다. 이 오랜 투쟁의 과정에서 반민주적인 기득권 세력이 주도한 정치사회의 왜곡과 파행은 심각했다. 그러나 그보다 정신과 사상의 왜곡과 파행은 더욱 심각했다. 민주정부라면 이런 왜곡과 파행을 바로 잡는 일을 가장 중심적인 과제로 삼았어야 했다. 그리고 이런 일은 보이게 보이지 않게 했어야 한다.

그나마 김대중 정부가 설립한 것이 민주화 기념 재단이고 민주화 공원 조성을 위한 노력이다. 그 후 국가보안법 폐지, 과거사 청산 문제로 소리만 요란하다가 말았다. 이런 것으로 나라와 역사를 바로잡을 수 있다고 생각했다면 참으로 한심하다. 민주화운동을 통해 집권한 세력의 철학과 정신이 빈곤하고, 국가경영의 능력이 부족함을 드러낸 것이 아닌가?

정치와 경제의 근본은 문화이고 문화의 뿌리는 정신과 사상이다. 철저히 왜곡된 정신과 사상을 바로 잡으려는 노력 없이 나라를 경영한다고 하는 것은 말이 안 되는 일이다. 대통령이나 국회의원이 직접 철학과 사상을 바로 잡는 일을 할 수는 없지만 그런 일을 할 수 있도록 그렇게 되도록 자리를 마련하고 마당을 열어놓고 길을 닦는 일은 해야 했다. 그런 노력이 보이게 보이지 않게 이루어져 국민과 사회 여론의 공감대와 합의가 이루어지면 정치와 사회의 방향에 대한 합의도 이루어질 수 있다.

옛날에도 나라를 세우면 새로 법을 정비하고 예의와 도덕을 새롭게 하고 율려(律呂)를 새로 정했다. 율려는 음악의 기본음과 음조를 뜻한다. 오늘 말로 하면 정신문화의 기본 성격과 방향을 새롭게 하는 것을 뜻한다. 정치와 경제의 바탕은 문화이고 문화의 근본은 정신과 사상임을 안다면 나라를 바로 세우는 일은 율려를 바로 잡는 일에서 시작해야 한다.

기본을 세우자

우리나라는 지난 백 년의 역사에서 민주화와 산업화를 이루어 왔다. 모진 시련과 고난을 겪으면서도 민주정부를 세웠고 고도 산업화를 이룩했다. 그러나 가정과 사회의 근본이 흔들리고 정치와 경제의 기본이 수립되지 못한 것 같다. 부모와 자식, 아내와 남편 사이의 인륜이 흐트러지고, 사회적 양극화가 심화되면서 사회의 중심이 크게 흔들리고 있다. 오랜 세월 국민과 함께 민주화의 험한 길을 걸어온 민주화운동 세력은 국민으로부터 깊은 불신과 비난에 직면해 있다. 고도산업화를 상징하고 대표하는 삼성의 불법과 부정이 폭로되고 있다. 노사가 대립하고 거대 신문사들과 정부가 맞서면서 우리사회는 구심점을 잃고 나아갈 길을 잃고 있다. 여론은 왜곡되고 도덕적 무정부상태와 혼란에 빠져 있다.

남북 화해와 동아시아 평화의 시대를 추구해야 할 중요한 시기에 기본이 흔들리고 있다. 지금 이 나라는 히틀러와 같은 인물이 나와서 나라를 혼란과 파국으로 몰아가거나 깨끗하고 유능한 인물이 나와서 기본을 다시 세워서 평화와 번영의 시대를 열어가는 중요한 기로에 있다. 평화와 번영의 길로 가기 위해서는 먼저 사람마다 '나'를 찾고 '나'를 바로 세워야 한다. '나'를 잃었기 때문에 거짓말을 하고 부정을 저지르고 매수되고 불법과 탈법을 일삼는다. '나'를 잃었기 때문에 길을 잃고 혼란과 무질서에 빠진다. 돈과 권력과 명예에 휘둘리지 말고 저마다 '나'를 찾고 '나'를 바로 세우면 나라의 근본이 바로 서고 길이 보일 것이다.

기본이 서야 한다.

오늘 한국사회의 가장 큰 문제는 무엇일까? 삶과 생각의 기본이 서지 않는 것이다. 기본이 흐트러지면 될 일이 없다. 그래서 정치와 사회, 교육과 종교가 혼란과 무질서에 빠졌다. 오늘의 이런 현실은 이른바 종교인, 지식인에 대한 통렬한 고발이다. 종교인, 지식인, 학자, 사상가들이 삶과 생각의 기본을 보여주지 못했기 때문이다.

삶과 생각의 기본이 서지 않는 것은 국민적인 정신과 철학이 없음을 뜻한다. 한국사회는 지난 100년의 짧은 기간에 동서 문명이 합류하는 세계화의 큰 흐름 속에서 민주화와 고도 산업화를 이루었다. 서구문화의 급속한 유입 속에서 봉건왕조 사회가 민주 시민사회로, 농업전통사회가 고도 산업사회로 바뀌었다. 짧은 기간에 식민지 시대, 남북분단과 민족 전쟁, 군사독재와 민주화 투쟁을 경험했다. 이러한 문명사적 인류사적 변화 속에서 가치관과 사고방식과 생활양식이 급격하게 바뀌었으나 철학과 사상에 대한 사회적 논의와 대화가 없었다.

철학이라면 서양철학을 번역하고 소개하는 것으로 여겼고, 동양 고전을 풀이하는 것으로 알았다. 우리의 역사와 삶에서 우러난 철학과 사상을 탐구하지 않았다. 한국의 근현대사 속에서 주체적이고 창조적인 정신과 사상을 펼친 최제우, 최해월, 유영모, 함석헌이 있었으나 사상가나 철학자로 대접하지 않았다.

오늘의 혼란과 무질서에 대해서는 양심적이고 진실한 삶의 모습을 보여주지 못한 종교인들, 사상과 철학의 기본을 세우지 못한 학자들이 일차적인 책임을 져야 한다. 그러나 결국 모든 책임과 폐해는 국민들에게 돌아간다. 국민 사이에 기본을 세우는 정신 운동이 일어나야 한다. 철학과 사상운동이 일어나야 한다.

한국 사회는 그 동안 민주화운동과 환경·생태운동에 힘써 왔다. 이제 사상과 정신 운동이 필요한 것 아닌가? 민주화운동도 민중정신과 사상이 몸에 배지 않으면 목적을 이룰 수 없다. 환경·생태운동도 생명을 사랑하고 살리는 정신과 철학이 없으면 완성될 수 없다.

민주 정부 10년을 지나고 겪는 오늘의 혼란한 정치 현실도 정신과 사상의 문제로 귀결되고 생태학적 파국을 예견하면서도 과소비와 성장의 길로 달려가는 사회, 경제의 현실도 생각과 정신을 새롭게 하지 않고는 해결의 실마리를 찾을 수 없다.

2. 새 정치에 대한 바람과 참된 지도자

사대주의와 정신 사상의 식민지

외세의 지배와 영향 속에서 지식인 지도자들이 갈라져서 물고 뜯으며 싸우다가 함께 망하는 길로 간 것이 우리 역사가 아닌가? 외세의 지배와 영향 속에서 왕과 백성이 서로 불신하고, 관료 선비들이 파당을 지어 싸우고 서로 죽이는 이러한 난처한 상황이 오랜 세월 이어져 온 것 같다. 남북이 분단되고 외세의 영향과 지배 속에서 서로 싸우는 우리의 상황은 역사의 뿌리가 깊은 것 같다. 고려 때만 해도 우리 민족을 스스로 지키려는 정신이 살아 있었고 당파 싸움이 그렇게 심하게 일어나지 않았다. 외세의 지배에 길들여지고 당파싸움이 고질화된 것은 조선왕조 때부터인 것 같다. 이성계가 사대주의를 내세우며 조선왕조를 세운 뒤부터 조선은 크고 강한 나라를 섬기고 받드는 사대주의에 뼛속 깊이 물들어 있었다.

외세를 섬기고 받들고 아첨하고 아부하다 보면 거짓말과 꾸며대는 데 익숙해지고 남에게 굽실거리다 보면 비굴해진다. 남에게 굽실거리고 비굴한 사람은 고집을 부리고 독선과 독단에 빠지기는 해도 결코 정직하고 용감할 수 없다. 민족 전체의 자리에서 하나로 되는 길을 열어가는 이가 나올 수 없다. 사대주의에 길들여진 사람들은 자존감과 자신감이 없어지고 자기 동료와 아랫사람들에게 가혹하고 잔인해진다. 철학과 사상, 정신과 도덕도 중국의 철학과 사상, 정신과 도덕을 따르다 보니 주체적인 정신과 철학도 없고 자신만의 도덕과 신념도 없게 된다. 자기 눈으로 자기 나라를 보지 못하고 자기 생각을 가지고 자기 자신을 보지도 못한다.

조선왕조 후반까지 조선 화가들은 그림을 그려도 중국인의 화풍으로 중국의 산천을 그린 중국그림을 흉내 낼 뿐 제 눈으로 자신의 방식으로 우리의 산과 강을 그리지 못하였다. 주체성과 자존감을 잃은 이런 사람들은 자신의 권력과 지위를 지키기 위해서 강대국을 섬기고 받드는 대신에 동료들과 경쟁자들에게 가혹하고 백성들에게 무자비하다. 사대주의에 빠질수록 당파싸움은 고질화되고 시기와 질투, 분열과 분쟁이 체질화하고 부정과 부패는 심해지고 백성들에 대한 억압과 수탈은 가혹하고 잔인해진다. 나라의 명맥은 겨우 유지한다고 해도 나라의 힘은 갈수록 쇠약해지고 스스로 망하는 길로 가게 된다. 오늘도 이러한 사대주의 역사는 정신과 사상의 식민지 상태로 이어져 가고 있는 것 아닌가?

한민족의 장점과 결점--착함과 깊은 생각의 부족

함석헌 선생은 한민족의 장점으로 착함을 꼽았다. 이름에 쓰인 글자들이 중국이나 일본의 경우와 비교해 보면 모두 도덕적으로 높고 깨끗하고 착함을 나타낸다는 것이다. 6·25전쟁 때 피난 열차에서 먹을 것이 없는 때인데도 혼자 먹지 않고 나누어 먹는 것을 보면서 함석헌 선생은 "우리 겨레는 저 착함으로 세계에 큰 공헌을 할 것"이라고 했다. 재난을 당할 때마다 몸을 아끼지 않고 헌신하고 봉사하는 이들을 보면서 한민족이 착한 성품을 느낄 수 있다. 이번에도 서해 바다에 기름이 흘렀다는 소식을 듣고 많은 사람이 구름처럼 몰려서 기름을 닦아내는 것을 보고 세계가 놀랐다.

또 함석헌 선생은 한민족의 결점으로 심각성의 부족을 꼽았다. 술 마시고 노래하고 춤추며 집단적인 종교 감정에 빠져드는 경향이 있어서 진지하게 자기를 파고들거나 치밀하게 현실을 분석하지 않는 다는 것이다. 아름다운 강산에 착한 성품을 가지고 고난의 역사를 겪었으면서 깊은 생각이 부족하기 때문에 시와 철학과 종교를 낳지 못했다는 것이다. 깊은 생각이 없으면 착한 성품은 고난을 겪고 웃음거리가 되기 쉽다. 깊이 자신을 파고들어 생각하는 사람이 될 때 착함은 세상을 평화로 이끄는 힘과 지혜가 될 것이다.

착함은 하나님이 주신 선물이며 우주만물의 길이다. 오직 착함으로 살아야 한다. 착함 속에서 생명이 살아나고 사물이 물성(物性)대로 실현되고 사람이 사람대로 된다. 오직 착함이 살길이다. 착함의 길은 무겁고 아픈 십자가의 길이다. 무거운 짐을 지고 고통을 견디며 갈 수 있는 힘을 기르자.

정치 불신의 뿌리와 국민의 생활자치

기성 정치권이 불신을 당할 때 억울한 정치인도 있을 것 같다. 나름대로 양심껏 애를 쓰면서 훌륭한 식견과 비전을 지닌 정치인이 왜 없겠는가? 일부 정치인들에게 억울한 일이 이렇게 일어나는 까닭은 정치권 불신의 역사적인 뿌리가 너무나 깊기 때문이다. 50년만의 정권교체를 이뤘다고 평가되는 김대중 정부와 국민 참여정부라고 자칭

했던 노무현정부에 이르러 실업문제와 양극화문제는 거의 개선되지 못했다. 1997년도 말에 경제위기를 겪었다는 것만으로는 이른바 민주정부에 면죄부가 주어지는 게 아니다.

이명박 정부 들어서 일자리 문제와 사회적 양극화 문제는 더욱 심각해졌다. 박근혜 정부는 어리석고 무능하고 부패하여 속에서 허물어지고 말았다. 촛불혁명의 바람을 타고 들어선 문재인정부는 용처럼 솟아오를 줄 알았는데 뱀 꼬리처럼 쪼그라들고 말았다. 따라서 정치권에 대한 불신과 실망이 오랫동안 쌓여 있다.

정치권 불신의 뿌리는 군사독재시절과 자유당 독재시절까지 거슬러 올라간다. 독재정권 시절에는 부패하고 무능한 정치권이 국민을 무시하고 짓밟았다. 그뿐 아니라 일제의 식민 통치 기간의 무자비한 통치와 조선왕조 말엽의 부패하고 무능한 관리들의 횡포는 관료와 정치권에 대한 국민의 불신을 더욱 깊게 하였다. 남과 북이 나뉘어져 수백만 명의 동포를 서로 죽였던 남북전쟁은 정치권과 지배세력에 대한 불신과 환멸을 더욱 강화시켰다. 해방 이후 50년 가까이 지속된 독재권력은 정치권에 대한 불신과 혐오를 키웠다.

삼일독립운동, 4·19혁명, 70년대 민주화운동, 5·18광주민주화운동, 1987년 민주시민항쟁을 거치면서 국민들의 정치적 열망은 더욱 커갔지만, 결정적 순간에 대통령 후보 단일화 실패로 민주화가 좌절되었다. 정치권이 국민에게 이보다 더 큰 실망과 환멸을 안겨준 때는 없었을 것이다. 그후 김대중 정부와 노무현정부가 국민의 정부, 국민참여정부라는 이름으로 국민의 정치적 기대를 한껏 높였으나 국민의 기대와 열망을 채워주기에는 한참 모자랐다. 이른바 민주 정부 10

년은 국민에게 정치적 실망과 환멸을 안겨준 기간이었다. 국민의 정치적 기대와 열망은 오랜 역사를 가진 것이었고 사회의 근본적인 쇄신을 요구하는 것이었는데 민주 정부의 정치권인사들은 이전 정권들과 큰 차이가 없는 정책을 제시하고 조그만 변화를 추구하다 국민들의 정치적 심판을 받고 물러나게 되었다.

한국사회의 가장 강력한 정치 문화적 전통 가운데 하나는 자조자립과 상생협력의 농촌 마을 공동체 전통이다. 갑오농민전쟁, 삼일독립운동, 광주민주화운동처럼 국가의 총체적인 위기를 맞을 때는 자조자립과 상생협력의 공동체 전통이 눈부시게 살아나서 꽃을 피웠다. 지금도 한국인의 삶과 정신 속에는 자치적인 공동체 전통이 살아 있다. 왜 국민의 정부와 국민참여정부가 지역자치를 발전시켜 공동체적 생활자치의 기반을 마련하지 못했을까? 군의회나 구의회 같은 껍데기 자치만 만들고 공동체적 생활 자치의 터전을 닦지 못했을까? 깊은 생각과 멀리 보는 통찰력이 부족했기 때문이다.

안철수 바람과 정치권 불신의 배경에는 100년 이상 이어진 한국 정치사의 파행과 왜곡이 있고 오랜 세월 이어진 민주화운동의 열망이 있고, 5천 년 이어진 자조자립과 상생협력의 공동체 전통이 있다. 오늘의 정치는 국민의 생활 자치로 완성되어야 한다. 안철수 바람과 정치권 불신은 역설적으로 국민의 지역자치, 공동체적 생활 자치에 대한 열망을 반영한다. 참 지도자는 국민 속에 있다. 국민이 주권자이고 국민이 지도자다. 위를 보지 말고 아래를 보고 남을 보지 말고 나를 보자. 그것이 정치가 나갈 길이고 우리가 살 길이다.

하늘 열고, 나라 세운 날에 하는 다짐

오늘은 하늘 열고 나라를 세운 날, 개천절(開天節)이다. 하늘 열고 나라를 세운 할아버지 할머니들 고맙고 고맙다. 서양의 뿌리가 되는 그리스·로마는 하늘을 거세하고 죽이고 나라를 세웠다지요. 바빌론은 마르둑 신이 어머니 신 티아마트를 죽이고 그 시체를 각을 떠서 나라를 만들었다. 하늘을 열고 나라를 세우고 '널리 크게 사람을 이롭게 하고'(弘益人間), '이치로써 세상을 교화시키라'(在世理化)는 가르침을 베푸신 할아버지, 할머니들의 갸륵하고 높은 뜻을 우리가 어찌 잊을까!

우리도 오늘 하늘을 열고 나라를 세우는 일 이어가야 한다. 나의 몸과 맘과 얼에, 내가 만나는 사람들 사이에, 이 나라와 온 누리에 하늘이 열리게 하자. 하늘처럼 맑고 깨끗하고 늘 푸른 세상이 되게 하자. 하늘처럼 깊고 크고 자유로운 세상 만들어야 한다. 하늘처럼 모든 것을 품어주고 받아주는 자비로운 세상 만들어야 한다. 하늘처럼 자유롭고 평등한 세상, 평화롭고 정의로운 세상 만들자. 나부터 하늘처럼 깊고 자유로운 사람이 되어서 하늘처럼 깊고 넓고 큰 세상 열어가자. 하늘을 열고 세운 우리나라가 '널리 크게 사람을 이롭게 하고', '이치로써 세상을 교화시키는' 나라가 되게 하자.

새 정치에 대한 바람과 참된 지도자

왜 국민은 정치권에 등을 돌리고 새 정치를 열망할까? 무엇보다 국민의 삶이 고통스럽고 불안하며 불확실하기 때문이다. 경제는 성장하고 수출은 잘 되고 기술은 발전한다는데 일자리는 급속히 줄고 사회의 양극화는 심화되고, 공동체는 깨지고 사람들의 심성은 갈수록 황폐하고 사나워지고 있다. 일자리가 없고 공동체가 무너지고 마음이 거칠고 사나워진 문명사회는 끝장난 것 아닌가? 겉으로는 그런대로 살아가고 있다. 어찌 보면 잘 먹고 잘 살고 있는 것처럼 보이지만 사회정치경제의 현실은 절망적인 상황으로 빠져들고 있다.

근본적인 해결책을 갈구하는데 해결의 실마리는 보이지 않는다. 사람마다 잘 먹고 잘 사고 싶은 마음은 굴뚝같은데, 경쟁을 하고 기업의 효율성과 생산성을 높이려면 일자리를 과감히 줄여야 한다. 컴퓨터가 나오고 핸드폰이 나와서 일자리가 줄어들었다. 급속히 늘어난 실업자와 비정규직 노동자들은 사회의 낙오자와 패배자로 낙인을 찍히고 있다. 기업가와 노동자, 정규직노동자와 비정규직 노동자 그리고 실업자 사이에 욕심을 비우고 서로 나눌 수 있어야 하는데 누가 욕심을 비우고 나눌 수 있는가? 게다가 사회와 역사는 민족국가에서 세계국가로 바뀌고 있고, 자연생태계와 가족공동체는 파괴되고 있다.

이런 사회의 근본문제를 해결할 책임은 정치권에 있다. 그런데 국민이 보기에 기성 정치인들은 욕심만 사납고 무능하고 부패하다. 그래서 국민은 정치권을 불신하고 새로운 정치인을 열망한다. 그러나 새로운 정치인에게 한때 열광하다가도 국민은 곧 실망하고 그 정치인에게서 등을 돌린다. 왜 그럴까? 오늘 우리 사회의 근본 문제는 똑똑한 사람이 홀로 해결할 그런 문제가 아니기 때문이다.

우리 사회의 근본 문제는 단순히 정치경제의 문제가 아니다. 이것은 과학기술의 문제이고 민족국가들에서 세계국가로 넘어가는 문명사적인 문제이며, 공동체 파괴와 자연생태계 파괴를 치유하고 인간뿐 아니라 자연생태계와 더불어 사는 지구적 공동체 사회를 형성해야 할 영성과 철학의 문제이다. 이런 총체적이고 궁극적인 문제를 해결하기 위해서는 정치경제와 과학기술에 대한 깊은 이해와 통찰이 요구되고 인류의 미래에 대한 문명사적 의식과 통찰이 있어야 한다. 더 나아가서 인간의 생명과 정신에 대한 종교·도덕적 열정과 성찰, 인간과 자연과 더불어 사는 공동체적 철학과 영성적 신념이 요구된다. 이처럼 심오하면서 총체적인 성찰과 철학은 가진 사람이 아니면 오늘의 정치사회 문제를 풀 수 없다.

세종대왕의 실패와 새로운 지도자

　오늘의 정치사회 문제를 풀어갈 지도자로 나설 사람은 누구인가? 세종대왕 같은 지도자가 필요한 것 같다. 세종은 국가안보를 든든히 하고 국경을 확장한 통치자이고, 수많은 인재들을 적재적소에 쓰고 지휘한 위대한 행정가이며 민중을 사랑한 군왕이었다. 게다가 과학기술과 음악을 발전시킨 위대한 문화의 지도자요, 만대를 내다보고, 심오한 철학과 가치를 담은 한글의 창조자였다.
　불행하게도 세종은 때를 만나지 못한 천재 지도자였다. 그의 할아버지, 아버지 그리고 아들 세조는 수많은 사람을 희생시키고 왕권을 장악한 잔인한 군주였다. 세종의 과학 문화적 업적은 후대에 계승 발전되지 못했고, 불후의 업적인 한글은 19세기 말까지 널리 쓰이지 못했다. 인쇄술이 발달하고 한글이 나왔는데도 조선에서는 르네상스도 종교개혁도 일어나지 못했다. 시대가 뒷받침하지 못하고 국민이 깨지 못했기 때문이다.

그러나 오늘 우리의 시대는 세종과 같은 천재적이고 종합적인 지도자를 요구한다. 시대뿐 아니라 국민이 절실하게 요구하며 기다리고 있다. 만일 세종과 같은 정치지도자가 오늘 이 나라에 나온다면 시대의 요청과 국민의 기대를 타고 한반도와 동아시아와 세계의 새로운 방향을 제시하고 새로운 길을 여는 위대한 일이 이루어질 것이다. 세종과 같은 그런 심오하고 총체적인 철학과 식견을 갖지 못했다고 해도 그런 모든 영역과 차원에서 뜻있는 사람들이 문제를 풀어가도록 뒷받침하고 섬기는 지도자라도 나오면, 오늘 문제의 본질과 시대의 흐름을 꿰뚫어보는 그런 지도자가 있다면 국민의 열망과 기대를 타고 새 역사를 열어갈 수 있을 것이다.

그러나 다시 생각해보면 오늘의 문제는 세종과 같은 지도자를 요구하지만, 어떤 위대한 지도자가 홀로 해결할 수 있는 게 아니다. 오늘의 정치사회 문제는 국민 자신의 문제이고 결국 국민 자신이 풀어야 할 문제이다. 민주 시대의 지도자는 국민의 뜻과 열망을 실행하는 존재다. 어떤 사람에게 과도한 기대를 하는 것은 국민이 자신의 존재와 책임을 충분히 자각하지 못한 것을 반영한다.

오늘 참으로 안타까운 것은 국민들 자신도 문제를 깊이 파악하지 못할 뿐 아니라 문제해결을 위한 분명한 대안과 실천능력과 의지를 가지고 있지 않다는 것이다. 국민들 자신도 오늘의 문제를 놓고 전체적인 공감과 합의에 이르지 못하고 헤매고 있다. 다만 국민들은 오늘의 심각한 문제가 주는 고통을 몸으로 겪고 있기 때문에 문제를 예민하게 느끼고는 있다. 만일 국민들이 오늘의 정치·경제·사회 문제를 깊이 파악하고 있다면 국민들 스스로 문제해결의 실마리를 찾아 움직여 나갈 것이다.

아무리 위대한 지도자라고 해도 결국 국민이 문제를 깊이 보고 국민이 서로 뜻을 모으고 합의하고 동의하지 않으면 오늘의 문제를 해결할 수 없다. 기존 정치권에 대한 불신과 특정한 정치인에 대한 과도한 기대는 국민의 자각이 충분히 이루어지지 않았음을 드러내는 것이다. 정치지도자가 국민을 깨워 이끌어가는 측면도 있지만, 근본적으로는 자각한 국민이 정치와 사회, 경제와 문화를 이끌어가야 한다. 만일 국민이 스스로 깨닫고 길을 열어갈 생각은 하지 않고 백마를 탄 인물이 와서 구해주기만을 바란다면 파시즘적 독재국가로 전락할 위험이 있다. 스스로 생각하여 자각한 국민이라면 정말 자기들을 이해하고 대변할 정직한 지도자를 가려낼 수 있을 것이다. 민주시대에 민의 심정과 처지를 잘 이해하고 역사와 시대의 흐름을 아는 정직한 사람을 가려내는 일이 국민이 할 일이다. 국민의 생각이 맑아지고 깊어져야 한다. 그러면 문제도 문제해결의 실마리도 보일 것이다.

오늘 한국사회의 근본 문제는 경제가 발전하고 기술이 발달할수록 일자리가 줄어들고 빈부격차가 벌어진다는데 있다. 또 인류사회가 근본적인 변화를 겪고 있다. 가족공동체는 해체되고 국가의 경계는 희미해지고 세계가 하나로 되고 있는데 인간의 정신은 황폐해지고 있다. 과거의 농경사회로 돌아갈 수는 없고 앞으로 나가야 하는데 분명한 원칙과 방향이 제시되고 있지 않다. 그런데 과학기술의 눈부신 발전으로 사람들의 눈앞에 풍요롭고 화려한 세계가 펼쳐지고 물질적 향락에 대한 사람들의 욕구가 분출하고 있다. 기득권을 누리는 사람들의 집단이기주의는 너무나 강인하고 뻔뻔하다. 따라서 오늘 우리 사회 문제 해결의 실마리가 보이지 않는다. 오늘 우리 사회의 문제해결을 위해서는 유능하면서도 욕심을 비운 맑은 지성을 가진 사람을 요구한다.

오늘 우리사회의 많은 사람들은 성공에 목말라 있고 성공한 사람을 매우 높이 평가한다. 그러나 성공한 사람으로서 첨단 기술의 지식, 양심적 지성, 수평적 지도력을 가졌다고 해도 그것만으로는 오늘의 문제를 해결할 수 있는 완전한 지도자가 될 수 없다. 삶의 고통과 혼란을 겪고 있는 인간의 심성과 문명의 변화를 꿰뚫어 보는 심오한 정신과 철학을 갖지 않고는 고통을 겪고 있는 국민들과 함께 미래를 열어갈 수 없다. 성공한 사람보다는 실패하고 낙오된 사람이 훨씬 많은 세상에서 실패하고 낙오된 사람들의 심정을 이해하고 이들과 함께 새 세상을 열어갈 사람은 강인하고 넓은 정신을 가져야 한다. 민중을 대변한다면서 낡은 역사의 틀에 갇힌 채 소리만 지르는 사람들보다는 성공을 거둔 엘리트 지식인 사업가가 훨씬 믿음직하고 유능해보이지만 엘리트 사업가를 문명사적 변화를 가져오는 새 시대의 민주적 지도자로 확신할 수 없다. 왜 그러냐? 앞으로 다가올 시대는 국민의 공동체적 생활자치 시대일 것이기 때문이다.

세종대왕과 같은 정치인이 나와야 한다

촛불혁명을 실현하고 완성하려면 국민의 정신과 문화, 철학과 사상을 심화하고 고양시키려면 동양철학을 하든지 서양철학을 하든지 한국 국민의 정신과 문화에 소화 흡수되어 한국 정신과 문화에 살과 피와 뼈가 되게 해야 한다. 서양의 정신과 철학을 공부하고 동양의 경전을 연구하더라도 그 연구가 한국 국민의 정신과 문화를 심화하고 고양시키며 풍부하고 새롭게 하는 데 기여해야 한다. 촛불혁명을 실현하는 정치는 문화정치가 되어야 하고 문화정치는 국민의 정신과 문화를 심화하고 고양하며 풍부하고 새롭게 하는 정치여야 한다. 국민의 정신과 문화를 높이는 정치를 해야 한다. 한국현대시민의 정신과 삶을 형성한 한국근현대의 정신과 철학, 이념과 목적을 탐구하고 바로 세워야 한다.

정치개혁의 근본 과제는 국민의 정신과 철학을 새롭게 하는 것이다. 인공지능과 4차 산업혁명으로 사회의 틀 거리와 문화가 급격히, 근본적으로 바뀌고 있다. 이런 근본적인 변화 혁명적인 변화 앞에서 바른 정치를 하려면 세종대왕처럼 인문학적 소양과 철학을 가지고 새로운 문화를 창시할 수 있는 정치인, 이순신장군 같이 현실 대처 능력과 대안제시 능력을 가진 창의적이고 유능한 정치인이 필요하다. 한국의 왜곡된 학술과 교육 문화를 바로잡고 민주정치를 확립하여 인공지능과 4차 산업혁명을 바탕으로 국민주권과 민족통일, 인간의 존엄과 행복을 이루는 새 나라 새 문명을 열어가려면 인문학적 통찰력과 감수성을 가진 큰 정치인이 나와야 한다. 세종대왕 같은 인문학적 천재만이 한국근현대의 정신과 철학을 확립하고 주체적이면서 세계보편적인 학문과 교육을 융성하게 하면서 깊고 풍성한 정신문화를 펼쳐갈 것이다. 그럴 때 비로소 한류도 동력을 잃지 않고 보다 힘차게 그리고 오래 이어갈 것이다. 그러나 세종대왕 같은 인문학적 천재는 쉽게 나오지 않는다. 적어도 한국 정신문화의 문제를 깊이 헤아리는 정치인들이 나와서 서로 머리를 맞대고 한국정신문화를 심화하고 고양시키는 정치를 펼쳐가기 바란다.

삼일절에 하는 생각

85년 전에 선조들이 나라를 위해 몸 바친 일을 생각한다. 누구나 사람이면 본능적으로 저를 위해 산다. 누구나 제 몸을 아끼며, 제게 유리하도록 남을 이용하거나 움직이려 한다. 제게 이로운 것만 생각하고 본능적으로만 움직였다면 어떻게 일제의 총칼 앞에 맨몸으로 나섰을까? 나라를 위한 일이든 날마다 사람을 만나는 일이든 자기를 넘어서 본능의 굴레를 벗어나지 않고는 옳은 일을 할 수 없다. 자기와 본능 없이 살 수는 없으나 날마다 자기와 본능을 조금이라도 넘어서는 연습을 해야만 참되고 어진 사람 노릇을 할 수 있다. 종교와 철학, 학문과 도덕은 자아와 본능의 굴에서 벗어나 나와 너와 그가 하나로 통하는 푸른 하늘을 보자는 것 아닐까?

지구화 시대라면서 민족과 나라에 대한 관심과 열정을 나무라는 이들이 많다. 그러나 나라와 민족은 정치현실에서나 종교문화와 정서에서나 쉽게 해체될 수 있는 게 아니다. 민족은 반드시 단일한 인종, 언어, 종교, 국가를 전제하는 것은 아니다. 민족(民族, nation)이란 말 자체가 근세사에서 생겨났다고 한다. 그러나 민족이라 할 때 거기에 담고 있는 중요한 요소들, 역사적, 정치사회적, 종교 문화적 전통과 경험은 오랜 세월 속에서 형성된 것이다. 로마민족, 그리스 민족, 게르만 민족, 튜톤 민족, 중국 한민족, 아랍민족, 인도민족, 유태민족, 한국민족은 각기 문화와 역사와 정신에서 개성과 특성을 지니고 있지 않은가? 배타적 민족주의는 허용될 수 없다. 그러나 지구촌의 인류사회 속에서 민족들의 문화적 개성과 정신이 꽃핌으로써 지구화가 완성되는 게 아닐까?

흔히 민중을 강조하는 이들은 민족과 세계평화를 힘 있게 말하지 못하고, 민족을 내세우는 사람은 민중과 세계평화를 말하기 어려워하고, 세계평화를 말하는 사람은 민중과 민족을 중요하게 다루지 못한다. 그러나 역사와 세계를 깊이 보면, 민중, 민족, 세계평화를 함께 말해야 할 것이다. 셋 가운데 어느 하나를 빼도 다른 둘이 성립될 수 없다. 3.1 독립운동의 정신과 이념은 민중이 주체로 참여하고, 세계평화를 지향한 열린 민족주의였다고 생각한다.

3·1 정신

폭력의 시대가 가고 양심과 도덕과 정의의 시대가 오고 있음을 선언했다. 압제의 총칼에 맞서 온 국민이 함께 자유와 독립을 외쳤다. 온 국민이 떨쳐 일어나 "우리가 짐승이 아니고 우리가 종이 아니라 사람임"을 온 세상에 널리 알렸다.

3.1운동의 지도자 남강 이승훈 선생은 "죽을 자리 찾았다"며 기뻐했다. 감옥에서는 너무 기뻐서 어깨춤이 절로 나고 변기통 청소를 맡아 놓고 했다. 법정에서는 "하나님이 시켜서 했다"고 했고 "앞으로도 계속 독립운동을 할 것"이라고 했다.

기독교와 천도교와 불교가 서로 손잡고 나라를 일으켜 세우는 일에 앞장 섰다. 종교의 벽을 넘어, 지역의 벽을 넘어, 계급과 계층의 벽을 넘어 남녀노소가 함께 한 소리로 독립을 외쳤다.

서로 다름을 하나로 통하게 하는 것이 3·1정신이다. '3'(셋)과 '1'(한)은 한겨레가 가장 좋아하는 말이다. 민족종교경전들에 "하나를 잡아 셋을 포함하고, 셋이 만나 하나로 돌아간다."는 말이 자주 나온다. 셋은 서로 다른 만물을 나타낸다. 셋과 하나는 서로 다른 것들을 아우르고 하나로 되게 하는 힘과 지혜를 담고 있다.

총칼을 두려워 않고 온 국민이 일어나 독립만세를 외쳤다. 온 땅에 독립만세소리가 가득했고 하늘과 땅이 크게 울렸다. 중국에 5·4운동이 일어나고 인도에서 간디가 비폭력평화운동을 벌이고 미국에서 마틴 루터 킹이 평화운동을 벌였다.

4.19혁명: 민족의 젊은 피

4.19혁명으로 겨레의 피가 젊어졌다. 늙은 독재자 이승만 밑에서 낡은 권위주의와 부정·부패로 시들어가던 민족정신과 피가 4.19 혁명을 통해 싱싱하게 살아났다. 불의한 권력에 맞서 일어선 젊은 목숨들이여, 정의와 자유를 위해 목숨을 바친 젊은 넋들이여, 그대들이

있어 우리가 짐승이 아니고 사람임을 알았다.

나라 일을 하는 사람들아, 오늘을 사는 사람들아 63년 전에 흘린 거룩한 젊은 피를 기억하라. 이 젊은 피로 때묻은 역사를 씻고 낡은 사회를 새롭게 하자. 어떻게 우리가 게으르고 오만할 수 있겠는가!

3. 자유와 진리를 향한 한 걸음

오늘 우리에게 무슨 복이 이렇게 많을까?

진리와 양심, 사랑과 정의를 붙잡고 살면서 세상에서 환한 빛을 본 이는 아주 드물다. 소크라테스도 플라톤도 진리와 양심을 따랐으나 세상이 환해지는 것을 못 보고 죽었다. 예수의 제자들은 예수를 믿는다는 이유만으로 박해 받고 죽었다. 수 천 년 인류 역사에서 이름 없이 억울하게 죽어간 이들이 얼마나 많을까?

반만년 민족사를 돌아보아도 환한 빛을 본 이들이 드물다. 우리 겨레는 얼마나 오랜 세월 어둠 속을 헤맸던가? 갑오농민전쟁 때 얼마나 많은 목숨이 한을 품고 스러졌던가? 일제 때 3.1독립운동을 하면서 피 흘리며 죽어간 선조들 얼마나 많던가? 옥중에서 모진 고문을 당하다 죽은 애국지사들, 만주, 시베리아 벌판을 헤매다가 죽은 독립운동가들 얼마나 많았나? 해방 후 독립의 감격을 채 맛보기도 전에 테러를 당해 죽은 지도자들 얼마나 많았나?

6.25전쟁 과정에서 이름 없이 억울하게 죽은 넋들이 아직도 이

땅에 사무쳐 있다. 억울하게 죽은 부모 탓에 평생 사회의 그늘 속에서 절망에 빠져 사는 이 얼마나 많았나? 4.19 혁명 때 잠시 밝은 빛을 보는가 싶었는데 다시 군사독재의 어둠 속에 30여 년을 살아야 했다. 이제껏 한 걸음 나가면 어둠은 더 짙어만 가는 것 같았다.

그런데 이제서야 온 국민이 하나로 되어 부정과 부패 없는 밝은 세상을 여는 길이 열리는 듯하다. 50 년 묵은 부정부패를 청산하고 새 나라를 이루는 일에 앞장서는 이들이 많고 온 국민의 마음과 생각이 낡고 부패한 정치판을 갈아엎자는데 모아지고 있다. 이제 지역감정의 벽도 엷어지는 것 같고 낡은 이념의 장벽도 낮아진 것 같다. 대통령으로부터 민초까지 부정부패 없는 밝은 정치를 이루는 일에 뜻을 모으고 있고 많은 국민들의 마음이 밝은 세상 이루는 일에 열리고 있다.

온 국민이 하나로 되어 밝은 세상을 여는 일을 본다는 것은 얼마나 복된 일인가? 수많은 의인들과 열사들이 간절히 보려고 했으나 보지 못했던 일을 오늘 우리는 보고 있다. 볼 뿐 아니라 우리 손으로 이런 위대한 일을 이루어 가고 있다. 우리가 이 시대 이 땅에서 산다는 것이 얼마나 복된 일인가! 수 천 년에 한번쯤 있을까 말까 한 축복이다. 낡은 지역감정과 이념의 벽을 넘어 온 국민이 하나로 되어 낡고 부패한 정치세력을 청산하고 맑고 밝고 새로운 기운을 지닌 사람들이 밝고 평화로운 세상을 열어갈 수 있다면 한민족은 크게 번영하고 그 정신과 문화는 크게 뻗어나갈 것이다. 그러나 만일 이 큰 복을 차 버리고 낡은 지역감정과 부패정치의 늪 속에 다시 빠져버린다면 끝없는 정쟁과 부패로 한민족의 힘은 소진되고 삼류 열등국가로 떨어질 것이다.

민주화와 양심

독재체제를 무너뜨리고 형식적 절차적 민주화를 이루면 외적 강제와 폭력은 줄어들는지 몰라도 기득권세력은 더욱 강화된다. 민주화가 외적인 자유화를 뜻한다면 민주화와 함께 불법적 관행과 특권은 어느 정도 제거되겠지만, 기득권과 강자들의 권익은 더욱 강력해지고, 가진 것 없고 힘없는 약한 사람들은 더욱 무력해진다.

참여민주주의라고 하지만 참여하는 주체들이 바르게 생각하고 행동하지 못한다면 우민(愚民)정치로 흐르고 만다. 집단적 지역적 이해관계에 휘둘리고, 편견과 왜곡된 감정에 따라 움직인다면, 혼란과 갈등을 피할 수 없을 것이다. 국민들이 깨어나서 바른 인생관과 역사관을 지닐 때 정치가 가닥을 잡고 역사가 방향을 잡을 것이다.

제도와 체제를 개혁하고 민주화하는 일을 꾸준히 하면서도 맑고 깊은 양심과 인격을 닦아내는 일에 힘써야 할 것이다. 남을 대할 때나 공적인 일을 할 때 행동은 두루 원만하고 융통성이 있어도, 마음과 정신은 깨끗하고 곧아야 한다. 또 자신과 자기 집단에 대해서는 행동이 칼처럼 단호해도, 마음에는 사랑의 훈풍이 불어야 한다. 개인이나 집단이나 정신과 인격을 바로 잡고 향상시키는 일에 힘쓰지 않으면, 민주화도 참여민주주의도 개혁도 공허한다.

희생제사와 민주정신

민족사를 돌이켜 보면 희생적인 죽음을 딛고 민주화가 진행된 것을 알 수 있다. 4.19혁명은

어린 학생 김주열의 죽음에서 촉발되었고, 70년대 민주화운동은 전태일의 분신에서 불붙었고

80년 5월 광주학살에서 광주민주화운동이 일어났고 박종철과 이한열의 죽음에서 6월항쟁이 비롯되었다. 오늘의 촛불시위와 선거혁명도 어린 여중학생들의 죽음에서 피어난 게 아닌가? 희생제사와 부활정신이 민주화운동의 중심에 있었다.

한민족의 마음 깊은 곳에 남다른 종교적 영성이 깃들어 있다. 민주화운동의 원점인 동학운동과 3.1독립운동도 천도교와 기독교가 주도한 것이다. 오늘날 남녀노소가 촛불을 들고 거리로 나오는 것은 한민족의 오랜 영성이 살아난 것이며, 죽음을 넘어서 참 생명을 살자는 부활의 영성에 이끌린 것이다. 희생제사와 부활신앙이 한민족에게 살아있다.

밝고 깨끗한 세상을 여는 국민의 손

촛불 한 개를 든 손 하나로 어둔 세상을 밝힐 수 없지만, 촛불을 든 손들이 수십만이 모이면 어두운 하늘과 땅을 환하게 밝힌다. 국민 한 사람 한 사람은 힘없는 존재일지 모른다. 그러나 국민이 하나로 움직이면 낡은 지역감정을 날려 버리고 부패한 반민주세력을 청산할

수 있다. 지난 50년 민주화 운동의 역사가 완성되는가 아니면 반민주적인 부패한 기득권세력이 권력을 장악할 것인지 결판날 것이다. 국민 한 사람, 한 사람의 손이 나라의 운명을 결정할 것이다. 망국적인 지역감정의 굴레를 벗고 부정과 부패의 사슬을 끊고, 평화와 번영의 미래를 열 것인지 아니면 지역감정과 부패 속에서 삼류 후진국으로 낙오될 것인지 판가름 날 것이다.

생각만 해도 신이 나고 생기가 솟는다. 식민통치, 남북분단과 전쟁, 군사독재의 어둡고 긴 역사의 터널을 지나 밝고 환한 들판, 평화와 번영의 세계가 펼쳐지는 것 같다. 남북은 통일 될 것이고 동북아시아에는 평화와 번영, 깊은 영성과 자유의 시대가 열릴 것이다. 하나님께서 우리에게 큰 복을 주시려고 우리를 그렇게 고통과 시련 속에서 단련시키고, 우리를 일으켜 세우셔서 새 시대, 새 역사의 길로 밀어 넣으시는가 보다.

얼마나 좋은가!

수십만 시민이 촛불 들고 모여서 함께 노래하고 춤추며 국민이 주인이 되는 새 세상을 연다. 얼마나 좋은 일인가? 갑오농민전쟁, 3.1 독립운동, 4.19혁명, 광주민주화운동, 6월 시민항쟁은 위대하고 자랑스런 민주전통이다. 그러나 얼마나 가슴 아프고 고통스런 역사였던가? 수많은 조상들이 가슴에 총을 맞고, 목이 잘리는 참혹한 역사였다. 그렇게 많은 희생과 죽음을 값으로 치르고도 불의한 외세와 지배권력에게 패배하고 짓밟혔다.

이 가슴 아프고 위대한 역사를 오늘 우리가 완성한다. 노래하고 춤추며 신나게 새 역사를 열고 있다. 민주세상을 위해 죽었던 선조들의 원혼들이 오늘 우리가 만드는 새 역사 속에서 위로 받고 살아난다. 오천년 민족사에서 이보다 더 좋은 때가 언제 있었던가? 민주화 운동에 몸 바친 어른들과 선배들이 오늘과 같은 때를 얼마나 그리며 기다렸나? 그들은 눈으로 보지 못하는데 우리는 아름답고 위대한 역사를 본다.

오늘 우리는 하늘이 준 위대한 기회를 맞고 있다. 이 좋은 기회를 꼭 붙잡아야 한다. 작은 말 실수로 민주화의 큰 길을 그르칠 수 없다. 반민족적 친일세력과 부패한 군사독재세력의 잔당들 손에서 벗어나 민주적이고 자주적인 나라를 세워야 한다. 망국적인 지역감정에서 벗어나 민족통일과 동북아 평화 시대를 열어야 한다. 나라와 민족의 운명이 걸려 있고, 동북아시아의 미래가 걸려 있다. 국민 한 사람, 한 사람 촛불을 든 심정으로 나라의 미래를 열자!

자유와 진리를 향한 한 걸음

삶은 늘 변하는 것이면서 앞으로 나아가고 위로 솟는 것이다. 역사도 늘 되풀이하는 것이면서 앞으로 나가고 높이 올라가자는 것이다. 흔들림 없이 자유와 진리를 향해 바른 길로 가려면 삶과 역사에는 변함없는 푯대가 있어야 한다. 북극성처럼 변함없이 삶과 역사의 길을 밝혀주는 절대불변의 진리, 한 분 하나님이 있어야 한다.

그런데 우리가 사는 삶과 역사는 끊임없이 변할 뿐 아니라 죄와 악의 흙탕물이 넘치고 있다. 특히 해방 후 한국정치사는 온갖 더러운 흙탕물로 가득 찼다. 오늘 민주당의 전신인 한국 민주당은 친일파와 대지주 자본가들로 구성되었고, 이승만과 결탁하여 미국을 등에 업고, 분단을 지향하는 반공주의적 남한정권을 형성했다. 해방 후의 정치권은 음모와 폭력으로 가득 찼고, 수많은 양심적인 민족지도자들이 암살당했다.

반민족적, 반민주적, 반통일적인 성격과 부정과 부패, 음모와 폭력이 한국정치권의 생리처럼 되었다. 영구집권을 추구했던 이승만과 결별하고 박정희군사정권과 맞서면서 민주당은 김대중, 김영삼과 더불어 민주화운동에도 참여했다. 그러나 부정과 부패, 음모와 폭력의 기본 생리는 한국정치의 주류를 형성했다.

부패와 음모와 폭력으로 얼룩진 지난 50여 년의 한국 정치사를 개혁하는 일은 하루 아침에 될 일이 아니다. 또 이 정치판에서 백옥같이 순결한 정치인을 기대해서도 안 된다. 정치판이 아무리 더럽고 추악하다 해도 내가 모두 정죄하고 비난할 자격은 없다. 내가 민중의 한 사람으로 돈과 권력에서 멀리 있다고 해도 오늘의 더러운 정치 현실에 나도 책임이 없지 않기 때문이다. 절대적인 선악 판단의 자리는 하나님께 드리고 우리는 누가 덜 악한가, 누가 더 선을 지향하는가를 분별해야 한다. 모든 정치인을 싸잡아 욕하는 사람은 자기 죄와 책임을 망각한 위선자이거나 하나님의 선과 의(義)를 독점하려는 불신앙의 인간이다. 또 그런 사람은 일제 때부터 하던 종노릇이 몸에 배서 불평과 불만밖에 모르는 못난이다. 나라의 주인으로서 어른 노릇을 하려면 누가 나라의 일을 정직하고 성실하게 하려는지 뚫어보고 가려내야 한다.

삶과 역사에서 자유와 진리를 향해 가는 길은 절대선과 절대 의와 절대 진리의 북극성을 푯대로 삼아야 하지만 그 길을 가는 걸음은 한 걸음씩 나아가는 것이다. 비교적 덜 악한 사람과 세력을 가려내고 보다 더 선하고 보다 더 개혁적인 사람과 세력을 찾아내서 길러야 한다. 이것이 나라의 주인인 국민이 할 일이다.

국민이 주인 되는 길

민주주의는 한 마디로 국민이 주인이라는 말이다. 민주주의는 특권을 인정하지 않는 것이다. 특권을 내세우거나 누리려는 사람은 국민이 나라와 정치의 주인임을 부정하는 사람이다. 집단이기주의나 지역이기주의나 지역감정은 민주주의를 왜곡하고 무너뜨린다. 민주주의는 공심(公心)에 기초해서만 세워질 수 있다.

전체 다수 국민이 나라와 정치의 주인노릇을 하려면 감정에 치우치지 말고 눈앞의 이해관계에 휘둘리지 말고 공적으로 판단하고 행동할 수 있어야 한다. 국민들 사이에 공심(公心)이 없으면 민주주의는 사라진다. 공심(公心)에 기초해서만 국민은 최대의 행복과 최고의 자유를 누릴 수 있다.

공심(公心)은 어디서 오는가? 지역, 혈연, 학연에 매인 마음, 집단이기주의에 물든 마음, 편견과 감정에 사로잡힌 마음을 비우고 빈 마음, 공심(空心)에로 돌아갈 때 모두 함께 사는 큰길로 가려는 공심(共心)이 나오고 함께 살려는 큰 마음, 공심(共心)에서 떳떳한 마음, 공심

(公心)이 나온다. 다가올 지방선거에서 온 국민이 비고 크고 떳떳한 마음으로 나라와 정치의 주인 되는 길을 열기 바란다.

4. 청년의 절망과 노인의 분노를 넘어서

청년의 절망과 노인의 분노를 넘어서

    오늘 한국 민주주의의 혼란과 위기는 청년의 절망과 노인의 분노로 나타난다. 오늘의 청년은 비교적 풍요로운 사회에서 부모의 보호 속에서 자라났다. 이들은 가난과 결핍을 모르고 살아왔다. 또 이들은 엄격한 입시경쟁 교육을 받으며 성장하였으며, 컴퓨터와 인터넷의 디지털 세계에 익숙한 세대다. 이들은 희생과 헌신, 책임과 의무에 기초한 공동체 생활을 충분히 경험하지 못했다. 이들에게 공정이란 공정한 규칙에 따라 시험을 치는 것이다. 개인의 능력과 성적에 따라 대접을 받는 것이 공정한 것이다. 한국의 청년들에게 공정은 아주 좁은 의미의 절차적 형식적 공정을 뜻한다. 참된 의미에서 공정(公正)은 말 그대로 개인의 사사로움을 떠나서 나라와 민족 전체를 이롭게 하는 것이고 국가와 사회를 위해서 옳고 바른 것이다. 참된 공정은 나라의 주인인 국민의 주권과 존엄과 행복을 실현하는 것이다.

    오늘의 청년들은 부모의 보호 아래 안락한 사회에서 자기 개인의 삶과 생각에 충실하게 살아왔으므로 개인의 권리를 가장 중시한다. 또 오랜 입시 경쟁교육을 받았기 때문에 공정한 경쟁을 가장 중시 한다. 개인의 권리와 공정한 경쟁을 중시하는 청년들이 학교를 졸업하고 마주한 사회는 심각한 양극화와 급격한 일자리 감소가 진행되고 있었다. 개인의 권리와 절차적 공정에 집착하는 청년은 가난과 실업의 절벽 앞에서 절망할 수밖에 없다. 절망한 청년은 자존감을 잃고 타인을 이해하고 존중하는 여유와 품을 가질 수 없다. 그래서 젊은 남자가 젊은 여자를 혐오하고 젊은 여자가 젊은 남자를 혐오한다. 일찍이 도산 안창호는 나라를 잃고 절망하는 청년에게 "청년의 절망은 민족의 죽음"이라고 말하면서 자신의 삶을 사랑하고 희망을 만들어 갈 것을 역설하였다.

오늘 한국의 노인들은 갑자기 분노하면서 대통령과 정부를 비난하고 사회를 향해 극우 보수적인 소리를 내지르고 있다. 태극기를 들고 광장에 나오는 노인들뿐 아니라 이 시대의 수많은 한국 노인들이 화를 내면서 정부와 사회를 꾸짖고 있다. 왜 갑자기 한국의 노인들이 이렇게 화를 내며 권력자들과 사회를 꾸짖으려 하는가? 노인들의 처지에서 좀 깊이 생각할 필요가 있다. 어려서 가난을 경험한 한국의 노인들은 가족을 먹여 살리고 자녀들을 교육시키기 위해서 허리가 휘도록 일하고 절약하며 희생하고 헌신했다. 또한 노인들은 부모를 봉양하고 형제들을 돌보기 위하여 정성을 다하였다. 부모 형제를 돌보고 자녀들을 교육시키기 위해서 자신의 삶과 열정, 돈과 시간을 다 바쳤다.

그런데 늙어서 보니 벌어놓은 돈은 다 쓰고 빈털터리가 되었고 자녀들과 형제들마저 남처럼 여겨졌다. 어려서 시골 마을에서 누렸던 돈독하고 정 깊은 공동생활과 인간관계는 어디서도 느낄 수 없었다. 이들은 컴퓨터와 인터넷의 디지털 세계를 이해할 수도 없고 그 세계에 참여할 줄도 몰랐다. 급변하는 한국산업사회에서 노인들의 자리는 어디에도 없다. 디지털 세계에서도 노인들은 배척당한다. 한국 노인들은 갑자기 현대 사회에서 고립감과 허무감, 불안감과 절망감을 느꼈을 법하다. 이들은 자신들의 희생과 헌신을 알아줄 사람들이 아무도 없고 빈털터리가 되어 사회에 버려진 것처럼 무력감과 고립감을 느꼈을 것이다. 그러므로 이들은 앞서 나아가는 산업기술 사회, 알 수 없는 디지털 세계를 보면서 불안과 허무, 절망과 분노를 느끼고 자신의 존재를 알릴 수 있는 길을 찾아서 나선 것으로 여겨진다. 가족과 사회를 위해 희생하고 헌신했으나 가족과 사회로부터 버림받은 한국 노인들이 자신들의 존재감을 느끼고 과시할 수 있는 길은 국가의 최고 권력자와 정부를 비난하는 것이고 사회를 꾸짖는 것이다.

청년의 절망과 노인의 분노를 치유할 길: 문명과 사회의 혁신

청년의 절망과 노인의 분노는 한국 민주주의, 한국 사회, 인류문명의 혼란과 위기에서 비롯된 것이다. 그러므로 청년의 절망과 노인의 분노는 정치적 접근만으로는 극복하고 치유될 수 없다. 문명과 사회에 대한 근본적인 성찰과 함께 문명과 사회의 근본적인 혁신을 통해서 청년의 절망과 노인의 분노를 극복하고 치유할 수 있는 길을 찾아야 한다. 문명과 사회의 혁신을 통해서만 한국 민주주의와 한국사회의 혼란과 위기를 극복하고 청년의 절망과 노인의 분노를 극복하고 치유할 수 있다.

서양문명에서 비롯된 현대문명 자체가 민주주의와 인간사회에 대한 근본적인 도전과 문제를 제기한다. 본래 서양문명은 기독교 신앙과 그리스 철학을 기둥으로 세워졌다. 기독교의 초월적 하나님 신앙은 생명과 역사와 인간 영혼에 대한 초월적 이해와 설명을 가능케 하였다. 생명은 본래 물질 안에서 물질을 초월한 것이다. 생명은 물질 안에서 물질에 의존하여 살면서도 생명 자체는 물질을 초월한 새로운 존재의 차원을 가진 것이다. 기독교의 초월적 하나님 신앙은 물질적 작용과 인과관계를 넘어서 생명과 역사와 인간 정신을 이해하고 설명할 수 있는 생각의 틀을 제공하였다. 그리스의 이성 철학은 과학적이고 합리적이면서도 물질적 작용과 인과관계를 넘어서는 고결한 이념과 목적의 형이상학을 제공하였다.

그런데 과학기술 혁명과 민주혁명을 일으킨 서양 현대문명은 학문과 정신의 세계에서 기독교의 초월적 하나님 신앙과 그리스의 고결한 형이상학을 제거하였다. 자연과학, 사회역사과학뿐 아니라 인문학과 철학에서도 우주, 자연, 생명, 인간을 물질적인 작용과 인과관계로만 보게 되었다. 결국 현대 서양의 학문과 정신의 세계에서 물질론(유물론)과 기계론이 지배하게 되었다. 물질론에 사로잡힌 학자들은 생명과 역사를 연구하면서도 의미와 목적을 말할 수 없게 되었다. 서양의 대표적 현대철학자 들뢰즈는 생명체를 '욕망하는 기계'라 하고 인간을 '생각하는 기계'라고 했다. 물질은 생명이 없는 것이고 기계는 영혼이 없는 것이다. 우주, 자연, 생명, 인간을 물질과 기계로만 보는 것은 영혼 없는 죽은 것으로 보는 것이다. 자연과 생명과 인간을 영혼 없는 죽은 것으로 보는 것은 자연 생명 세계와 인간사회를 파괴하고 죽이는 것이다. 현대문명이 자연 생명 세계를 파멸과 죽음으로 몰아넣은 결과, 코로나 바이러스가 나와서 인류를 파멸과 죽음으로 이끌게 되었다.

자신과 다른 인간을 물질(靈)과 기계로만 대하면 살아 있는 인간 관계와 사랑과 인정에 기초한 공동체는 소멸되고 만다. 물질과 기계가 지배하는 세상에서 어떻게 인간의 주권과 존엄과 행복을 실현하는 민주주의를 이룩할 수 있겠는가! 어떻게 자치와 협동의 생활공동체를 이룰 수 있겠는가! 민주주의를 불가능하게 할 뿐 아니라 생활공동체를 파괴하는 현대문명이 청년의 절망과 노인의 분노를 낳은 것이다. 청년의 절망과 노인의 분노를 극복하고 치유하여 내용적 실질적 민주주의를 실현하고 사랑과 인정에 기초한 생활공동체를 만들려면 어떻게 해야 할까? 초월적 하나님 신앙과 고결한 형이상학을 바탕으로 물질과 생명과 정신을 살리고 높이는 새로운 철학과 문명을 형성해야 한다.

오늘날 인공지능과 4차산업혁명은 인간사회의 급격한 재편을 요구한다. 민주적이고 인간다운 공동체 세상을 만들어가려면 입시경쟁교육을 혁신하여 인간의 생명과 영혼을 살리고 높이는 인간교육을 할 수 있고, 국민의 주권과 존엄과 행복을 실현하는 민주시민교육을 할 수 있는 연구 교육체계를 마련해야 한다. 그리고 대의정치와 정당정치만으로는 결코 민주공화의 나라를 이룰 수 없다. 국민의 주권과 존엄과 행복을 실현하려면 자치와 협동의 직접 민주주의를 실현해야 한다. 자치와 협동의 직접 민주주의는 마을공화국의 형태로만 실현될 수 있다. 국민의 주권과 존엄과 행복을 실현하는 마을공화국이 실현되고 인간교육과 민주시민교육이 이루어질 때 청년의 절망과 노인의 분노는 극복되고 치유될 수 있을 것이다. 그때 비로소 한국민주주의, 한국사회, 현대문명의 혼란과 위기는 극복되고 물질과 생명과 정신을 실현하고 완성하는 새로운 문명이 열릴 것이다.

5. 한반도의 위기를 극복하려면

동방의 빛

2천년 전에도 세계화의 바람이 서쪽으로부터 지중해 지역을 거세게 몰아쳤고, 그리스와 로마의 헬레니즘문화가 화려하게 꽃피었다. 동방의 민족들은 로마군에 짓밟히고 정치적으로 억눌리고 경제적으로 착취당하고 문화적으로 소외되었다. 고향을 떠나 큰 도시에서 뿌리 없이 사는 이들이 많았다. 이들의 열등감과 절망감은 깊었다.

서쪽에서 몰아닥친 세계화의 물결이 절정에 이르렀을 때 동방의 억눌린 민중들에게서 종교적이고 영성적인 운동이 일어났다. 소아시아와 시리아와 팔레스타인과 이집트에서 수많은 밀의종교들이 생겨났다. 이들은 집단적으로 신비체험을 나누며 정신적 위로와 힘을 얻었고 개인의 구원과 완성을 추구했다. 그리스·로마가 주도한 헬레니즘 문화는 물질주의, 향락주의, 회의주의가 지배했다. 삶에 대한 확신이 없었고 성적으로 문란했고 자살이 유행했고 폭력과 살인을 즐겠다. 서방문화의 생명력과 영적 힘이 소진되었을 때 동방의 민중들에게서 생명력과 영적 힘이 솟아났다. 이것은 서방 주도의 세계화에 대한 동방의 응답이었다.

동방에서 생겨난 종교운동들 가운데 기독교가 있었다. 유대교의 품에서 자라난 새 종교였다. 온갖 박해와 고난과 죽음을 뚫고 나온 기독교는 생명에 대한 깊은 사랑과 긍정과 확신을 지녔고 가난한 이웃을 사랑으로 섬겼고, 깨끗한 양심과 높은 도덕을 지켰다. 2천년 전 세계화를 완성하고 유럽을 통일한 것은 기독교였다.

오늘 미국과 유럽이 주도한 세계화의 물결이 거세게 몰아닥치고 있다. 이 세계화 속에서 인류는 생명과 영성의 고갈을 느낀다. 찬란하고 화려한 물질문화를 자랑하지만 삶에 대한 확신과 사랑은 부족하다. 인간과 지구 생명세계를 끌어안을 수 있는 생명력과 영성을 뭇 생명세계가 고대하고 있다. 활짝 열리고 자유로우면서 깊고 높은 삶의 빛이 동방에서 동북아시아에서 나와야 하지 않을까? 종교적 영성의 전통이 깊고 오랜 고난의 역사를 겪은 민족에게서 생명운동, 영성운동이 일어나야 한다.

한반도의 위기를 극복하려면

씨올사상과 정신을 체화하고 실현해서 민주정신을 가지고 현실을 직시할 때 한반도의 위기를 극복할 수 있는 힘과 지혜가 생긴다. 자신들의 기득권을 지키려고 외세에 의존하고 거짓주장을 일삼는 사람들은 한반도를 위기 속으로 빠져들게 하는 무리다. 이들에게 속지 않고 한민족의 현실을 직시할 때 살 길이 보일 것이다. 편견과 왜곡 없이 북한과 남한을 있는 그대로 깊이 볼 수 있어야 한다. 북한의 현실을 미화해서도 안 되지만 악감정을 가지고 나쁘게 보아서도 안 된다. 북한은 삼대세습을 하고 숙청과 처형을 일삼는 폐쇄적인 사회다. 북한은 한국뿐 아니라 세계 대부분의 나라들에게 불신과 지탄의 대상이 되고 있다. 우리는 북한 권력자들의 기만적인 말과 책동에 속아 넘어가서도 안 되고 그들의 위협과 충동질에 휘둘려서도 안 된다. 그러나 우리는 북한의 지배 권력층과 북한 인민들을 구분해서 보아야 한다. 북한 사람들은 우리 동포요 민족이다. 북한 사람들과 우리는 같은 역사와 언어와 정신을 가지고 살아온 형제다. 북한을 냉정하고 깊이 뚫어보면서도 북한 사람들과 더불어 살 수 있는 길을 찾아야 한다. 북한을 미워하고 비난하기 전에 북한 사람들의 심정을 사랑으로 움직일 수 있어야 하며 그들이 동의할 수 있는 현실적이고 합리적이고 지혜로운 길과 방법을 찾아야 한다.

북한의 권력층에 대해서는 냉정하고 현실적이면서 세계보편적인 접근방법과 해결방안을 찾아야 한다. 먼저 북한이 핵무기와 미사일 개발을 중단하고 남한을 비롯한 주위 나라들과 대화와 협력의 길로 나오게 해야 한다. 아직까지 북한은 어느 나라의 말도 듣지 않고 자기주장과 고집대로 밀고 나가고 있다. 어떻게 북한의 고집을 꺾고 대화와 협력의 길로 나오게 할 수 있을까? 미국과 중국의 노력으로 되지 않는다면 UN과 세계인류가 힘과 뜻을 모아 북한을 설득하고 이끌어내야 한다. 아직 UN의 힘은 미약하다. 그러나 UN과 유럽과 아시아와 아프리카의 나라들이 힘과 뜻을 모으면 북한을 설득하고 이끌어낼 수 있을 것이다. 그러나 이것은 시간이 걸리고 복잡한 과정을 거쳐야 할 일이다.

현재 한반도의 운명을 주도하고 영향력을 행사하는 것은 미국과 중국이며 또 일본과 러시아다. 한반도의 주위에 있는 이 네 나라들은 세계의 강대국들이다. 이들은 한반도의 위기를 걱정하는 듯하면서도, 저마다 한반도의 위기에서 정치 경제 군사적 실리를 얻고 있다. 중국과 러시아에게는 한반도가 완충지대 구실을 하기 때문에 한반도의 분단과 위기가 어느 정도 필요하다. 중국과 러시아는 한국과 미국이 주도하는 한민족의 통일을 원치 않을 것이다. 미국은 중국과 러시아를 견제할 수 있는 미군 기지를 남한에 가지고 있기 때문에 남한을 결코 포기하지 않으려 할 것이다. 한민족의 통일이 이루어져서 미군이 남한에서 철수하는 것을 미국은 원하지 않을 것이다. 일본도 경쟁상대인 한민족이 통일을 이루고 더욱 강대한 나라로 되는 것을 원치 않을 것이다. 주위의 4대강국들 가운데 한민족의 평화 통일을 앞장서 이루어 줄 나라는 없다. 한반도의 위기를 극복하고 민족의 평화 통일을 이룰 주체는 당연히 한국인들이다. 한국인들은 자신들의 통일된 힘과 용기와 지혜를 가지고 한반도의 위기를 극복하고 평화 통일의 길을 열어가야 한다.

남북이 분단되고 남북 사이에 불신과 적대감이 깊다. 한국은 주변 강대국들보다 힘이 약하다. 주위 강대국들의 영향력과 지배력에 맞서 우리의 힘을 기르고 모아서 우리의 운명을 스스로 결정해 가는 길을 찾고 열어 가야 한다. 그러기 위해서는 주위 강대국들에 대한 명확한 현실인식과 비판의식을 가져야 한다. 따라서 미국과 일본을 비판하고 그들의 문제를 지적할 필요가 있다. 그러나 미국과 일본을 비판하고 그들과 맞서는 것만으로는 한반도의 위기를 극복할 수 없다. 무비판적인 친미와 친일이 해로운 것처럼 독선적인 반미와 반일도 해로울 수 있다. 우리가 우리 운명을 스스로 결정하고 우리 앞길을 헤쳐 나가려면 친미와 반미, 친일과 반일 사이에서 균형과 조화의 중심을 찾아야 한다. 주위의 4대강국들보다 우리가 힘은 약하지만 생각과 정신은 더욱 깊고 성숙해져서 주위 4대강국들을 설득하고 이끌어서 4대강국들과 함께 한민족의 통일과 동아시아의 평화 공존에 이르는 길을 찾고 열어가야 한다. 주위 4대강국들을 설득하고 합의에 이르도록 이끌어가려면 먼저 남한의 국민여론과 수많은 당파들의 정치인들을 평화 통일의 길로 이끌어갈 수 있어야 한다.

우리 민족을 하나로 되게 하고 주위 4대강국들을 설득하고 합의에 이르게 하는 성숙하고 깊은 힘과 지혜는 무엇인가? 촛불혁명이 그 힘과 지혜를 보여주었다. 순수한 자발적 헌신의 심정, 밝고 떳떳한 생각, 진실과 상식, 지성과 양심, 서로 존중하고 배려하는 교양, 자치와 협동의 민주적 시민의식, 분노를 극복하고 스스로 자제하여 질서를 지키는 시민정신, 정치현실을 뚫어보고 인내하고 때를 기다리는 성숙한 자세, 끝까지 평화를 사랑하고 지키는 정신과 태도! 촛불혁명이 보여준 이런 정신과 태도를 가지고 정치를 하고 외교를 한다면 민족 내부의 분열과 갈등을 치유하고 통일된 감정과 의식에 이를 수 있고 주위 4대강국들을 설득하여 그들과 함께 평화와 통일의 길로 갈 수 있을 것이다.

그러나 촛불혁명이 보여준 순수한 헌신과 높은 민주정신과 아름다운 평화정신은 곧바로 민중의 일상생활 속에서 그리고 정치와 사회의 현실에서 온전히 실현되고 표현되기 어렵다. 그것은 깊은 정신적 자각과 깨달음, 민주적이고 평화적인 사상과 철학의 확립, 부단한 수행과 실천의지를 통해서만 우리의 삶과 사회현실 속에서 점진적으로 체화되고 실현될 수 있다. 촛불혁명의 민주정신과 평화철학을 가장 뚜렷하게 예시하고 실천한 사람은 안창호다. 안창호의 정신과 철학에 따라 이승훈은 오산학교를 세우고 민주, 진리, 평화의 정신을 탐구하고 실현하려고 했다. 오산학교에서 유영모와 함석헌이 만나서 민주, 진리, 평화의 철학으로서 씨올사상을 닦아냈다. 씨올사상은 그저 하나의 독특한 사상이 아니다. 그것은 교육독립운동과 삼일혁명을 통해서 밝혀진, 우리 민족과 동아시아와 세계인류가 함께 살 길을 닦아낸 철학이다. 이것은 우리 민족의 맘과 뜻, 생각과 정신을 하나로 모을 수 있는 철학이고 주위 강대국들과 세계인류를 설득하여 하나로 이끌 수 있는 힘과 지혜가 담긴 철학이다. 씨올사상을 탐구하고 체화하면 우리 민족 한 사람 한 사람이 민주와 진리와 평화의 정신을 우리의 의식과 삶 속에, 정치와 사회의 현실 속에 실현할 수 있다. 이것이 촛불혁명을 이어서 일상생활과 정치현실에서 실현하고 완성하는 길이며 한반도 위기를 극복하고 평화와 통일의 길로 가는 지름길이다.

상생과 공존의 세계화

씨올의 세계화는 특정한 인종이나 민족, 종교나 문화가 다른 인종이나 민족, 종교나 문화를 흡수 통일하거나 지배 정복하는 것이 아니다. 스스로 함과 서로 살림이 세계화의 원칙이 되어야 한다. 각자 자신의 삶과 정신을 꽃 피우고 열매 맺는 방식으로 세계화가 이루어져야 한다. 흑인종이나 황인종이 백인종에게 위축되거나 주눅 들지 않고 떳떳하고 아름답게 자신의 삶과 정신을 실현하고 완성할 수 있어야 한다. 백인종도 백인종답게 자기를 실현하고 완성할 수 있어야 한다. 서로 다름이 서로 배움과 서로 발전하고 완성해가는 계기와 자극이 되어야 한다. 서로 다르기 때문에 생명과 정신이 풍성하고 다양하고 자유롭고 아름다울 수 있다.

흰 것은 아름답고 좋은 것이고 검은 것은 밉고 나쁜 것이라는 고정관념을 깨야 한다. "검은 것이 아름답다."는 것을 깨닫고 흑인종을 존중하고 사랑할 수 있어야 한다. 지중해 지역의 셈족으로서 가무잡잡한, 다소 검은 피부를 가졌던 예수를 금발의 백인으로 그린 것은 예수에 대한 백인종의 왜곡이고 편견이다. 백인이 예수를 자기들 모습으로 그린 것은 꼭 나쁘다고 할 수 없다. 그러나 그런 예수상을 아프리카인이나 아시아인에게 강요하고 주입시키는 것은 종교적인 죄악이다. 백인이 예수를 백인의 모습으로 그린다면 흑인은 흑인의 모습으로 그릴 수 있고 아시아인은 아시아인의 모습으로 그릴 수 있다. 사람은 누구나 자기 모습 그대로 자기 색깔을 드러내는 것이 아름답고 진실하다.

각 민족과 지역의 종교와 문화도 저다운 색깔과 모습을 드러내며 꽃 피고 열매를 맺어야 한다. 그럴 때 우주의 생명동산에 아름답고 다양한 꽃과 열매들이 가득하게 될 것이다. 이름없는 들꽃이 장미를 부러워할 필요가 없고 단풍나무가 소나무를 모방할 필요가 없다. 대나무가 벚나무가 될 필요가 없다. 모든 생명과 정신, 종교와 문화가 저답게 자기를 실현하고 완성해 가면 좋은 것이다.

앞으로 하나가 되는 세계에서 서로 다른 민족과 인종, 종교와 문화가 서로 만나 서로 배움으로써 부족한 것을 채우고 더 아름답고 풍성한 정신세계로 발전해가야 한다. 서로 겸허하게 배우고 완성을 향해 나갈 수 있어야 한다. 그리하여 서로 다른 것이 서로에게 축복이 되어야 한다. 서로 다른 사람들이 서로 주체로 만나 서로 사귀고 배움으로써 기쁨과 평화에 이르는 생명의 길, 주체로서 더불어 사는 사람됨의 길, 하늘의 자유와 하나 됨에 이르는 얼 생명의 길을 가야 한다.

한국 시와 드라마와 노래 속에
나타낸 생명사상

16장 한국 시와 드라마와 노래 속에 나타낸 생명사상

1. 윤동주의 '하늘과 바람과 별과 시'/
   백석의 '흰 바람벽이 있어'와 씨올

우리 겨레의 맘을 가장 깊이 울리는 윤동주의 대표 시는 '서시'와 '별 헤는 밤'이다. 이 시들은 한민족의 정신적 원형질, 종교 문화적 심층을 울린다. 한민족은 예로부터 하늘을 우러러 제사하는 종교전통을 가졌다. 하늘 열고 나라를 세웠다. 한민족의 '한'은 하늘, 하나님을 뜻하면서 큰 하나와 함께 개별적 하나를 가리킨다. 씨올은 하늘의 햇빛과 바람 땅의 물과 흙을 아울러 생명을 창조하는 보편적이고 통합적인 생명을 나타내면서 스스로 싹을 트고 스스로 자라고 스스로 꽃과 열매를 맺는 구체적이고 개별적이면서 특수하고 주체적인 작은 개체를 나타낸다. 씨올은 하늘의 보편적 전체와 함께 작은 개체의 주체를 나타낸다. 한민족의 한 정신과 씨올의 사상을 윤동주는 잘 나타냈다.

'서시'에서 윤동주는 "죽는 날까지 하늘을 우러러 한 점 부끄럼이 없기를. 잎새에 이는 바람에도 나는 괴로워했다. 별을 노래하는 마음으로 모든 죽어가는 것을 사랑해야지. 그리고 나한테 주어진 길을 걸어가야겠다. 오늘밤에도 별이 바람에 스치운다."고 노래했다. "죽는 날까지 하늘을 우러러 한 점 부끄럼이 없기를."은 한민족의 깊은 정서를 가장 잘 드러낸 구절이다. 한민족은 예로부터 높은 산에서 하늘을 우러러 제사한 민족이다. 하늘을 우러러 부끄럼이 없기를 바라는 마음이 컸기에 우리 민족은 '죄'를 허물이라고 했다. 하늘은 흠결 없는 온전한 삶을 나타낸다. 하늘을 우러른 한민족은 흠결, 허물, 부끄럼을 죄로 여겼다. 퇴계 이황도 '도산십이곡'이란 시에서 산에서 살면서 "허물이나 없고저" 한다고 했다. 삶의 이유와 목적이 허물이 없는 것이다.

'별을 헤는 밤'에서 윤동주는 밤하늘의 별들을 하나하나 헤아리면서 별 하나하나에 의미와 감정, 추억을 부여한다. 별 하나하나가 생명과 의미, 감정과 추억을 가지고 살아난다. "별 하나에 추억과 별 하나에 사랑과 별 하나에 쓸쓸함과 별 하나에 동경과 별 하나에 시와 별 하나에 어머니, 어머니" 별들은 하나하나가 주체로서 생명과 감정과 의미를 가지고 살아나는 것이다. 그는 이어서 "어머님, 나는 별 하나에 아름다운 말 한마디씩 불러봅니다. 소학교 때 책상을 같이 했던 아이들의 이름과 패.경.옥 이런 이국 소녀들의 이름과, 비둘기, 강아지, 토끼, 노새, 노루, 프랑시스 잠. 라이너 마리아 릴케 , 이런 시인의 이름을 불러봅니다. 이네들은 너무나 멀리 있습니다. 별이 아슬히 있듯이."고 노래한다. 이제 하늘의 별들은 하나하나가 삶의 구체적인 인물들과 동물들로 이어진다. 어릴 때 동무들의 이름들, 패, 경, 옥과 같은 이국 소녀들의 이름, 더 나아가서 비둘기, 강아지, 토끼, 노새, 노루도 하늘의 별과 같이 초롱초롱한 구체적이고 특별한 주체들로 살아난다. 이들과 함께 서양 시인 프랑시스 잠과 릴케도 하늘의 별과 같은 주체로 살아 있다. 하늘을 우러러 한 점 부끄럼이 없기를 바라는 윤동주 시인의 세계에서는 모두가 밤하늘의 별들처럼 반짝이는 주체로 살아난다. 하늘의 보편적 전체와 개별적 생명의 구체적이고 특별한 주체를 함께 나타내는 한민족의 정서와 씨올사상이 윤동주의 시세계에 오롯이 담겨 있다.

'별을 헤는 밤'은 백석의 '흰 바람벽이 있어'와 매우 비슷하다. 백석에게는 하늘 대신에 좁은 방의 '흰 바람벽'이 있다. "하늘이 이 세상을 내일 적에 그가 가장 사랑하고 귀해 하는 것들을 모두 가난하고 외롭고 높고 쓸쓸하니 그리고 언제나 넘치는 사랑과 슬픔 속에서 살도록 만든 것이다. 초생 달과 바구지 꽃과 짝새와 당나귀가 그러하듯이 그리고 또 프랑시스 쨈과 陶淵明과 라이넬 마리아 릴케가 그러하듯이." 오산학교에서 공부했던 시인 백석은 주체의 진리를 이렇게 갈파했다. "하늘이 이 세상을 내일 적에 그가 가장 귀해 하고 사랑하는 것들은 모두/ 가난하고 외롭고 높고 쓸쓸하니 그리고 언제나 넘치는 사랑과 슬픔 속에 살도록 만드신 것이다/ 초생달과 바구지꽃과 짝새와 당나귀가 그러하듯이/ 그리고 또 '프랑시스 잠'과 도연명과 '라이너 마리아 릴케'가 그러하듯이"(백석, '흰 바람벽이 있어' 부분)

백석과 윤동주가 '프란시스 잠'과 릴케를 말한 것은 이들의 민족주의, 민족감정이 폐쇄적이지 않고 개방적이며 세계 보편적 정서를 지향한다는 것을 말해준다. 이들은 사물과 생명과 인간을 모두 하늘에 비추어본다. 만물과 생명과 인간은 모두 하늘이 가장 귀하게 여기고 사랑하는 '주체'들이다. 초생달과 같은 우주만물은 자기 속에 한없는 존재의 깊이와 신비를 가지면서도 그것을 드러내고 표현하지 못하고 아무도 그것을 알아주지 않으니 외롭고 쓸쓸하다. 바구지꽃과 짝새와 당나귀는 우주와 생명의 역사와 신비를 품고 있지만 알려지도 펼치지도 못하고 무시당하고 외면당하니 가난하고 외롭고 쓸쓸할 수밖에 없다. 시인은 사물과 생명과 인간의 주체와 전체를 보고 느끼는 이다. 남이 보지 못하는 것을 보고 남이 느끼지 못하는 것을 느끼는 시인들은 가난하고 외롭고 높고 쓸쓸하다.

자기 안에 한없는 존재의 깊이와 신비를 지니고 흘러넘치는 기쁨과 사랑을 가지면서도 물질의 제약과 속박을 감수하며 사는 모든 주체들은 '언제나 넘치는 사랑과 슬픔 속에 살도록 만드신 것'이다. 생성하고 소멸하는 우주의 질서와 운명을 아는 초생달도 우주의 깊은 뜻과 안타까움을 지니고 있다. 물질 속에서 물질을 초월하여 자유롭게 살아야 하는 모든 생명과 인간의 주체들은 자기이면서 자기가 아니어야 하고 늘 자기보다 나은 존재가 되어야 한다. 자기와 세상에 안주하지 못하고 새로운 세계를 꿈꾸며 그리워하는 시인들은 가난하고 외롭고 높고 쓸쓸하며 언제나 넘치는 사랑과 슬픔 속에서 산다. 백석이 말한 가난과 외로움, 높고 쓸쓸함, 넘치는 사랑과 슬픔을 모르는 사람은 주체의 깊이와 자유, 아름다움과 존엄, 기쁨과 신명을 발견하고 이해하고 사랑하지 못할 것이다.

윤동주는 백석을 가장 존경하고 좋아했다고 한다. 백석의 시집 '사슴'이 100부 한정판으로 출간되었는데 이것을 구할 수 없었던 윤동주는 도서관에 가서 정자로 이 시집을 모두 필사하여 가지고 늘 읽으며 공부했다고 한다. 한국의 대표적 민족시인 윤동주의 계보는 백석에게로 이어진다. 백석은 한국시인들에게 가장 사랑받고 높이 평가받는 시인이다. 백석은 평안북도 정주 출신이다. 안창호의 교육정신과 이념을 가지고 남강 이승훈은 정주에 오산소학교와 오산 고등보통학교를 세웠다. 백석은 오산소학교와 오산 고보를 졸업했다. 백석은 오산 고보 6년 선배인 소월을 존경하고 배우려고 했다. 오산 고보에서 소월 백석 이중섭 함석헌이 나왔다. 오산학교에서 유영모와 함석헌이 스승과 제자로 만나서 씨알사상을 만들었다.

한국근현대사에서 가장 중요한 정신적 계보가 몇 개 있다. 첫째 안창호 이승훈 유영모 함석헌으로 이어지는 평안도 정주 오산학교의 계보다. 둘째는 함경도에서 북간도로 이주한 사람들의 계보 김약연, 문재린, 윤동주, 송몽규, 문익환, 문동환, 안병무, 강원룡의 계보다. 셋째 경상북도 경주의 최제우, 최해월의 동학계보다. 넷째는 전라남도 이세종, 이현필, 최흥종의 계보다. 북간도의 윤동주와 정주의 백석과 이어진 것이다. 여기서 백석과 윤동주를 통해서 가장 한국적이고 현대적인 시가 탄생하였다.

2. '동백꽃 필 무렵'에 나타난 씨올사상

오늘날 인문학에서 가장 창조적이고 높은 지성을 발휘하는 사람은 드라마 작가다. 가장 인기 있고 높은 평가를 받는 드라마들의 특징은 드라마의 모든 인물들이 저마다 개성을 발휘하며 빛난다는 것이다. 잘난 사람, 못난 사람, 부자, 가난뱅이, 좋은 사람, 나쁜 사람, 남녀노소 모두가 저마다 제 삶의 주인공들이다. 저마다 저 나름의 개성과 존재 이유를 가지고 있다. '유나의 거리', '나의 아저씨', 그리고 최근에 방영된 '동백꽃 필 무렵'이다.

나는 이런 드라마들이 씨올사상을 잘 드러내준다고 생각한다. 씨올사상에 따르면 우주와 자연생명과 인류의 씨올인 사람은 누구나 저마다 존귀하고 존엄한 존재이며 저마다 저다운 사연과 뜻을 지니고 있다. 사물과 생명과 인간을 모두 주체와 전체로 존중하는 씨올사상은 모든 것을 그것의 자리와 관점에서 본다. 쓰레기조차도 그 나름 존재의 깊이와 의미를 지니고 우주 전체와 연관되어 있다. 씨올은 땅의 흙 속에서 홀로 외롭게 하늘의 생명을 꽃 피운다.

동백꽃 필 무렵은 씨올사상을 담고 있다고 말할 정도로 씨올사상을 드러낸다. 드라마 작가는 모든 인물을 그 사람의 자리에서 그 사람을 본다. 사람마다 저답게 저를 표현하고 저를 살아간다. 특히 마지막 회에서는 씨올사상을 형상화하는 것처럼 보인다. 연쇄 살인자 까불이가 "살인마 까불이는 계속 이어질 것"이라며 주인공 용식을 위협하자 용식은 이렇게 말했다. "악당은 쭉정이고 그런 쭉정이는 100에 1로 나온다면 착한 보통사람은 셀 수 없이 많이 나온다. 쪽수로

악당은 선한 사람들을 이길 수 없다." 옹산의 평범한 주민들도 쪽수가 이긴다고 선언한다.

마지막 회에서 용식은 동백에게 "예쁜 하늘"이다. 용식의 본명 강하늘은 하늘을 상징한다. 용식이 나타내는 하늘은 우직한 촌놈의 삶 속에서 드러나는 흙 묻은 하늘이다. 이것은 땅의 흙 속에서 하늘의 생명을 꽃 피우는 씨올을 형상화한 것이다. 씨올 하나가 땅의 흙 속에 묻혀서 온갖 시련과 고통을 이기고 하늘의 생명을 피워내는 것을 생각하면 이 드라마와 씨올사상이 잘 연결된다.

주인공 동백은 용식에게 "좋은 사람을 만나서 내게 기적이 일어난 것일까?" 묻는다. 용식이 "복권(기적)을 믿느냐?"고 묻자 동백은 "아니요, 나는 나를 믿어요."하고 대답하고 용식도 "나도요. 나도 너를 믿어요."고 확인해준다. 이 대목은 씨올사상의 깊이를 드러낸다. 씨올은 스스로 싹트고 스스로 자라고 스스로 줄기와 가지를 뻗고 스스로 꽃과 열매를 맺는다. 씨올은 저를 믿고 제 힘으로 생의 기적을 만들어간다. 하늘을 그리워하고 소중히 여기면서 '나'를 믿는 것이 씨올사상의 핵심이다. 씨올의 생명활동은 스스로 제가 하는 것이다. 남이 대신 싹을 틔우고 꽃과 열매를 맺어주지 않는다. 생의 으뜸 원리는 '내가 스스로 하는 것'이다. 내가 스스로 하려면 내가 나를 믿어 자신(自信)을 가져야 한다. 좋은 사람을 만나서 내게 좋은 일이 일어나는 것이 아니다. 내가 좋은 사람, 옳은 사람이 되어야 좋은 사람과 좋은 만남을 이어갈 수 있다. 씨올사상을 정립한 함석헌은 내가 나를 믿어야 하나님도 나를 믿어주신다고 하였다. 생명의 세계에는 기적이 없다. 만일 기적이 있다면 믿음과 사랑의 기적이 있을 뿐이다. 믿음과 사랑은 내가 나를 믿는 데서 시작된다.

인기 드라마 작가들이 씨올사상을 연구하고 드라마를 썼는지는 알 수 없다. 씨올사상을 연구하지 않았다고 해도 드라마 작가들은 생명과 정신의 보편적 진리를 파악해서 글을 썼다고 생각된다. 씨올사상이 말하려는 것은 무슨 특별한 남모르는 진리가 아니라 누구나 공감하고 이해할 수 있는 생명과 정신의 진리다. 씨올사상을 공부하지 않고도 생명과 정신의 보편적 진리를 깨닫고 체득하여 인기 드라마를 쓸 수 있다. 그러나 씨올사상을 공부한다면 인간의 생명과 정신, 공동체와 역사에 대해서 보다 깊고 체계적으로 이해하고 말할 수 있을 것이다.

3. 방탄소년단 BTS의 'Love yourself'와
   안창호의 '애기애타'(愛己愛他)

1) 애국가에 담긴 안창호의 생명 사상과 정신

한민족은 하늘을 우러르며 하늘의 높은 뜻과 이상을 꿈꾸었으나 현실에 대한 깊고 치열한 분석을 하거나 깊고 진지한 종교체험이나 철학적 성찰을 하지 못하는 경향이 있었다. 따라서 한민족은 하늘의 높은 뜻과 아름다운 이상을 지녔으나 깊은 종교경전이나 철학을 낳지 못했다. 한민족은 쉽게 술과 노래와 춤으로 감정을 해소하고 미래를 낙관하는 경향이 있다. 안창호는 자신을 깊고 철저히 갈고 닦는 수행을 하고 끊임없이 자기성찰과 반성을 했다는 점에서 그리고 큰일이나 작은 일이나 자신을 온전히 희생하고 헌신하며 지극정성을 다했다는 점에서 한민족의 정신에 깊이와 높이를 주었다.

을사늑약으로 나라의 주권을 일제에 빼앗겼을 때 안창호는 민주공화국의 이념을 내걸고 신민회(新民會)를 조직하여 민족을 나라의 주인과 주체로 깨워 일으키는 민족교육운동과 독립운동을 일으켰다. 그는 민족의 주체와 정체를 확립하는 노래로 애국가를 지어 불렀다. 애국가에는 안창호의 신념과 뜻이 오롯이 담겨 있다.

애국가 1절에서 "동해물과 백두산이 마르고 닳도록"은 물질과 육체, 욕망과 감정, 의식과 이념을 꿰뚫는 얼과 혼의 사무치는 절절함을 드러낸다. 이 구절은 얄팍하고 낙관적인 감정과 생각을 깨트리는 사무치는 영혼의 절절한 소리다. 5천년 민족사에서 가장 사무치는 절절한 절구다. 이것은 물질론, 기계론, 관념론을 단번에 날려버리는 깊고 높은 말씀이고, 모든 자연주의, 생태환경주의를 돌파하는 정신적 초월주의다. 안창호는 평생 "동해물과 백두산이 마르고 닳도록"하는 심정과 자세로 일관했다. 그의 일생을 관통하는 심정과 자세는 몸과 맘이 마르고 닳도록, 손과 발이 닳도록, 성대와 혀가 닳도록 지극정성을 다하는 헌신과 희생이었다. 이런 정신을 지녔으므로 어떤 난관과 시련, 조건과 상황에도 굴복하지 않고 뚫고 나아갈 수 있었다.

애국가는 안창호의 삶과 정신에서 태어난 것이다. 애국가에는 안창호의 정신과 사상이 아로새겨 있다.

애국가에 담긴 안창호의 사상 '무실역행 충의용감'

애국가에는 안창호가 조직한 청년학우회와 흥사단의 이념과 정신 '무실역행 충의용감'이 담겨 있다. '무실(務實)'은 진실에 충실하자는 말이다. 생명의 진실은 생명의 속알이 알차게 차오르는 것, '알 참'이다. 참은 생명의 속알, 정신에 충실한 것이다. 생명의 거짓은 거죽 껍질, 물질에 매인 것이다. 진실에 충실하자는 것은 삶의 껍질인 물질에 매이지 않고 삶의 속알인 정신과 뜻에 충실하자는 것이다. 1절의 "동해물과 백두산이 마르고 닳도록"은 삶의 껍질인 물질, 환경에 매이지 않고 삶의 알맹이인 정신과 뜻에 충실하자는 무실의 정신을 나타낸 것이다. 몸과 맘이 마르고 닳도록 지극 정성을 다해서 진실하고 정직하게 나라를 사랑하고 지키자는 것이다.

2절 바람서리에도 변함없는, 철갑을 두른 소나무의 기상은 환경이나 조건의 변화와 도전에도 꿋꿋하게 자기를 지키고 나아가는 용감을 나타낸다. 용감한 사람은 철갑을 두른 소나무처럼 환경과 조건의 변화와 도전을 꿋꿋하게 이겨내며 기운차게 나아간다. 2절은 용감한 도산의 기개와 정신, 삶과 행동을 보여준다. 3절 가을하늘, 밝은 달, 일편단심은 어떤 유혹과 위협에도 굴복하지 않는 충의를 나타낸다. 정몽주는 고려의 임금에게 일편단심의 충의를 보였지만, 안창호는 나라의 주인과 주체인 국민에게 그리고 민중과 국민의 한 사람인 안창호 자신의 '나'에게 일편단심의 충의를 보였다. 그는 가을하늘, 밝은 달처럼 일편단심을 가지고 자기 자신과 민중, 나라와 민족에게 충성하였다. 4절 "이 기상과 이 맘으로…괴로우나 즐거우나 나라 사랑하세."는 힘써 일하고 행동하는 역행(力行)을 나타낸다. 진실과 정직, 사랑과 정성으로 무실정신에 사무쳤던 안창호는 어떤 조건과 경우에도 용감한 기상과 일편단심의 충의로운 맘으로 힘써 일하고 행동하였다. 그는 쉽게 단념하고 포기하거나 절충하고 타협하는 사람이 아니라 한결같이 꾸준하게 그러면서도 용감하고 단호하게 정성과 힘을 다해서 행동하는 사람이었다. "괴로우나 즐거우나 나라 사랑하세."는 그의 역행정신과 실천을 보여준다. 언제나 현실의 권력에 굴복하고 타협했던 윤치호의 정신과 삶은 애국가의 정신과 사상과 일치하기는커녕 상반된다. 그러나 안창호의 삶과 정신은 애국가의 정신사상과 닮은꼴이다. 안창호의 삶과 정신을 보면 애국가의 정신과 사상이 무엇인지 알 수 있다.

2) 김민기의 '아침이슬'과 씨올

'아침이슬'은 1970년 김민기가 작사 작곡한 노래로 70년대 민주화운동의 현장에서 부른 대표적인 민중가요다.

긴 밤 지새우고 풀잎마다 맺힌 진주보다 더 고운 아침 이슬처럼
내 맘에 설움이 알알이 맺힐 때 아침 동산에 올라 작은 미소를 배운다

태양은 묘지 위에 붉게 떠오르고 한낮에 찌는 더위는 나의 시련일지라
나 이제 가노라 저 거친 광야에 서러움 모두 버리고 나 이제 가노라

가사와 곡조가 잘 어우러진 좋은 노래다. 1970년대 이후 특히 민주화운동의 현장에서 젊은이들의 사랑을 받으며 가장 널리 불려졌다. 내적 아픔과 시련을 이겨내고 군사독재의 어둠과 억압을 털어버리고 '저 거친 광야로 나아가 생명의 자유와 평화의 새 세상을 열려는 다짐과 결의를 담고 있다. 애국가의 정신과 정조를 가장 잘 이어받은 노래다.

'긴 밤 지새우고', '작은 미소를 배운다.'는 생의 아픔과 시련을 견디고 이겨내는 내적 승화와 성숙을 나타낸다. '풀잎마다 맺힌…아침이슬'은 '내 맘에 알알이 맺힌 설움'을 나타낸다. '묘지 위에 붉게 떠오르는 태양', '한낮의 찌는 더위'는 죽음과 시련을 안고 있는 치열한 삶을 나타낸다. 1절에 이어 2절에도 '설움'(서러움)이 나오는 것이 특이하다. 짧은 가사에서 '내 맘에', '나의 시련', '나 이제 가노라', '나 이제 가노라'로 '나'(내)란 말이 네 차례나 나오는 것이 주목된다. '저 거친 광야로 서러움 모두 버리고 나 이제 가노라'는 군사독재의 압제와 어둠, 생의 시련과 설움을 떨쳐버리고 새로운 생, 새 나라와 새로운 미래의 역사를 지어갈 의지와 다짐을 밝힌 것이다.

설움은 삶과 죽음을 되풀이하며 진화와 고양을 이어온 생명의 내적 고통과 시련을 나타낸다. 물질 안에서 물질의 제약과 속박을 초월한 생명은 본질적으로 기쁘고 신나고 자유로운 것이면서 필연적으로 설움을 안고 있는 것이다. 김민기가 '아침이슬'을 짓기 10년 전쯤 함석헌은 《사상계》 1959년 12월호에 '씨올의 설움'이란 글을 썼다. 함석헌에 따르면 생명의 씨올인 인간 속에 우주와 자연생명과 인류의 역사가 압축되어 있고 살아 있다. 아침이슬처럼 작고 덧없는 인생

속에 무궁한 생명을 품고 있고 새롭게 영원한 생명을 펼쳐내야 할 인간은 근본적으로 설움을 품은 존재다. 설움을 잘 견디고 이겨내야 새로운 미래의 역사를 열 수 있다.

김민기가 함석헌의 글을 읽었는지는 알 수 없지만 설움이 생의 본질에 속하는 것임을 말한다는 점에서 '아침이슬'과 '씨올의 설움'은 서로 일치한다. 생의 아픔과 시련을 견디어내며 새로운 나라를 만들어 가자는 애국가 4절 '이 기상과 이맘으로…괴로우나 즐거우나 나라 사랑하세.'도 생의 본질로서 설움[괴로움]을 가리킨다. 생의 아픔과 시련으로서 설움을 강조한다는 점에서 안창호의 애국가, 함석헌의 '씨올의 설움', 김민기의 '아침이슬'은 맥을 통하고 있다. 안창호, 함석헌, 김민기를 하나로 이어주는 것은 '나'에 대한 강조다. 짧은 노래말 속에서 '나'란 말을 네 차례나 씀으로써 '아침이슬'은 '나의 노래'가 되었다. 그가 이처럼 '나'를 강조한 것은 민이 역사와 사회의 주인과 주체로 등장한 근현대의 민주정신과 원리를 구현한 것이다.

'나'를 삶과 사상의 중심과 전면에 세운 안창호 유영모 함석헌의 '나' 철학은 민중이 나라의 주인과 주체로 등장한 근현대의 정신을 실현한 것이다. 1970년대 이후 가장 널리 불린 노래 가운데 하나가 김민기의 '아침이슬'이다. 2018년 가을에 jtbc 뉴스룸에 나와서 김민기가 '아침이슬'이 만들어진 비밀을 밝혔다. 노랫말을 지을 때 '그의 시련'이라고 써놓고는 꽉 막혀서 더 이상 나아갈 수가 없었다고 한다. '그의 시련'에서 '그'는 예수, 석가 같은 성현을 가리킨다고 했다. 오랫동안 노래를 완성하지 못하다가 '그의 시련'을 '나의 시련'으로 바꾸자 순식간에 노래가 완성되었다고 한다. 짧은 노랫말 속에 '나'(내)란 말이 네 차례나 나온다. '아침이슬'은 내가 부르는 나의 노래다. 근현대는 성현이나 지도자를 따르는 시대가 아니라 모든 민중이 저마다 저답게 '내가 나로서' 나의 삶을 사는 민주시대다. 요즈음 세계의 젊은이들을 열광시키는 방탄소년단의 노래 'Love yourself'(너 자신을 사랑하라)[Answer: Love myself(대답: 나 자신을 사랑하라)]는 노래 제목뿐 아니라 노랫말도 애기애타(愛己愛他)와 사랑하기 공부를 역설한 안창호의 '나'철학을 생각하게 한다. 김민기의 아침이슬과도 통하고 방탄소년단의 노랫말과도 일치하는 도산의 민주생명철학은 한국과 세계의 젊은이들을 사로잡을 수 있는 새로우면서 세계보편적인 사상이다.

민족 한 사람 한 사람의 '나'를 나라의 주인과 주체로 본 안창호는 '나'를 중심에 놓고 '나'에게 무한책임을 돌리는 '나' 철학을 확립하였다. 그가 지은 애국가는 어떤 조건과 환경에도 굴복하지 않고 새로운 나라를 지어가는 '나의 노래'다. '나'의 헌신과 다짐 없이 부르는 애국가가 무슨 의미와 가치가 있겠는가. 그는 '나를 사랑하고 남을 사랑하라'는 애기애타(愛己愛他)를 내세우면서 '사랑하기 공부'를 역설했다. 함석헌의 생명철학도 '나'를 중심에 놓고 내게서 시작하는 '나'의 철학이다. 그는 '살림살이'란 글에서 이렇게 말했다. "거울에 비치는 네 얼굴을 보라...그것은 백만년 비바람과 무수한 병균과 전쟁의 칼과 화약을 뚫고 나온 그 얼굴이다. 다른 모든 것 보기 전에 그것부터 보고 다른 어떤 사람 사랑하기 전에 그 얼굴부터 우선 사랑하고 절해야 한다." 사람이 가장 먼저 할 일은 자기 '나'를 사랑하고 존중하는 것이다. 방탄소년단의 노래 'Love yourself'(Answer: Love myself)

[너 자신을 사랑하라(대답: 나 자신을 사랑하라)]는 나 자신을 사랑하고 존중하는 법을 배워야 한다고 말한다는 점에서 안창호, 함석헌의 가르침과 일치하며 '나'를 앞세운 김민기의 '아침이슬'과도 통한다.

3) 방탄소년단 BTS의 'Love yourself'와 안창호의 '애기애타'(愛己愛他)

방탄소년단의 이 노래는 나를 사랑하고 나를 사랑하는 공부를 해야 한다는 말을 한다. 이것은 애기애타를 말하고 사랑하기 공부를 역설한 안창호의 가르침과 그대로 일치한다. 안창호의 사상의 핵심은 나를 사랑하는 애기에 있다. 애기는 근현대 민주시대의 시대정신이다. 동서고금의 어떤 사상도 애기를 주장하지 못했다.

나를 사랑하라는 것은 나를 대상으로 사랑하라는 말이 아니다. 나를 나 그대로 주체로 사랑하라는 것이다. 나를 대상으로 사랑하는 것은 나의 욕망과 감정의 대상으로 사랑하는 것이다. 부, 지위, 권력, 명예를 가진 나를 사랑하고 추구하는 것은 이기적 사랑이다. 부, 지위, 권력, 명예는 나 자체가 아니라 나에게 덧붙여진 것이다. 이것을 나보다 더 사랑하는 것은 물질적 이익을 가져올지 모르나 나도 해치고 남도 해치는 것이다. 결국 나의 주체 영혼, 얼을 해치는 것이다. 나는 몸, 맘, 얼 세 차원을 가지고 있다. 주체로 나를 사랑하는 것은 나의 몸 맘 얼 전체를 유익하게 자라게 크게 하는 사랑이다. 몸의 나를 사랑하는 것은 몸의 본성과 필요에 맞게 사랑하는 것이다. 탐식이나 거식은 몸을 잘못 사랑한 것이다. 맘의 나를 맘 그대로 사랑하면 우울증이나 스트레스에 깊이 빠지지 않는다.

애타도 남을 대상으로 타인으로만 사랑하는 게 아니라 남, 타인을 주체로 사랑하는 것이다. 나의 욕망과 감정의 대상으로서 남을 사랑하는 게 아니라 남을 남으로 주체로 남을 위해 남을 사랑하는 것이다.

"어쩌면 누군가를 사랑하는 것보다 더 어려운 게 나 자신을 사랑하는 거야"

누군가는 밖에서 본 것이고 내가 보고 싶은 대로 보이는 대로 본 사람이다. 그런 사람을 사랑하는 것은 어렵지 않다. 나중에 실망하고 후회하기 쉽지만 말이다. 나는 나 자신을 안팎으로 잘 알고 있다. 못난 점, 부족한 점을 너무 잘 알고 있다. 그러므로 사랑하기 어렵다.

"저 수많은 별들…저 수천 개 찬란한 화살의 과녁은 나 하나 You've shown me I have reasons I should love myself 내 숨 내 걸어온 길 전부로 답해 어제의 나 오늘의 나 내일의 나 I'm learning how to love myself"

하늘의 저 수많은 별들이 쏘아대는 수 천 개 찬란한 화살의 과녁은 나다. 저 장엄하고 광대한 우주, 저 별들의 역사가 이루어낸 결과가 나다. 내가 우주와 별들의 존재이유이고 목적이다. 저 우주와 별들이, 세상 모두가 내가 나 자신을 사랑해야 할 이유들을 내가 가지고 있음을 보여주고 있다. 나는 추상적이고 관념적인 나가 아니다. 지금 살아서 숨 쉬고 있는 나, 이제까지 걸어온 과거의 나, 어제의 나 오늘의 나, 내일의 나가 모두 다 나다. 나의 숨, 나의 과거, 어제의 나, 오늘의 나, 내일의 나를 모두 사랑해야 한다.

"슬프던 me 아프던 me 더 아름다울 美 그래 그 아름다움이 있다고 아는 마음이 나의 사랑으로 가는 길 가장 필요한 나다운 일 지금 날 위한 행보는 바로 날 위한 행동 날 위한 태도 그게 날 위한 행복"

어제의 나, 오늘의 나를 생각하면 슬프던 나 아프던 나를 생각하게 된다. 나의 슬픔과 아픔에서 슬프고 아프던 나에게서 아름다움을 느끼고 발견하게 된다. 생의 슬픔과 아픔 속에는 사랑, 자비가 있고 진실이 있어 아름답다. 나의 슬픔과 아픔 속에서 아름다움을 발견하면 나를 사랑하는 길로 갈 수 있다. 어제와 오늘의 나에게서 아름다움을 발견하는 마음이 가장 필요한 나다운 일이고 날 위한 행동이고 그게 날 위한 행복이다.

"I'll show you what i got 내 숨 내 걸어온 길 전부로 답해 내 안에는 여전히 서툰 내가 있지만 You've shown me I have reasons I should love myself 내 숨 내 걸어온 길 전부로 답해 어제의 나 오늘의 나 내일의 나 I'm learning how to love myself 빠짐없이 남김없이 모두 다 나"

나는 내가 가진 모든 것, 내가 이룬 모든 것 내 모습 그대로 보여줄 거야. 내가 숨쉬며 걸어온 길 다 보여줄 거야. 내 안에는 서툰 내가 있지만 너희들은 내가 나를 사랑할 이유들을 내가 가지고 있다는 것을 보여주었다. 어제의 나, 오늘의 나, 내일의 나가 모두 빠짐없이 남김없이 모두 나다. 나는 이러한 모든 나를 사랑하는 법을 배우고 있다.

함석헌은 "거울에 비친 네 얼굴을 사랑하고 존경하라. 백 만년 비바람과 전쟁과 재난을 이긴 얼굴이다."고 했다. 내 얼굴을 내가 사랑하고 존경하는 것에서 나의 삶과 생각을 시작해야 한다고 했다. 5천년 민족사, 백 만년 인류사, 10억년 생명진화사, 138억년 우주의 나이테가 새겨진 얼굴이다. 나는 우주의 중심과 꼭대기이고 존엄하고 귀중한 존재다.

방탄소년단 BTS의 '봄날'과 씨올

씨알처럼 외로움 속에서 봄날을 간절히 기다리는 게 있을까? 나무의 영원한 생명을 제 속에 담고 있으면서도 씨알은 나무로부터 버림을 받는다. 꽃과 잎과 열매는 사랑과 찬양을 받지만, 씨알은 아무도 관심을 갖지 않고 땅에 떨어져 홀로 어둡고 추운 흙 속에 묻힌다. 나무의 생명에서 가장 소중한 존재이지만 씨알은 버림받고 외로움 속에 있다. 캄캄한 어둠 속에 홀로 묻혀 있는 씨알은 얼마나 외롭고 서러울까! 버림받음, 외로움, 서러움, 추위와 어둠 속에서 씨알은 새 생명으로 눈부시게 탄생할 봄날을 기다린다.

생명이 새롭게 탄생할 봄날을 기다리는 것은 생명의 주체적이고 보편적인 열망이고 감정이다. BTS의 봄날도 씨알처럼 봄날을 간절히 사무치게 기다린다. "여긴 온통 겨울 뿐이야 8월에도 겨울이 와 마음은 시간을 달려가네. 홀로 남은 설국열차니 손잡고 지구 반대편까지 가 겨울을 끝내고과 그리움들이 얼마나 눈처럼 내려야 그 봄날이 올까"

참된 생명의 탄생을 기다리는 사람에게는 생명의 탄생을 허락하지 않는 세상이 온통 차가운 겨울처럼 여겨진다. '봄날'에서도 노래하는 이는 온통 겨울 속에 있다. 생명의 탄생을 기다리는 이에게는 한여름 8월에도 겨울이 와서 마음만 봄을 향해 시간을 달려간다. 시간만이 아니라 공간도 지구 반대편 끝에서 봄날을 기다린다. 먼 시간과 공간을 넘어서 간절한 그리움이 얼마나 눈처럼 내려야 봄이 올까. 깊은 어둠과 추위 속에서 봄을 그리는 간절한 그리움을 노래한다. 추위와 눈을 견디고 이겨야 봄날이 온다.

"보고 싶다 보고 싶다 보고 싶다 보고 싶다 얼마나 기다려야 또 몇 밤을 더 새워야 널 보게 될까 널 보게 될까 만나게 될까 만나게 될까 추운 겨울 끝을 지나 다시 봄날이 올 때까지 꽃 피울 때까지 그곳에 좀 더 머물러 줘 머물러 줘."

봄날을 보고 싶은 마음이 얼마나 간절한지, 봄날에 만날 새롭고 찬란한 생명이 얼마나 그리운지 사무친 그리움을 노래한다. 그런데 기다리고 그리워하던 봄날이 와도 거기 새 생명의 너, 사랑하는 네가 없으면 허탕이다. 간절하고 사무친 그리움의 시간 끝에 네가 머물러 있기를 기도하고 간청한다. 시간이 바뀌고 계절이 바뀌어도 사랑하는 마음은 변함없이 그 곳에 머물러 있어야 한다. 긴 겨울의 저 끝에서 변함없는 마음으로 머물러 있는 이가 있어야 생명의 씨알, 사랑의 씨알은 생명을 꽃 피울 수 있다.

"아침은 다시 올 거야 어떤 어둠도 어떤 계절도 영원할 순 없으니까 벚꽃이 피나 봐요 이 겨울도 끝이 나요…조금만 기다리면 며칠 밤만 더 새우면 만나러 갈게 만나러 갈게 데리러 갈게 데리러 갈게 추운 겨울 끝을 지나 다시 봄날이 올 때까지 꽃 피울 때까지 그곳에 좀 더 머물러 줘 머물러 줘"

아무리 어둠이 깊어도 아침은 온다. 아무리 겨울이 길어도 봄은 오고야 만다. 봄이 오고 꽃이 피면 씨알은 눈부신 생명을 만날 수 있다. 추운 겨울 끝을 지나 봄날이 올 때까지 꽃 피울 때까지 생명의 임아, 거기 머물러 주오. 조금만 더 기다리고 며칠 밤만 더 새우면 내가 생명의 임을 만나러 갈 것이다.